国際家族法研究

大村芳昭 著

成文堂

はしがき

　今回、初めての学術書である『国際家族法研究』を刊行する運びとなった。ここで、私の研究者としてのこれまでのささやかな足跡をたどることにより、今回の出版の意義を確認しておきたい。

　思えば、私が国際私法に初めて目を向けたのは、東京大学法学部3年生の春（1985年度）であった。ただし、当時法曹志望で、旧司法試験の合格を目指していた私は、学術的な関心からではなく、司法試験の受験科目として国際私法を選択することを決めた。しかもそれは、国際私法そのものへの関心からではなく、日本民法の一部としての家族法に関心を持っていたことから、当時の司法試験選択科目の中で家族法と最も関連性が深いと思われた国際私法を選択した、というものであった。その後1年間、国際私法に関する記憶はほとんどない。

　翌年（1986年度）、4年生になって私は授業科目としての国際私法を選択し、後に大学院で指導教員としてお世話になる石黒一憲助教授（当時）の講義を受講したが、石黒先生の情熱あふれる授業に感化された私は、この先生のもとでもっと学びたいと思うようになった。それは、将来設計のかけらもない、今から思えば実に無計画な決断であった。当時、法務省勤続30年の叩き上げの実務家であった父（私が3年生になった春に定年退職していた。退職時の肩書きは東京法務局統括登記官だったと記憶している）は私が学者になることに明確に反対していた（逆に母は理解を示してくれていた）ので、私は司法試験の受験を続けながら大学院に進学するという方法で、とりあえず父の了解を得、大学院（東京大学大学院法学政治学研究科民刑事法専攻修士課程）入試に挑んだ。滑り止めも何もない一発勝負。当時の合格率は10％程度という難関に挑むにはあまりに無謀であった気もするが、志望理由が理由だけに、他大学の大学院を受験する気持ちは微塵もなかった。そして、論文試験（専門科目3科目＋外国語1科目。私は国際私法、民法、刑法、英語を選択した）と面接（面接官は研究科長を含め

て 5 人）を経て、結果的には合格した（掲示板の前で自分の合格を知ったとき、驚きのあまり思わず声が出たのを今でも覚えている）。蓋を開けてみれば、例年の 2 倍以上、25 倍近くの競争率となったその年の入学試験であったが、もし事前にそのことをわかっていたら、果たして挑戦する気になれたかどうか、今となっては自分でも定かではない。

　こうして、1987 年春に大学院へ入学したが、最初のうちは自分の研究テーマも明確ではなかった。学会（国際私法学会）や判例研究会（商事判例研究会、渉外判例研究会）、学部生との合同ゼミ（国際私法の石黒一憲ゼミ、国際法の大沼保昭ゼミなど）に参加し、ゼミ報告や判例評釈（研究会での発表、ジュリストへの掲載）などを通じて、国際私法および民法を中心に研究者としての法解釈の基本を学んだ。当時、私の同期は私自身を含めて 4 人しかおらず、院生協議会の幹事長なども引き受けざるを得ない状況だったが（そういえば、私が幹事だった当時、ハーバード大学のロースクールから院生のグループが東京大学を訪問したが、レセプションで院生協議会の代表者として歓迎の言葉を言う際にとても緊張したのをおぼろげに記憶している）、そういった面も含めて、あの 1 年間は私のキャリア形成にとって特別な意味を持っていたように思う。

　修士課程 2 年の頃（1988 年度）、イスラム法上の離婚形態のひとつであるタラーク離婚（もっとも「タラーク」自体が「離婚」の意味を含むため、「タラーク離婚」は部分的な同義反復となっているのだが）と、その渉外的効力という問題に出会った。しかも、インド・パキスタン系移民が多いイングランドにおけるこの問題をめぐる裁判例や立法の動きに関心を持ったため、それを修士論文のための研究テーマとすることにした。イスラム法との関係の深い研究テーマではあるが、イスラム法自体（私はまったくの門外漢である）には必要以上に足を踏み入れず（というより踏み入れることはできず）、（広義の）国際私法の立場からの研究という視点を大切にすることにした。使用言語の面でいえば、イングランドの立法・裁判例研究に比重をおいた関係で主要な文献が英語であったのは幸いだった（その分博士課程に進んでから苦労することになる）。しかし、当時は大学院生の共同研究室に冷暖房がなかったため、夏は図書館に避難し、冬は照明用の電球で手を温めながら作業する状況であった。また、当時はイン

ターネットによる文献検索が普及していなかったため、もっぱら文献目録（冊子または雑誌の記事）や図書館の分類カードで文献を追い求める必要があった。今では当然のことがまったく当然ではなかったそんな中で、最終的には400字詰め原稿用紙250枚強（記憶による）の修士論文「タラーク離婚の渉外的効力」（その内容は後日、イスラム法に関する部分と渉外的効力に関する部分に分けて公表した。前者は「タラーク離婚の改革とその限界」（家庭裁判月報46巻10号（1994））、後者は「タラーク離婚の渉外的効力」（本書第1部所掲）である）をどうやら書き上げ、何とか修士（法学）の学位をいただくことができた。

最初は学者への転身に反対であった父は、こうして私が書いたものを手に取るようになるにつれ、徐々に理解を示してくれるようになった。他方、旧司法試験については、あれほどやる気を出して予備校通いを続けていた大学3・4年では短答試験すら突破できなかったのに、転身を決めてから後の2年間（大学院1・2年生のとき）は短答試験をパスするという皮肉な結果にも恵まれつつ、修士課程を終える頃には私の進路希望は法律の教育研究にほぼ確定し、旧司法試験の受験も博士課程1年目を最後に断念した。

博士課程に進学（1989年度）した私は、新たな研究テーマを模索していたが、そんなときに出会ったのが、澤木敬郎立教大学教授（故人）の「国際私法における人際法上の若干の問題」（立教法学14号（1975））であった。修士論文で扱ったイスラム法との関係で、インドやパキスタンで宗教の違いによる法の抵触の問題が生じていることは知っていたが、それを国際私法の観点から研究対象としている先行研究に触れることで、その方面への関心がぐんと高まり、それが今日にまで影響を及ぼしている。

その後は、英語の文献に加えて（能力不足のせいで取り組める範囲には大きな制約があったものの）ドイツ語やフランス語、時には中国語の文献とも格闘しつつ、人際法に関する論考の執筆に取り組んだ。その成果は、後に中央学院大学法学論叢に掲載される「人際家族法研究序説」（本書第2部所掲）、「人際家族法研究の課題」（同）、「インド・インドネシア人際家族法の沿革」（同）、「国際家族法と人際法」（同）といった形で表に出ることになる。

大学院を単位取得退学（1993年春）した私は、中央学院大学法学部・川上

壮一郎教授（故人）のご紹介により同大学法学部非常勤講師に着任したが、それからの4年間は、資格試験予備校講師との兼職で充実した日々を過ごしていたとはいえ、研究テーマの展開という意味では成果をあげることができなかった。ただ、人際家族法への関心は持ち続けており、それを何とか表現したのが「人際家族法の動向」（本書第2部所掲）であった。

　ご縁あって1997年春に中央学院大学法学部専任講師に迎えていただいた私は、これまでの自分の研究をどういう方面に延ばせばよいかを模索した。その過程で、いくつかの判例評釈とは別に、「マフルと国際私法」（本書第1部所掲）、「国際家族法学の展望」（同）といった小品を発表したが、「国際家族法と人際法」でも扱った法例31条の解釈について「法例31条に関する覚書」（本書第1部所掲）を発表し、また、2006年に成立し翌年から施行された法例改正（法の適用に関する通則法の成立）をめぐっては、国際私法学会のシンポジウムで批判的視点に立った報告を行い、またそのシンポジウムを題材に「特集法例改正について」が組まれた学会誌（国際私法年報8号（2007））で「国際私法の現代化をめぐる考察」（本書第1部所掲）を発表した。

　その後、2010年前後から学内の様々な役職が重なるなどしたこともあり、また研究テーマの発展方向をめぐる迷いもあって、研究に関する低迷期に入ることとなる。

　しかし、2014年度に入ってから、大学公式サイトで自分の研究テーマを紹介する記事を書いたことがきっかけで、久々に自分のこれまでの研究を見つめなおした結果、自分が大学院生時代からこだわってきたものにもう一度気づかされると同時に、家族法・国際私法・人際法を基盤とする研究を今後も続けていこうという新たな出発点を得た気がした。そして、そこで初めて、これまでの自分の研究をまとめて形にしてみようという気持ちになれたのである。

　今回の出版は、そういう意味で、研究者としての新たな出発を意味するものでもある。

　最後になったが、これまで、私のような者を教え導いて下さったすべての方に、心よりのお礼を申し上げたい。

まず、大学院で指導教員としてご指導いただいた石黒一憲先生には、いまさらお礼の申し上げようもない。東京大学法学部および同大学大学院法学政治学研究科在籍中にゼミその他の授業でお世話になったすべての先生方にも感謝申し上げたい。また、中央学院大学法学部への着任につきご尽力下さった川上壮一郎先生、着任後に様々な形で応援あるいは叱咤激励して下さった先生方や関係者の皆様への感謝も忘れてはならないと思う。さらに、様々な学会・研究会において多くのことを学ばせていただいた諸先生方にも有難い気持ちでいっぱいである。他方、教育の実践を通じて得たものも少なくない。中央学院大学もそうだが、それ以外に、これまで非常勤講師としてお世話になったすべての大学・短期大学等の先生方、学生の皆さん、関係者の皆様にも感謝を申し上げたい。

　大学院生の頃から、私はいくつかの市民団体で法改正などの運動に参加させていただいてきた。特に、選択的夫婦別姓法制化の運動と婚外子差別撤廃の運動では、家族法を研究する者として得がたい経験を多くさせていただいた。それらの活動でお世話になった団体やメンバーの皆様への感謝も忘れてはならないと思う。

　1997年に自分のホームページを初めて立ち上げて以来、私はいくつかのウェブサイト（今はすべて閉鎖しているが）やSNS（Facebookなど）を通じてささやかな情報発信をしてきたが、それに対して暖かな「いいね！」やコメントをお寄せ下さった皆様にも、この場をお借りして感謝の気持ちをお伝えしたいと思う。

　そして最後に、私の日々の生活を幸せなものにしてくれ、私の研究の一番の基盤をつくってくれた私の家族（人生の同志でもあるパートナー・金光理恵、今後の成長が楽しみな娘・金光いつか、母・大村幸子、父・大村和芳、そしてご先祖の皆様）に感謝の言葉を捧げて、このはしがきを終えることとする。

　　追記：本書に収録した論文及び参考文献等は、表記統一等の観点から若干の手直しを加えた他はすべて発表当時のままである。

2015年11月9日

　　　　　　　　　　　　　　　　　　　　　　　　大　村　芳　昭

目　次

はしがき
初出一覧

第1部　国際家族法編

第1章　タラーク離婚の渉外的効力 …………………… 3
第1節　はじめに …………………………………………… 3
第2節　承認論序説 ………………………………………… 6
（1）離婚承認の制度理念 *(7)*　（2）対立利益との調整 *(8)*
第3節　承認枠組論 ………………………………………… 13
　1　英国における承認枠組とその問題点 *(14)*
　　（1）英国法上の承認枠組 *(14)*
　　（2）従来の承認規則が抱えていたふたつの問題点 *(16)*
　2　批判的検討 *(21)*
　　（1）86年法の制定と残された問題 *(21)*
　　（2）2本立て承認規則の再検討 *(22)*
　　（3）「海外離婚」要件の発展的解消 *(24)*
第4節　承認要件論 ………………………………………… 26
　1　適切な承認要件のありかた *(26)*
　　（1）婚姻の性質 *(26)*　（2）管　轄 *(27)*
　　（3）公的機関の関与 *(33)*　（4）手続的保護 *(36)*
　　（5）公　序 *(38)*
　2　我が国での承認要件・解釈論的考察 *(42)*
　　（1）タラーク承認の法的根拠 *(42)*
　　（2）戸籍実務との関係 *(51)*

第5節　結びにかえて……………………………………………… *53*
　　　（1）筆者の基本的問題意識に関連させて　(*53*)
　　　（2）今後の課題　(*56*)

第2章　マフルと国際私法 …………………………………………… *57*
　第1節　はじめに ……………………………………………………… *57*
　第2節　イスラムの婚姻とマフル …………………………………… *58*
　　　1　イスラム法上の婚姻について　(*58*)
　　　2　婚姻の効果としてのマフル　(*58*)
　第3節　マフルの内容と妻の権利 …………………………………… *60*
　　　1　マフルの金額　(*60*)
　　　2　マフルの種類　(*61*)
　　　3　妻の権利　(*63*)
　第4節　考　察 ………………………………………………………… *64*
　　　1　マフルをめぐる国際私法上の問題点　(*64*)
　　　2　マフルの性質決定　(*65*)
　　　（1）考え方　(*65*)　（2）検　討　(*65*)
　　　（3）私　見　(*66*)　（4）おわりに　(*67*)

第3章　国際家族法学の展望 ………………………………………… *68*
　第1節　はじめに ……………………………………………………… *68*
　第2節　演繹的体系と帰納的体系 …………………………………… *69*
　第3節　国際取引法の場合 …………………………………………… *70*
　第4節　国際取引法の扱う領域 ……………………………………… *72*
　第5節　国際家族法の現状 …………………………………………… *74*
　第6節　国際家族法学の展望 ………………………………………… *76*
　第7節　国際家族法講義の構想 ……………………………………… *78*
　第8節　結　語 ………………………………………………………… *80*

第4章　法例31条に関する覚書 …………………………………… 81
第1節　はじめに ………………………………………………… 81
第2節　法例31条の解釈に関する私見の確認 ………………… 82
第3節　法例31条の改正に関する私案 ………………………… 85
1　『諸問題』における改正案への疑問　(85)
2　私　案　(87)
3　ハーグ条約との関係　(89)

第5章　国際私法の現代化をめぐる考察
　　　　── 能力・親族・総則を中心に ── ……………………… 92
第1節　はじめに ………………………………………………… 92
第2節　法例改正の意義ないし必要性について ……………… 94
1　なぜ全般的見直しなのか　(94)
2　実務上の要請の比重について　(95)
3　国際民事手続法上の問題について　(96)
第3節　自然人の能力に関する準拠法について ……………… 96
1　単位法律関係の設定　(96)
2　連結点の設定（本国法主義）　(97)
3　取引保護規定のあり方　(97)
第4節　後見開始の審判等について …………………………… 99
1　管轄原因　(99)
　(1)　原則管轄のあり方（本国管轄か居住地管轄か）　(99)
　(2)　並存的ないし例外的本国管轄の是非　(100)
　(3)　居住地国管轄の内容　(101)
　(4)　財産所在地国管轄の是非　(102)
2　後見開始の審判の準拠法　(102)
　(1)　原因の準拠法　(102)　(2)　効果の準拠法　(103)
3　保佐開始・補助開始の審判　(104)
4　後見等　(105)
第5節　親族関係の準拠法について …………………………… 106

1　検討事項 *(106)*
　　2　婚姻の方式 *(106)*
　　3　離　婚 *(108)*
　　4　親子関係 *(109)*
　　5　嫡出否認の準拠法について *(109)*
　　6　夫婦共同縁組の準拠法について *(110)*
　第6節　総則規定について………………………………………*111*
　　1　検討事項 *(111)*
　　2　住所地法の決定 *(111)*
　　3　反　致 *(111)*
　　4　重国籍者の本国法 *(112)*
　　5　不統一法の指定 *(112)*

第2部　人際家族法編

第6章　人際家族法研究序説……………………………*117*
　第1節　まえがき………………………………………………*117*
　第2節　人際家族法の現状……………………………………*118*
　　1　西アジア～北アフリカのイスラム教圏諸国 *(118)*
　　　（1）トルコ *(118)*　（2）バルカン諸国 *(118)*
　　　（3）シリア *(119)*　（4）レバノン *(119)*
　　　（5）パレスチナ・イスラエル *(120)*
　　　（6）ヨルダン *(122)*　（7）イラク *(123)*
　　　（8）エジプト *(123)*　（9）リビア *(124)*
　　　（10）チュニジア *(124)*
　　2　東南アジアのイスラム教圏諸国 *(125)*
　　　（1）インドネシア *(125)*
　　　（2）マレーシア、シンガポール *(126)*
　　3　1と2を除くアジア・アフリカの旧植民地諸国 *(127)*

　　　　（1）一般的沿革 *(127)*　（2）インド *(127)*

　　　　（3）パキスタン *(129)*　（4）スリランカ *(130)*

　　　　（5）アフリカの旧植民地諸国 *(131)*

　　4　南ヨーロッパのカトリック圏諸国――イタリア *(134)*

　　5　4を除く一部のキリスト教圏諸国 *(136)*

　　　　（1）オーストラリア *(136)*　（2）フィリピン *(137)*

　第3節　人際家族法の課題……………………………………………138

　　1　法制度の近代化と伝統回帰 *(138)*

　　2　実質法の統一 *(140)*

　　3　少数原住民・移民の利益保護 *(142)*

　　4　人際法の分離・明確化 *(144)*

　　5　今後の課題 *(145)*

第7章　人際家族法の動向……………………………………147

　第1節　まえがき……………………………………………………147

　第2節　人際家族法の現状・つづき………………………………147

　　1　地域別整理の確認と追加 *(147)*

　　2　アジア・アフリカ諸国 *(148)*

　　　　（1）シリア *(148)*　（2）エジプト *(148)*

　　　　（3）アルジェリア *(149)*　（4）アラブ首長国連邦 *(149)*

　　　　（5）スリランカ *(149)*

　　　　（6）アフリカの旧植民地諸国 *(149)*

　　3　キリスト教諸国 *(150)*

　　　　（1）オーストラリア *(150)*

　　　　（2）ニュージーランド *(150)*　（3）中南米諸国 *(151)*

　　4　社会主義国――中国 *(151)*

　第3節　人際家族法の課題・補足……………………………………153

　　1　家族法統一のパターンについて *(153)*

　　2　カナダ・イヌイットの自治 *(155)*

　　3　人際家族法の類型化 *(155)*

第8章　人際家族法研究の課題 ……………………………… 157
第1節　はじめに ……………………………………………… 157
第2節　従来の人際法研究について ………………………… 158
1　法制史的視点　*(158)*
2　総論的視点　*(160)*
3　比較法的視点　*(161)*
第3節　課題と展望 …………………………………………… 162
1　人際法の今後の展開に対する認識　*(162)*
2　国際私法の解釈論への人際法研究の応用　*(163)*
3　小　括　*(164)*
第4節　国際私法学における人際法 ………………………… 164
1　主要国での状況　*(164)*
2　わが国での状況　*(165)*
3　検　討　*(166)*
第5節　おわりに ……………………………………………… 167

第9章　インド・インドネシア人際家族法の沿革 ………… 168
第1節　はじめに ……………………………………………… 168
第2節　インド ………………………………………………… 169
1　序　*(169)*
2　17〜18世紀　*(169)*
3　19世紀　*(172)*
4　第2次世界大戦後　*(174)*
第3節　インドネシア ………………………………………… 176
1　序　*(176)*
2　19世紀以前　*(177)*
3　20世紀　*(178)*
4　第2次世界大戦後　*(180)*
第4節　小　括 ………………………………………………… 181

第10章　国際家族法と人際法……………………………183
第1節　はじめに……………………………………………183
第2節　国際私法と人際法…………………………………184
  1　人際法と国際私法との関係　(184)
  2　国際家族法における人的不統一法の指定——問題提起　(184)
   (1)　準拠法所属国の規則とは　(184)
   (2)　密接関連性の判断　(185)
   (3)　属人法の共通性ないし同一性の判断　(185)
第3節　国際家族法における人的不統一法の指定…………186
  1　諸外国での取扱い　(186)
   (1)　概　要　(186)　(2)　ドイツ　(189)
  2　ハーグ条約での取扱い　(192)
   (1)　遺言の方式の準拠法に関する条約　(192)
   (2)　未成年者の保護に関する官憲の管轄権及び準拠法に関する条約　(195)
   (3)　養子縁組に関する裁判の管轄権、準拠法及び裁判の承認に関する条約　(195)
   (4)　扶養義務の準拠法に関する条約　(196)
   (5)　死亡による財産の相続の準拠法に関する条約　(197)
   (6)　その他　(197)
  3　まとめ　(198)
   (1)　適用法規決定規範としての性格　(198)
   (2)　人的・地域的不統一法を扱う規定　(198)
   (3)　間接指定から2段階指定への動き　(198)
  4　わが国での取扱い　(199)
   (1)　法例（1989年改正前）関係　(199)
   (2)　遺言の方式の準拠法関係　(201)
   (3)　扶養義務の準拠法関係　(202)
   (4)　法例（1989年改正後）関係　(203)
  5　検討及び私見　(204)

　　　　　（1）「其ノ国ノ規則」とは何か
　　　　　　　——本国法等の同一性と人際法的処理　(205)
　　　　　（2）密接関連法の認定　(207)
　　第4節　人際法の解釈・適用をめぐる若干の問題
　　　　　——判例・先例への応用………………………………………210
　　　1　所属共同体の認定　(210)
　　　2　当事者による法選択　(212)
　　　3　棄教・改宗の場合の処理　(213)
　　　4　混合的身分行為の処理　(214)

事項索引　(217)

初出一覧

第 1 部　国際家族法編

第 1 章「タラーク離婚の渉外的効力」アジア・アフリカ研究 Vol. 34 No. 2（通巻第332号）、1994年

第 2 章「マフルと国際私法」中央学院大学総合科学研究所紀要第13巻第 1 号、1997年

第 3 章「国際家族法学の展望」中央学院大学法学論叢第12巻第 2 号（通巻第22号）、1999年

第 4 章「法例31条に関する覚書」中央学院大学法学論叢第18巻第 1 ・ 2 号（通巻第30号）、2005年

第 5 章「国際私法の現代化をめぐる考察――能力・親族・総則を中心に――」国際私法年報 8 （信山社）、2007年

第 2 部　人際家族法編

第 6 章「人際家族法研究序説」中央学院大学総合科学研究所紀要第 9 巻第 2 号、1994年

第 7 章「人際家族法の動向」中央学院大学総合科学研究所研究年報『現代の諸問題とその分析』第 5 号、1996年

第 8 章「人際家族法研究の課題」アジア・アフリカ研究 Vol. 34 No. 3（通巻第333号）、1994年

第 9 章「インド・インドネシア人際家族法の沿革」アジア・アフリカ研究 Vol. 35 No. 2（通巻第336号）、1995年

第10章「国際家族法と人際法」中央学院大学法学論叢第10巻第 1 号（通巻第17号）、1996年

第1部

国際家族法編

第1章　タラーク離婚の渉外的効力

第1節　はじめに

　戦後、旧植民地諸国からの移民が大量に流入したヨーロッパ諸国に遅れること数十年、わが国でも近年、南アジアから北アフリカにかけてのイスラム地域からの移住労働者が増えている。それに伴い、家庭裁判所の調停・審判手続の中でイスラム家族法の適用が問題となるケースも増えてきた。

　本稿では、イスラム家族法の中でも最も特色のある制度のひとつであるタラーク離婚の渉外的効力がわが国で問題となった場合の処理について、イスラム教徒の受入れの点ではわが国の大先輩とも言える英国の判例に対する検討を踏まえつつ、若干の考察を試みたいと考える。

　ここで特に同国を題材として取り上げる理由は主として2点ある。その第1点は、本稿ではパキスタン法上のタラークが中心的題材となることとの関係で、パキスタン人の出稼ぎ先として英国が重要な地位を占めてきたことである。即ち、例えば（多少古い数字になるが）1982年におけるパキスタン人移民労働者の分布を地域・国別に見てみると、総数約168万人のうち英国はサウジアラビアの35.8％に次いで20.8％を占め、国別順位ではヨーロッパで第1位、世界全体でも第2位を占める。そしてかかる事実が、英国法とイスラム法との抵触が大きな問題として認識されるに至った背景に存在していたの

（1）　その古典的な内容と改革の動向については、いずれ遠くないうちに、「タラーク離婚の改革とその限界」と題する論文を公表する予定である（追記・後に家庭裁判月報第46巻第10号（1994）で公表した）。これは、筆者が1988年度修士論文として東京大学大学院に提出した「タラーク離婚の渉外的効力」の前半のうちの一部に若干の加筆訂正を施したものである。

（2）　なお本稿は、注1で述べた筆者の修士論文のうち、議論の前提となるタラーク離婚について説明する部分を割愛したものに、最小限度の加筆訂正を施したものである。

（3）　ちなみに同年におけるパキスタンの総人口は8712.5万人であった。

（4）　小西正捷編『もっと知りたいパキスタン』（弘文堂・1987）118頁。

である。よって、パキスタンからの移民労働者に関わる法的問題について考察する際には、英国の経験が我々にとっても十分に他山の石となりうるものと思われる。理由の第2点は、英国における離婚承認の法的枠組と我が国のそれとの類似性である。即ち英国は、コモン・ローに由来する承認規則と、手続離婚を想定した承認規則との2本立てでタラークの承認に対処してきており、そのため、両規則の境界領域において解釈上の疑義が生じてきた。他方我が国にも、裁判離婚の承認のみに適合的とされる民事訴訟法200条と、離婚一般の承認を想定したと思われるところの、従って現在の我が通説によれば民事訴訟法200条のためにその実際上の適用範囲が裁判外離婚に限定されることになる法例16条があり、しかも両者の中間領域としてのいわゆる非訟離婚の承認については、明文規定の不存在を前提とする解釈論が展開されてきているが、異論もあり、見解の一致には至っていない。この両者は、2つの承認規則の境界については互いに異なった面を有しているものの、枠組が2本立てになっていること自体においては類似している。そこで、このような両者の共通点を踏まえた上で我が国における望ましい承認規則のありかたを探る、という意味で、言わばタラーク承認の分野における先輩である英

（5） Anton, The Eleventh Session of the Hague Conference of Private International Law: Commission I, The Recognition of Divorces and Legal Separations, 18 I. C. L. Q. (1969) 620, at 622.

（6） 　平賀健太「外国離婚判決の承認」戸籍369号（1976）3頁は、コモン・ロー上の離婚承認規則を外国離婚判決の承認に関する準拠法主義と管轄主義のうちの後者に分類する。
　　　確かに、旧来のコモン・ロー規則においては、準拠法の決定が管轄の決定の中に埋没していたという意味で、管轄要件が前面に押し出されていた。しかし、少なくともそこでは管轄要件と準拠法要件とが一体となって機能していた（例えば、Wilson v. Wilson (1872) L. R. 2 P. & D. 435, at 442；その箇所の邦訳として、田中和夫「判決によらない離婚の英国における効力」一橋論叢36巻2号（1956）4頁参照）。さらに言えば、コモン・ロー時代（後述の71年法が施行された1972年以前）末期の英国国内において、コモン・ロー規則が必ずしも管轄主義としてのみ把握されていたとは言い切れないようにも思われる（例えば、Qureshi v. Qureshi [1972] Fam. 173, at 197 H；The Parliamentary Debates (Hansard) 5th series Vol. 316 [House of Lords] Official Report (1970-71) cols. 217, 223；Id. Vol. 850 [House of Commons] cols. 1653.）。よって、論者のように「外国離婚の承認の問題は、管轄権の有無の問題……に帰するのであって、準拠法が何であるか、離婚がその準拠法に従ってなされたかどうかは、問題とされない」と言い切れるか否か、多少の疑問が残る。

（7） 　英国では、両枠組の境界は手続（judicial or other proceedings）による離婚とそれによらない離婚との間に設定されているのに対して、我が国では裁判離婚と裁判外離婚との間に設定されているかのような外観を成文法上は呈している。

国の経験に学ぶことは有益であるように思われるのである。無論、このような比較検討を行う場合、両国の法制度上の差異を考慮することの必要性は十分に認識されるべきであろう。しかしながら、離婚自体についてはともかく、離婚の承認については、両国の法制度の相違は、本国及び常居所地の管轄を認めた後述の「離婚及び法定別居の承認に関するハーグ条約」を英国が批准し国内法化したことや、やはり後述の「1986年家族法典」を制定したことによって、一定程度縮小したと評価することも、あながち不可能ではないように思われる。従って、両法制度の相違に留意しつつ、現行制度を前提として両国の法制度を比較検討すること自体には、それほどの無理はないものと考える。

さて、本論に入る前に、タラークについて基本的な点を確認しておく。イスラム法上、離婚には裁判によるもの、夫婦の合意によるもの、夫の一方的な意思によるものの3つが存在するが、そのうち夫の意思によるものをタラークという。古典的なイスラム法によれば、夫は何らの原因も特定の手続も必要とせずに妻を離婚することができる。離婚が成立すると、妻は一定の待婚期間に服する一方、夫に対してマフル（婚姻契約料）の支払請求権及び待婚期間中の扶養請求権を有する。子については、子が一定年齢に達するまでは母が監護権を有するが、本来の保護者は父であると考えられてきた。これらの古典的タラークは、妻にとっては実際上甚だしく不利な場合が多かったので、近年になって多くのイスラム諸国では、妻の保護という観点からタラークの改革が進められてきた。具体的には、離婚の効果の発生を遅らせたり、妻への通知や公的機関への登録を求めたり、調停など公的機関による何らかの手続を介在させたり、離婚給付のような効果面での妻の保護をはかったりする立法が、一部の国々で行われている。

それらの改革の中でも注目すべきもののひとつが、パキスタンにおけるタラークの改革である。同国では、1961年ムスリム家族法令の施行によってタ

---

(8) 英国国際私法の単純化や近代化はその大陸法への積極的接近の成果である、との見解として、西賢「イギリス国際私法と法委員会」国際法外交雑誌73巻2号（1974）56頁参照。
(9) これらについては、拙稿・前掲注1を参照。なお、これと同様の内容をコンパクトにまとめた記事として、拙稿「タラークの改革」マイダーン（国際大学中東研究所）25号（1992）10〜11頁がある。

ラークの改革を実施した。主な改革点は、村落評議会の議長又はその職務を行うため中央政府が任命した者に対する通告と、妻への通知を行うことを要求した点(11)、離婚の効力発生までに90日間の猶予期間を設けた点、その間に仲裁評議会による調停を行うべき旨を要求した点(12)である。この立法は、タラーク自体を廃止したものではないが、トリプル・タラーク(13)の効力を否定し、公的機関や妻への通知を義務づけ、仲裁評議会による調停手続を通して夫婦に和合の機会を与えるなどの点で、夫による性急な離婚の防止と妻の利益保護の観点から評価に値するものと言えよう。

第2節　承認論序説

我が国においてタラークの承認(14)をいかに考えるかは、いささか微妙な問題を含んでいるように思われる。なぜなら第1に、その手続が夫による一方的な宣言という形式をとる点(15)で、タラークは明治以来我が国に存在してきた欧

---

(10)　同法については、湯浅道男『イスラーム婚姻法の近代化』(成文堂・1986) 参照。

(11)　これらに違反すると刑罰に処せられるほか、議長への通告は離婚の成立要件と解されている。

(12)　調停がうまくいって夫が離婚宣言を撤回すれば、タラークは効力を失う。逆に、調停がうまくいかなければ、夫の離婚宣言は効力を保ち、離婚が成立することとなる。つまり、同法上の調停手続は、離婚成立のための手続ではなく、離婚を撤回させるための手続なのである。

(13)　夫が1度に3回のタラーク宣言を行うことによって即座に効力を生ずる離婚であり、夫による一方的な離婚としての性質を最も極端なまでに有する離婚形態である。イスラム法上最も罪深いものとされながら、これまで法的な効力を認められてきた。

(14)　ここで、本稿に言う「承認」の対象たるタラークの範囲について一言しておく。外国でその全ての手続が為されたものがこれに含まれるという点については、それほど問題はないであろう。では、我が国でタラーク宣言が為された場合にはどうか。結論を先取りするかたちで言えば、筆者は「離婚の得られた地」という概念を「離婚手続の最も中心的な行為が行われた地」と解し、かつパキスタン法上のタラークについては、議長への通知が為され仲裁評議会が設けられる地を以てかかる地であると考えるので、タラーク宣言自体は我が国で為されても、パキスタンへの通知が為される場合には「承認」の対象に含めて考えることとする。

　ただ、ちょうど英国のハイ・コミッショナーへの通知とそこでの調停手続を伴うタラークのような形式のタラークが我が国でも行われ得る(即ち我が国に駐在するパキスタン関係のいずれかの機関にかかる権限が同国外務省によって与えられている)とすれば、それをもここに言う「承認」として考えるべきか否かは、いささか疑問たりうるところであろう。今後の課題としたい。

(15)　1961年パキスタン家族法令7条においても、付随的手続が明文上強制されたものの、基本的にその点は修正されていない。本稿第1節参照。

米式の裁判離婚とも、協議離婚とも、また調停・審判離婚とも根本的に異なる発想にその基礎を持つものだからであり、また第2に、ひと口にタラークと言っても、イスラム諸国それぞれの状況によってその内容は様々であり、その承認を考える上でもそれらの相異は十分に考慮すべきであると考えられるからである。タラークの承認を考える際には、かかるタラークの制度上の特殊性や多様性に十分対応できるような承認論を構築することが必要となってくるのである。そこで以下では、承認論の前提として若干の基本的な考察を加えることから始めることとする。

(1) 離婚承認の制度理念

承認論の検討に入る前にまず考えておくべきこととして、離婚承認の制度理念がある。この点については、跛行婚の防止を強調する立場と、法廷地漁りの防止を強調する立場とが従来から存在していた。前者の立場は主として英米法諸国がとったものであり、これらの国は、具体的な離婚承認要件の構築においては、跛行婚防止の見地から基本的には管轄の有無のみを問うことを主張した。これに対して、後者の立場は主として大陸法諸国がとったものであり、これらの諸国は、法廷地漁り防止の見地から、管轄要件に加えて準拠法選択の当否をも問うことを主張した。この対立は、それが承認要件の構築に際して具体的な差異をもたらすものであるだけに重要であり、このふたつの趣旨のいずれをより重視すべきか、という点は、まず検討しておくべき論点であるように思われる。

そこで考察するに、そもそも渉外的離婚が問題となる場面としては、実際にこれから離婚しようとする場面と、すでに得られた離婚の効力を争う場面

---

(16) スンニー派とシーア派のいずれが支配的か、あるいは各派の中でいずれの学派が支配的か、を含む。
(17) その意味とそれに因る弊害につき、Quazi v. Quazi, [1980] A. C. 744, at 776 A ; The Parliamentary Debates (Hansard) 5th series [House of Lords] Official Report Vol. 315. (1970–71) col. 483 ; Id. [House of Commons] Vol. 816. (1970–71) col. 1548, 1556.
(18) その意味につき、石黒一憲『国際家族法入門』(有斐閣・1981) 57頁。
(19) Anton, supra note 5.
(20) 英国の判例において示された見解につき、North, Recognition of Foreign Divorce Decrees, 31 M. L. R. (1968) 257, at 262.
(21) Anton, supra note 5.
(22) Ibid.

のふたつが想定できるが、前者と後者とでは、先に掲げたふたつの趣旨のうちいずれをより重視すべきか、という問題に対する結論は必ずしも同一でないように思われる。即ち、これから離婚しようという場合には、まさに離婚の過程における法的正義の確保が第1の関心事となり、当事者、特に離婚の相手方の利益を守ることが強く要請される。他面で、自己に有利な離婚を獲得しようとする当事者は、自己に有利な法を適用してくれそうな法廷地をうまく選んでその地で離婚しようとするため、それが法廷地漁りを生みやすい。よって、それに対する脱法行為を防止するために法廷地漁りの防止が最も強調されることには十分な根拠があると言えよう。しかしこれに対して、すでに外国で得られた離婚の内国での効力を考える場合には、いささか事情が異なってくるのではなかろうか。即ち、たとえ外国においてではあれ、離婚自体がすでに成立している以上、その承認の段階で法廷地漁りの阻止を図ることは困難である[23]。むしろこの段階においては、離婚の過程における法的正義の確保よりも、一旦得られた身分の国際的安定性という別の要請の働く度合いがより高い[24]と考えることもできなくはない。とすれば、離婚承認制度においては、跛行婚の防止をその最も重要な理念として考える方がより適切であるように思われるのである。

（2） 対立利益との調整

ただ、たとえ上述のように考えるとしても、跛行婚防止の利益のみを一方的に強調することは必ずしも妥当でないのであって、それに対立する利益との調整を経てのみ、離婚承認の制度理念としての跛行婚防止の正当性は保証され得ると言えよう。さて、従来かかる対立利益として論じられてきたものとしては、先にも触れた法廷地漁りないしは移住離婚によって侵害される相手方の利益が挙げられよう[25]。そして、このふたつの対立利益を調整する手段

---

(23) The Law Commission and The Scottish Law Commission (Law Com, No. 34) (Scot Law Com. No. 16), Hague Convention on Recognition of Divorces and Legal Separations, Cmnd. 4542 (1970).

(24) 離婚の承認において跛行婚防止の理念が特に強調され得ることは、例えば英国議会における離婚承認に関する制定法（後述の71年法）の審議の過程を見ればわかるであろう。そこでは"limping marriage"の語が数十回にわたって用いられ、離婚承認の段階での跛行婚防止の重要性が強調されている。他方我が国の文献としては、海老沢美広「判批」別冊ジュリスト渉外判例百選〈増補版〉(1976) 275頁参照。

としては、従来4つのものが議論と対象に挙げられてきた。即ち、管轄、公序、手続的保護及び準拠法要件である。そこで、これらの方法論的妥当性について、準拠法要件を中心に、ここで若干述べておくこととする。[26]

まず公序であるが、これは承認要件として最も多く議論されてきたものであると言えよう。また、内容的には最も柔軟性を備えた要件であり、立法の際に予測不可能ないし困難な事態に備える意味では存在意義のある要件である。[27] ただ、過度に用いると跛行婚の増大を招きかねない点で、その適用には他の要件にも増して慎重さが求められるように思われる。特に、承認の可否が問われている行為（本稿では離婚）が承認国とあまり密接な関連性を有しないような場合にまで公序を援用することは、公序の濫用として戒められるべきである。

次に管轄要件であるが、これは承認要件として公序に次いで多く議論されてきたものであり、また理論的にも、法廷地漁りの阻止を考える場合の最も直接的な方法であると言えよう。何故なら、法廷地漁りも移住離婚も離婚等の為された法廷等の適格性が問題となるものであるが、管轄要件はまさにかかる法廷等の適格性を問うものだからである。[28]

---

(25) 跛行婚防止対法廷地漁り阻止の構図については前掲注6参照。また、移住離婚に言及するものとしては、鈴木敏英「英国国際私法における回教離婚についての一考察」法学ジャーナル30号（1981）83頁、松岡博「外国離婚判決承認の要件」『現代家族法大系2』（有斐閣・1980）441頁がある。他方、英国議会における後述の71年法及び73年法の審議においては、離婚の相手方、特に妻の利益の保護をめぐっての懸念が何度となく表明されている。

(26) 要件として妥当と思われるものの内容については、第4章において各々論ずることとする。

(27) 1970年の報告書において法委員会も、このような意図に基づいて公序条項の明文化を提唱した。The Law Commission and The Scottish Law Commission, supra note 23, para. 11.

(28) 管轄要件については、従来その承認要件としての適格性に関して議論が為されることがあまりなかった。例えば、江川英文「外国判決の承認」法学協会雑誌50巻11号（1932）51頁［以下①とする］は「元来すべての事件は各其の事件を裁判する管轄権を有する裁判所に依って裁判せられねばならぬこと勿論であるから、……管轄権を有する裁判所に依って為さるゝことを要すべきは当然である」とし、また同上「外国離婚判決の承認」立教法学1号（1960）31-32頁［以下②とする］は「（管轄要件を課すのは）事物の性質からして当然のことというべきであろう」「形成的効果を発生せしめた判決がどこの裁判所の判決であってもよいと考えることは甚だ不合理であるといわなければならないからである」とするのみである。さらにその後の諸文献では、管轄要件について論ずる場合でも直ちにその内容の議論に入るものが多く、そうでなくとも、松岡博「外国離婚判決の承認について」阪大法学86号（1973）42頁（同・前掲注25・441頁も同様）に見られるように、「移住離婚を阻止する方法としては、準拠法の要件で制

第3に手続的保護であるが、これは広い意味では公序に含まれるものとして考えることもできるであろうが、離婚の相手方に対して正当な手続による離婚を保障すること自体が相手方の利益保護として重要であることを考えれば、承認要件として妥当なものと言い得るように思われる。

最後に準拠法要件であるが、これまでの3つの要件に比べてこの要件の妥

限するか、管轄権の要件で制限するかの基本的には二つの方向が存在するが、……準拠法の要件を問わないとするときには、管轄権の要件が最も重要なものとなろう」とする程度である。本稿でも、この点についての詳論は控えるが、念のため一言のみしておいた。

(29) The Law Commission and The Scottish Law Commission, supra note 14.

(30) 本文では跛行婚防止とその対抗利益との調整という構図の中で準拠法要件の適否を考えたが、準拠法要件については我が国において従来多くの議論を呼んだところでもあるので、ここで準拠法要件一般につき若干触れておくこととする。

我が国では従来、外国離婚判決のうち法例の指定する準拠法を適用したもののみを承認すべきであるとの、いわゆる準拠法の要件論が通説として説かれてきたが、その主要な論拠の第1は、承認国法廷地の国際私法が指定する準拠法を適用せず、被告たる承認国国民の利益を害した場合には、その離婚判決は承認すべきでないとするもの（江川・前掲注28（①）47頁以下）である。しかし、特定の準拠法（例えば夫の本国法）を適用しないからといって、必ずしも被告に不利な結果が生ずるとは限らない。また、この説が援用するドイツ民事訴訟法328条1項3号は準拠法要件自体ではなく自国民保護に重点を置いて解釈されており（この点につき、矢ケ崎高康「外国離婚判決承認の要件」別冊ジュリスト4（1965）210頁、石黒一憲『国際私法と国際民事訴訟法との交錯』（有信堂高文社・1988）145頁［以下①とする］、同『現代国際私法・上』（東京大学出版会・1986）573頁［以下②とする］参照。江川教授自身も、一方で同法と大体同一の解釈を目指すとされながら、他方立法論としては同号「の規定を以てしても猶ほ不十分」と認めざるを得ないのである。江川・前掲注28（①）76頁）、また我が国において必要説を採用したとされている東京地判昭和36年3月15日判決（下級民集12巻3号（1963）486頁）も同様に解する余地が十分にあること、さらには、英国において被告保護は準拠法ではなく公序との関連で考えられてきたこと（なお、我が国における類似の見解として、松岡・前掲注28・35頁、斎藤秀夫編著『注解民事訴訟法（3）』（1973）350-351頁（小室直人）参照）を考えると、かかる論拠は準拠法要件の必要性を必ずしも十分には裏付け得ないように思われる。他方、必要説の主要な論拠の第2は、形成判決によりもたらされる法律状態の変更が生ずるのはその準拠法がこれを認めるからであり、それは他国で生ずる事実に対しても、それが承認国法廷地で問題とされる限り同様であるとするもの（江川・前掲注28（②）28-30頁）である。しかし、先にも触れたように、これから離婚しようとする場面と既に為された離婚の承認を考える場面との相違を考えれば、かかる論拠の妥当性にはいささかの疑問が残る。また、必要説の中で説かれるような、私人の法律行為や効果意思を伴わない人の行為と形成判決とを同視する考え方にも疑問がある（大須賀虔「判批」ジュリスト521号（1972）134頁、矢ケ崎・前掲注30）。さらに我が法例16条の適用範囲という観点から考えても、準拠法の要件論は同条の適用を外国法廷にまで強いるような結果を生ずる点からして疑問なしとしない（矢ケ崎・前掲注30・211頁、松岡・前掲注25・439頁、本浪章市『国際身分法序説』（関西大学出版部・1980）285頁、鈴木忠一／三ケ月章編『注解民事執行法（1）』（第一法規出版・1984）423頁（青山善充）、石黒・前掲注30（①）203頁）。

当性は、少なくとも跛行婚防止の観点から離婚の承認を積極的に考える限
(31)
り、いささか疑問であるように思われる。何故なら、準拠法の要件論におい
て考慮されてきた趣旨がそこで十分に達成され得るとは必ずしも言い切れな

　これらに対して、久保博士や山田教授の改説（久保岩太郎「日米婚姻及び離婚の先例点描」
『国際身分法の研究』（有信堂・1973）121頁以下［以下①とする］所収、山田鐐一「判批」ジ
ュリスト287号（1963）101頁［以下①とする］。それぞれの旧説は、久保岩太郎『国際私法概
論』（巌松堂書店・1946）228頁［以下②とする］、山田鐐一『国際私法』（法文社・1959）105
頁［以下②とする］）を契機として次第に有力化し、現在では一般に受け入れられている（烁
場準一「判批」判例評論165号（1972）25頁、海老沢・前掲注24・274頁、澤木敬郎編『国際私
法の争点』（有斐閣・1980）158〜159頁（渡辺惺之）、澤木敬郎『新版国際私法入門』（有斐閣・
1984）120頁参照）ところの不要説の主要な論拠の第1は、準拠法要件を課すことは離婚の承
認を過度に制限し跛行婚の増加を招くから妥当でない、というもの（松岡博「判批」ジュリス
ト昭和47年度重要判例解説（1973）213頁、同・前掲注28・34頁、同・前掲注25・439頁、山田
鐐一／澤木敬郎編『国際私法演習』（有斐閣・1973）218頁（海老沢美広）、三浦正人編『国際
私法』（青林書院・1983）268頁（松岡博）、大須賀・前掲注30など）である。ただ、承認可能
性の減少に着目する限り、承認国の立場から管轄要件を問う場合でもある程度承認可能性は減
少し得る筈であるが、それと準拠法要件による承認可能性の減少との相異について、この論拠
の主張者が必ずしも説得的な根拠を挙げ得ていないように思われることは残念である。次に論
拠の第2は、準拠法要件を課すことは外国判決承認の趣旨に反する、というもの（山田・前掲
注30（①）105頁、久保・前掲注30（①）167頁、三浦正人『国際私法講義要目』（今西英矩・
1978）36頁）である。しかし、そもそも外国判決承認の趣旨いかんが議論の対象となり得るの
みならず、離婚の承認を考える場合には、必ずしも外国判決承認一般との整合性ばかりが問題
となるわけではなく、外国で為された協議離婚などの承認との整合性を問題とすることも十分
に可能なのである（その意味では、準拠法の要件論もそれなりの論理的整合性を持ち得ると言
えるのではなかろうか。石黒・前掲注30（①）199頁参照）から、これも必ずしも決定的な論
拠とは言い切れないように思われる。さらに論拠の第3は、外国離婚判決の承認に関して特別
な原則が我が国の実定法上存在する場合にはそれによるべきである、というもの（山田・前掲
注30（①）103頁、斎藤編著・前掲注30・350頁、木棚照一他『国際私法概論』（有斐閣・1985）
263頁（渡辺惺之）、山田鐐一／早田芳郎編『演習国際私法』（有斐閣・1987）315頁）である。
しかし、そもそも必要説の代表者である江川教授自身、かかる特別な原則が確立している場合
にはそれによる（江川・前掲注28（②）27頁）とされつつ、その確立している範囲は外国の財
産判決に限られるとされるのであって、第3の論拠と必要説との相異は双方の認識の差に留ま
る、とすら言い得るように思われる（澤木敬郎／青山善充編『国際民事訴訟法の理論』（有斐
閣・1987）422頁（徳岡卓樹）。
　以上に述べたように、従来の議論の中で主張されてきた論拠はいずれもそれ自身として決定
的なものとは必ずしも言い切れない、という意味で、これらの議論が水掛け論である（平賀健
太「外国離婚判決の承認」戸籍369号（1976）8頁、山田／早田編・前掲注30・315頁）との主
張にも無理からぬものがあるとも思われる。本文ではかかる認識から出発したため、敢えて先
に述べたふたつの利益の調整という見地から準拠法要件の適否を考察した次第である。
(31)　離婚の承認という事態が稀なものである、またはさほどその必要がない、との認識を前提
　　とするのであれば、議論の方向は異なり得ると言えるのではなかろうか。石黒・前掲注30
　　（①）204頁参照。

いように思われるからである。即ち、従来説かれてきた準拠法要件の趣旨としては、第1に準拠法の趣旨の尊重、第2に相手方の保護が挙げられよう。しかし、第1の趣旨については、属人法上の取り扱いが常に当事者の利害を妥当に処理し得るものであるとは言えず、承認国法の観点からのチェックを行う余地を残しておくことは十分に有益であるように思われる。また第2の趣旨については、特定の準拠法、例えば我が国の現行法例16条によれば夫婦の共通常居所地法などを適用しないからといって、必ずしも離婚の相手方、即ちタラークにあっては主として妻に不利な結果が生ずるとは限らない上に、一見準拠法要件を課しているように見える場合であっても、実際には準拠法いかん自体にはそれほどこだわっていないと解する余地がないとは言えない。また、後述する1968年の「離婚及び法定別居の承認に関するハーグ条約」6条2項(b)は、承認国の国際私法規定によって指定される準拠法以外の法が適用されたことを理由にして外国離婚の承認を拒否してはならない(shall not be refused)と規定しており、さらに、いち早く同条約の署名国となった英国において離婚の相手方の保護は、従来から広義の公序条項の中でのみ考えられてきた。とすれば、かかる場合には、むしろ公序条項の一環とし

---

(32) つまり、ある者の属人法こそが、その者の身分に関する問題を処理する最も適切な法である、との考慮である。例えば Qureshi v. Qureshi [1972] Fam. 173, at 197.
(33) 松岡・前掲注25・439頁。
(34) 逆に、それ以外の法、例えば妻の本国法を適用した方がより相手方保護に資する場合もあり得るのである。本稿で扱っているタラークの有効性が、ムスリムたる夫と非ムスリム、例えばキリスト教徒の妻との間で問題となった場合などはそのひとつの例と言うこともできよう。
(35) なお、フランス国際私法における状況について、矢ヶ崎・前掲注30・211頁。
(36) ただ、同条約19条(1)は、承認国の国籍のみを有する両当事者に対して、同国の国際私法規定によって指定される準拠法以外の法を適用して為された外国離婚について、その結果が承認国国際私法による準拠法を適用したときの結果と同一でない場合に限ってその承認を拒否する権利を締約国は留保しうる旨規定している。これは同条約の大陸法諸国への譲歩であったと言えよう。しかし、当事者が承認国の国籍のみを有しているからと言って、かかる措置が必ずしも正当化され得るか否かの点には、いささか疑問が残る。石黒・前掲注30(①)22頁。
(37) 後述するように、イギリスでは1972年以来、管轄要件と準拠法要件とが密接に結び付いたコモン・ロー上の承認規則（あるいはそれを継承したもの）と、管轄要件を中心とし準拠法のいかんを問わない承認規則とが併存しているが、パキスタン法上のタラークやイスラエル法上のゲット離婚（夫がラビ裁判所と呼ばれる宗教裁判所で妻に対して離婚証書を引き渡すことによって行う離婚）のような公的手続を伴う裁判外離婚の承認は専ら後者の承認規則によって判断されており、相手方の保護は手続的保護（それは公序の具体化として考えられている）か公序のいずれかによってのみはかられている。かかる傾向が、公序の多用をもたらした原因であ

て相手方保護の問題を把握する方が適切なのではなかろうか。以上から、準拠法要件は対立利益の調整手段としての適格性において疑問があるように思われるのである。[38]

以上に述べたところから、上に述べた対立利益との調整は、公序、管轄及び手続的保護の各要件によって行うことが適切であると考える。

かかる認識を踏まえて、以下では承認枠組及び承認要件の検討に入る。

第3節　承認枠組論

次に問題としたいのは、離婚の承認要件に先立って幾つかの承認枠組を設定し、その前提の上で承認を考えることの適否である。なぜなら、後述するように、英国での従来の議論を前提にして考察を進める場合、かかる承認枠組に対する態度を明確にしておくことが、同国のタラーク承認のありかたを批判する際に不可欠であり、またかかる作業は、これまでに見てきたように多様な存在形態をとるタラークに対して柔軟な形で対応できるような承認論の構築に資するところが大きいと考えるからである。

さて、英国においては、判例法及び制定法によって、離婚承認要件の前提としての承認枠組が形成されてきた。そしてその枠組のありかたが、判例・学説上の大きな議論の対象となってきている。それらは必ずしも論理的観点から形成されてきたものではなく、英国独自の歴史的背景[39]や国際的妥協[40]の下に形成されてきた。では、それらの枠組は、離婚承認の趣旨という観点から見た場合、果たして妥当なものなのであろうか。ここで、離婚の承認枠組一般について、従来の英国での状況を概観してみよう。

るとも言えようか。なお、公序については後述参照。
(38)　松岡・前掲注28・35頁、斎藤編著・前掲注30・350～351頁、（ドイツ民事訴訟法328条3号につき）矢ケ崎・前掲注30。
(39)　例えばハーグ条約の国内法化に際しても、旧来のコモン・ロー上の承認規則を完全には廃棄できなかった。Polonsky, Non-Judicial Divorces by English Domiciliaries 221. C. L. Q. (1973) 343, at 349.
(40)　英米とは逆の立場からの記述であるが、Juenger, Recognition of Foreign Divorces-British and American Perspectives, 20 Am. J. Comp. L. (1972) 1. at 5.

1 英国における承認枠組とその問題点
(1) 英国法上の承認枠組

英国の現行法上、離婚承認の枠組はふたつある。即ちそのひとつは、コモン・ロー上の離婚承認規則が、1971年の「離婚及び法定別居の承認に関する法律」(Recognition of Divorces and Legal Separations Act 1971、以下「71年法」とする)6条及びそれを修正した1973年の「住所及び婚姻事件手続法」(Domicile and Matrimonial Proceedings Act 1973、以下「73年法」とする)16条を経て継承された1986年の「家族法典」(Family Law Act 1986、以下「86年法」とする)46条2項(これを以下では「コモン・ロー規則」とする)であり、今ひとつは、1968年に採択された「離婚及び法定別居の承認に関するハーグ条約」(Convention on the Recognition of Divorces and Legal Separations. 以下「68年条約」とする)で採用され、その国内法化による71年法2条ないし5条を経て86年法に継承された同法46条1項(以下「承認法規則」とする)である。

ふたつの枠組の変遷をおおまかにたどると、以下のようになる。まずコモン・ロー規則は、ハマースミス事件(R. v. Hammersmith Superintendent Registrar of Marriages ex p. Mir-Anwaruddin)判決で示されたタラーク承認に対する消極的態度を改めたところのラス事件(Russ (ohterwise Geffers) v. Russ (Russ otherwise De Waele intervening))判決その他、19世紀以来の一連の裁判例において確立された準則で、その1970年現在の内容は、以下に掲げる離婚は英国内で承認されるというものであった。即ち第1に、夫婦の英国法上の住

---

(41) 1971 c. 53.
(42) 1973 c. 45.
(43) 1986 c. 55.
(44) Treaty Series No. 123 (1975) Cmnd. 6248.
(45) [1917] 1 K. B. 634; Webb, Further and Better Relegation of the Hammersmith Marriage Case, 26 M. L. R. (1963) 82.
(46) それは、後のマヘア事件 (Maher v. Maher [1951] P. 342; Swaminathan, Recognition of Foreign Unilateral Divorces in the English Conflict of Laws, 28 M. L. R. (1965) 540) でも継承された。
(47) [1964] P. 315; [1962] 3W. L. R. 930; [1963] 3 All E. R. 193; Swaminathan, supra note 46. at 543.
(48) The Law Commission and The Scottish Law Commission (Law Com. No. 34) (Scot Law Com. No. 16), Hague Convention on Recognition of Divorces and Legal Separations (Cmnd. 4542.) (1970), at para. 3; 西・前掲注8・8頁。

所(domicile)⁽⁴⁹⁾で得られた離婚⁽⁵⁰⁾。第2に、夫の住所以外で得られた離婚であっても、それが夫の住所で有効な場合⁽⁵¹⁾。第3に、英国裁判所が1965年婚姻訴訟法(Matrimonial Causes Act 1965) 40条の下で管轄権を有する状況と類似する状況において得られた離婚⁽⁵²⁾。第4に、原告または被告が真実かつ実質的な連結(real and substantial connection)を有する地で為された(離婚)判決⁽⁵⁴⁾。第5に、可能性として(possibly)、原告が真実かつ実質的な連結を有しない地で為された判決であっても、それが原告が真実かつ実質的な連結を有する地の法によって承認される場合⁽⁵⁵⁾。但し、被告について同様の原則が適用されるかは不明である。そして第6に、1926年ないし1950年の植民地その他の地域(離婚管轄権)法(Colonial and Other Territories (Divorce Jurisdiction) Acts)⁽⁵⁶⁾によって与えられた権限の下で為された(離婚)判決。以上である。その後これらの準則は、71年法の制定に伴って修正を受け、住所を基礎とする承認規則以外の準則は破棄された。そしてその理由としては、68年条約上の承認規則の継受によって従来の規則は不要になったこと⁽⁵⁷⁾や、従来の規則が曖昧かつ不確実であること⁽⁵⁸⁾が挙げられた。またこの準則は、73年法によって再び制限を受け、離婚手続が開始する直前の1年間当事者が英国に常居所を有していた場合には、英国諸島以外で得られた裁判外離婚はコモン・ロー規則によっては承認されないこととなった。さらに上述の通り現在では、この準則は86年法によって再び修正を受けている。

他方承認法規則は、68年条約で採用された承認規則にその起源を有する。

---

(49) ただし、73年法以前の英国法上、妻は夫の住所から独立した住所を得ることができなかった。よって、実際上夫婦の住所は夫の住所に等しかった。

(50) Harvey, otherwise Farnie, v. Farnie [1880] 5P. 153; Le Mesurier v. Le Mesurier and others [1895] H. L. 517.

(51) Armitage v. The Attorney-General (Gilling cited) [1906] P. 135.

(52) 原告たる妻が英国に3年間通常の居所を有していること、または夫が妻を遺棄し、もしくは国外追放される直前に英国に住所を有していたこと。

(53) Travers v. Holley [1953] P. 246.

(54) Indyka v. Indyka [1969] H. L. 33. W Mayfield v. Maifield [1969] P. 119.

(55) Mather v. Mahoney [1968] 1 W. L. R. 1773.

(56) これらの法律に規定される裁判所は、特定の状況の下で、その地域に居住する英国臣民に対して離婚判決を下すことができる。

(57) The Law Commission and The Scottish Law Commission, supra note 48, at para. 22-24.

(58) Id. Para. 25.

同条約では、当事者の常居所、本国及び住所（domicile）を基礎として、それに多くの修正を加える形で、具体的妥当性を重視した承認規則が構築された[59]。しかし、1975年の同条約発効を待たずにその批准に伴う国内法化に取り組んだ英国は、71年法の制定にあたってこの承認規則に独自の修正を加え[60]、これをおおいに拡張し単純化した[61]。そして、コモン・ロー規則と共に2本立ての承認規則を創出し、86年法の制定を経て現在に至っている。

（2） 従来の承認規則が抱えていたふたつの問題点

71年法の制定による離婚承認規則の改革は、英国法の単純化、近代化を達成し[62]、あわせて68年条約の理念である跛行婚の防止をはかるために実行されたものであった[63]。確かに、同法の制定とそれに伴う従来の承認規則の部分的排除によって、英国の離婚承認規則は単純化された。しかし、反面でそれらは、ふたつの問題を抱えていた[64]。

そのひとつは、71年法に上述の両承認枠組みが併存していることから生ずる両枠組み間のギャップと、それらの間を画する「裁判その他の手続」の意義が解釈上必ずしも明確でなかったことから生ずる、それらの境界領域における混乱であった。

前者については、71年法における承認法規則と（73年法による修正後の）コモン・ロー規則とを比較すれば、両者間の承認要件におけるギャップが読み取れるであろう。即ち、第1に、管轄原因として認められているのは、承認法規則では一方当事者の国籍、常居所または住所（domicile）であったのに対して[65]、コモン・ロー規則では住所のみであった[66]。第2に、承認法規則上要求されていた手続地と離婚取得地との一致は、コモン・ロー規則上は要求されて[67]

---

(59) 2条。
(60) Karsten, Recognition of Non-Judicial Divorces, 43 M. L. R. (1980) 202, at 203.
(61) Karsten, The Recognition of Divorces and Legal Separations Act 1971, 35 M. L. R. (1972) 299, at 304.
(62) それが法委員会の任務であった。Law Commissions Act 1965 (1965 c. 22), Art. 3 (1); 下山瑛二「イギリスにおける最近の法典化」比較法研究31巻 (1970) 185頁。
(63) Karsten, supra note 60, at 207.
(64) Pilkington, Transnational Divorces under the Family Law Act 1986, 37 I. C. L. Q. (1988) 131, at 133.
(65) 3条1項及び2項。
(66) 6条2項 (a) (b) 及び3項 (a) (b)。

いなかった。また第3に、英国内への1年間の居住による承認の制限はコモン・ロー規則にのみ課せられ、承認法規則はその対象となっていない。

後者の実例としては、クアジ事件（Quazi v Quazi）が挙げられる。本件ではパキスタン法に従って得られたタラークが71年法2条に言う「その他の手続」に含まれるか否かが中心的な争点となったが、この点につき第1審のウッド判事（Wood J.）は、同条の「裁判その他の手続」を裁判離婚と裁判外離婚とを含むものとして広く解釈した上で、家族法令上の仲裁手続と最終判決（final court order）の意義に注目して、本件タラークは「その他の手続」に含まれると判断した。これに対して第2審のオームロッド控訴院判事（Ormrod L. J.）は、「手続」と言えるためには国家または公的機関が当事者の欲する離婚を阻止できる程の役割を有していなければならず、当事者の一方または双方の行為のみにその効力が依存する離婚は「その他の手続」に含まないとした上で、仲裁評議会にかかる権限がないことから、本件のタラークは同条の承認の対象に含まれないと判断した。以上を受けた上告審の5判事は、いずれも同条の「その他の手続」は準裁判（quasi-judicial）手続に限定されないとした上で、本件タラークの同条による承認を認めた。かかる審級ごとの判断のくい違いは、「手続」という文言の内包に対する各判事の見解の相違に基づくものであるが、もう1歩退いて見てみると、そもそも71年法及び73年法においていかなる裁判外離婚がその適用範囲に含まれるのかを示さなかったために、「手続」という文言が裁判外離婚との関係でいかなる意味を持つ

---

(67) 3条1項。
(68) 6条2項本文参照。
(69) 73年法16条1項。
(70) [1980] A. C. 744.
(71) Id. 776 E.
(72) Id. 777 F. ただ、判決中に言う「最終判決」なるものは実際には制度上存在しないものであり、タラークはあくまで夫による宣言の効果として完結するのである。かかる誤解は、第1審判決の出された3年半ほど前に著された Maidment, The Legal Effect of Religious Divorces, 37 M. L. R. (1974) 612, at 613 の記述に影響されたものかとも推測される。
(73) [1980] A. C. 789 A.
(74) Id. 788 H.
(75) Id. 791 G.
(76) Id. 792 B.
(77) Id. 807 G. 808 B. 809 G. 811 G. 814 C. 822 H.

かという点が、起草者の意図はともかく文言上は不明確であった(79)ことに、そ(80)の原因があるように思われる。さらに言えば、68年条約において、およそあらゆる形態の離婚を承認の範囲に取り込みたいと考えた国々と、公的手続を欠く離婚を承認することで相手方たる当事者の利益が害されることを好まなかった国々との妥協によって、1条の曖昧な文言が作られたのであるが、か(81)かる表現をほぼそのまま導入し、コモン・ロー規則と単純に継ぎ合わせた英国の立法態度にも問題がある。承認規則の単純化を徹底する立場からすれば、71年法のような2本立ての承認規則ではなく、もっと広い適用範囲を有する単一の承認規則を構築すべきだったのではなかろうか。(82)

　従来の英国における承認枠組が抱えていたもうひとつの問題は、71年法(コモン・ロー規則については73年法による改正後のものを指す)による承認の対象が「海外離婚」に限定され、(83)しかも、承認法規則における「海外離婚」の定義において、離婚を得るための手続が行われた地が英国諸島以外の国であったか否か、また単一の国におさまっていたか否か、ということに力点が置かれたことであった。(84)そして後者の結果として、具体的には複数の国にまたがって得られたいわば国際間離婚(transnational divorce)について、実際上「承認の隙間」が生じたのである。

　かかる実例としては、ミンハス事件(R. v. Registrar General of Birth, Death and Marriage, ex p. Minhas)(85)及びファティマ事件(R. v. Secretary of State for The Home Department, ex p. Ghulam Fatima)(86)が挙げられよう。前者は、英国に住む

---

(78)　Goodwin-Gill, Recognition of Extra-Judicial Divorces: Theoretical Problems Realised, 92 L. Q. R. (1976) 347.
(79)　Karsten, supra note 60, at 203, 206.
(80)　North, Recognition of Extra-Judicial Divorces, 91 L. Q. R. (1975) 36, at 49, Pilkington, supra note 64, at 132.
(81)　Anton, supra note 5, at 627.
(82)　その参考となるのが1975年のオーストラリア家族法典104条である。G. C. Cheshire & P. M. North, Private International Law (11th ed. P. M. North & J. J. Fawcett, 1987) 661.
(83)　2条及び6条。
(84)　2条(a)、3条1項本文。なお、コモン・ロー規則ではかかる状況は見られない。6条2項。
(85)　[1977] Q. B. 1.
(86)　[1986] A. C. 527.

夫がパキスタンに住む妻を離婚する旨の宣言を英国で行い、家族法令に従って妻及び議長へ通知した後、パキスタンでの調停手続を経て離婚を得た事例である。本件における71年法解釈上の問題点は、同法上の手続の有無と離婚の得られた場所の２点であったが[87]、同判決においてパーク判事（Park J.）は、本件でタラークに要求される４つの要件、即ち①タラークの宣言と書面化（writing）、②議長への通知の送付、③妻へのコピーの送付及び④90日間の猶予期間のうち、71年法２条の「手続」に該当するのはタラークの宣言のみであるとし[88]、それが英国内で為された反面、タラークはパキスタンにおいて得られたものであることから[89]、本件のタラークは同条に言う「海外離婚」に該当しない、と判断した。他方後者は、英国に住むパキスタン人男性が、パキスタンに住む妻を離婚する旨のタラーク宣言を行い、家族法令に従って議長及び妻にその旨を通知したという事例である。本件の１審及び２審判決はいずれも本件タラークの承認を拒否したが[90]、これを受けた上告審は、71年法２条（a）の手続は離婚が最終的に得られたのと同じ国で開始された一連のものでなければならないとした上で[91]、本件タラークの手続は英国でのタラーク宣言によって開始され[92]、最終的にはパキスタンで離婚が得られたのであるから[93]、同項によって承認することはできないと判断し、上告を棄却した[94]。

しかし、これらの判断には疑問がある。まず第１に、離婚承認の可否を考える際に、何故離婚の得られた地（が外国であること）にこだわるのか、必ずしも釈然としない[95]。渉外的離婚の効力を考える際には、離婚手続の全体を視野に入れることが肝要であるのに、かかる狭い把握をすることは、かえって法の回避を招きかねないからである[96]。タラークについて考えると、前述した

---

(87) Carter, Decisions of British Courts During 1976-1977 Involving Questions of Public or Private International Law, B. Private International Law. 48 B. Y. B. I. L. (1978) 365.
(88) ［1977］Q. B. 5-6.
(89) Pilkington, supra note 64, at 131.
(90) ［1985］2 Q. B. 190.
(91) ［1986］2 W. L. R. 698 C.
(92) Id. 698 A.
(93) Id. 698 B.
(94) Id. 699 D.
(95) Carter, Decisions of British Courts During 1985-6 Involving Questions of Public or Private International Law, B. Private International Law, 57 B. Y. B. I. L. (1986) 429, at 446.

諸国での近年の法改革にも拘らず、その本体がタラークの宣言であることは否めない。しかし、だからといって、タラークの承認の可否を検討する際にその宣言が為された地ばかりに力点を置くのは、それらの法改革の、ひいてはタラークそのものの本質を見誤るものであるように思われる。なぜなら、クルアーンにおける啓示の真髄は、宣言そのものではなく、その後の調停手続と猶予期間とを定めた点にあるからである。タラークの承認を考える場合には、かかる付随的手続をも含めたタラーク全体のありかたに注目すべきなのではなかろうか。

第2に、手続離婚の承認のために手続地と離婚取得地との一致を要求するのは疑問である。この点について判例で示された解釈は、3条1項の文言からすればやむを得ないものであろう。しかし、離婚の取得のみならずそのための手続までもがすべて外国で為されたことを必要とする、との解釈は、跛行婚の防止という68年条約及び71年法の主たる目的の達成を阻害しかねない。71年法の解釈としても、2条(a)の文言だけを念頭に置けば、それを「英国諸島外での手続」によって得られた離婚と解釈する必然性は必ずしもないのであって、手続が為された場所には関係なく「英国諸島外で得られた離婚」と解釈することも可能であるし、むしろ渉外的離婚を広く承認することによって跛行婚を防止することが重要であるとの立場からすれば、そのように解釈する方が妥当であると考えることもできるように思われる。結局、問題は3条1項の文言にあると言えよう。

第3に、国際間離婚の承認拒否の根拠として援用された73年法16条には疑問がある。ファティマ事件の上告審判決は、71年法2条及び3条を「外国で為された手続による離婚のみが承認される」と解釈することは同法の立法目的に反するとの批判に対して唐突に73年法16条を持ち出し、英国内で英国裁

---

(96) Ibid.
(97) Pilkington, supra note 64, at 134.
(98) The Parliamentary Debates (Hansard) 5th series, Vol. 316 [House of Lords] cols. 217. [以下「H. L. Deb, 316」として引用] (Lord Gardiner).
(99) [1986] 2 W. L. R. p. 698 D.
(100) "(divorces which) have been obtained by means of judicial or other proceedings in any country outside the British Isles"
(101) [1984] 3 W. L. R. 659, at 666 D; Pilkington, supra note 64, at 134.

判所以外での手続によって得られた離婚の承認を拒否することが英国の立法政策であるとした。かかる措置の意義は、英国に居住する者が英国法の手続に従わず、より簡単かつ自己に有利な方法で離婚することによって英国法を回避 (evasion) し、英国内にいる離婚の相手方の利益を害することを阻止することにある。しかし、そもそも71年法2条及び3条は英国とは何等関連のない国際間離婚の承認をも拒否するものであるが、かかる措置は73年法16条の趣旨からすれば根拠のないものと思われる。また、かかる方法自体、例えばタラークについて言えば委譲離婚などの手段による脱法行為が可能である点でその実効性には疑問がある。他方、結論のみを先取りするかたちで述べれば、かかる目的は一律に承認を拒否するというドラスティックな手段によってのみ達成しうるものではなく、離婚事件の渉外性の考慮や公序条項の柔軟な活用などの手段による対応も可能であるように思われる。従って、跛行婚の防止という離婚承認制度全体の趣旨からしても、73年法16条の規定には再考の余地があると言えるのではなかろうか。

2 批判的検討
(1) 86年法の制定と残された問題

以上に述べた従来の承認規則における問題点は、71年法の改正による86年法の制定によって、その一部が解決された。即ち、第1に86年法は、承認法規則における離婚の有効性の判断基準及びその管轄原因との関係で、71年法3条が要求していた手続地と離婚取得地との一致を要求せず、従って国際間離婚にも承認の道が開けた。また第2に、86年法は、68年条約に根拠を有するか否かによって為されていた承認規則の区別を廃止した。即ちその具体的

---

(102) [1986] 2 W. L. R. 698 D.
(103) Id. 698 G.
(104) Qureshi v. Qureshi [1972] Fam. 187. の事実関係を参照せよ。
(105) 同条がクレシ判決を覆すことを意図したものである ([1986] 2 W. L. R. 698 G.) と言われるのも、その意味においてであろう。
(106) Pilkington, supra note 64, at 132.
(107) 夫からの権限委託により妻が行う離婚。
(108) D. S. Pearl, A Textbook on Muslim Personal Law (2nd ed. 1987) 229.
(109) Pilkington, supra note 64, at 133-134.

な差異を示すと、71年法においては、コモン・ロー規則上も文言上は何等かの手続の存在が前提とされており、承認法規則上の「裁判その他の手続」との関係が不明確であったが、86年法においてはコモン・ロー規則上何等の手続の存在も予定されてはおらず、何等かの手続による離婚と何等の手続をも伴わない離婚という、従来より一層明確な承認規則の区別が為されることとなった。

しかし、なお残された問題も少なくない。即ち第1に、同法では「海外離婚」の定義が簡素化されたものの、その概念自体は依然として採用されており、また、離婚手続が開始された地あるいは離婚が得られた地にこだわる考え方はまだ払拭されていない。また第2に、依然として承認規則は「手続離婚」についてのものとそれ以外についてのものとにわかれている。よって、71年法の下におけるような解釈上の混乱は避けられるとしても、ふたつの承認規則間のギャップは残ることになる。

(2) 2本立て承認規則の再検討

では、より妥当な解決を導くためには、いかに考えるべきであろうか。ここでは、我が国でのあるべき対処の仕方に関する次章での考察につなげる意味で、主に立法論的な立場から若干の検討を加えることとする。考え方のひとつとしては、従来の枠組自体は維持しつつその解釈を改める、という方法論が考えられるであろう。即ち、「裁判その他の手続」の解釈を従来のような疑義が介入しないように厳格に設定し直して、解釈の具体的妥当性と安定性を持たせようというわけである。その根拠としては、何等かの手続を伴う離婚と何等の手続をも伴わない離婚とでは、その性質やそれに伴って生じう

---

(110) Cheshire & North, supra note 82, at 651.
(111) 73年法による改正後の§6 (4).
(112) §46 (3) (b) 参照。
(113) 46条。
(114) 同条3項。
(115) 46条、54条1項。この点に関して法委員会は、1984年の報告書において、71年法上の two-fold classification を廃止しようという意図に基づく法案を提案した。The Law Commission and The Scottish Law Commission (Law Com. No. 137) (Scot. Law Com. No. 88) Recognition of Foreign Nullity Decrees and Related Matters, (1984) para. 6. 6. しかし、71年法6条は修正を受けたものの、結局基本的には86年法でも維持された。
(116) 86年法の制定に際して意図されたのはこれであったように思われる。

る問題点が定型的に異なり得るにも拘らず、承認枠組の発想を否定してそれらを同一の要件で承認することは、必ずしも妥当な結果を生じるとは言い切れないのであって、やはりそこには承認要件の前段階としての承認枠組の設定が必要である、ということが挙げられよう。

しかし第1に、離婚形態による相異は必ずしも絶対的なものではなく、むしろかなり相対的なものである。例えばクアジ事件において、第1審及び上告審判決はパキスタン法上のタラークを「裁判その他の手続」による離婚であると認めたのに対して、第2審はこれに該当しないと判断しているように、何等かの手続を伴うタラークの評価は必ずしも一定ではない。

第2に、上述のような枠組の修正によって対処しようとすると、枠組を柔軟にすれば解釈が不安定になるという弊害が、また枠組を精密にすれば解釈が複雑になるという弊害が生じかねないとも考えられるが、これは、離婚の承認手続においては離婚手続自体における以上に制度及びその運用の安定性や単純さが求められるべきであることを考えると、必ずしも好ましくはない事態である。

そこで、そもそもかかる「手続離婚」か否かという枠組の設定が、離婚の承認を取り扱う際の方法論として妥当なものと言えるか否かを考えてみると、少なくとも今までに見てきたような境界事例を検討する限り、その妥当性には問題があると言わざるを得ない。各国の法制度の相異に応じて様々なバリエーションを有しながらも、基本的にはクルアーンにおける啓示という共通の基盤を有し、相互にある程度類似した構造を持ち、全体として連続的な体系を形成しているタラークについて、「手続離婚」か否かという固定的

---

(117) 例えば、国内で得られる離婚の場合には国内法の回避が問題となる。また、裁判外離婚においては、正当な離婚原因が存在したか否か、という点が裁判離婚における程には問題とならない。

(118) Quazi V. Quazi, [1980] A. C. 744.

(119) 離婚にプロはいないし、あまり法律家の手を煩わすのは、手数の割には相応の報酬が期待できないという意味で法律家にとっても、また法律家の介入によって必要以上に離婚が複雑なものになってしまうという意味で当事者にとっても、あまり歓迎すべきことではない。また、離婚の有効性は裁判よりも行政のレベルで問題にされることが多いことからしても、離婚のための法律は可能な限り平易で理解しやすいものたるべきである。The Law Commission and The Scottish Law Commission, supra note 48, at para. 29 (b); Karsten, supra note 61, at 305.

(120) North, supra note 80, at 50.

な枠組にこれをまず分類し、かかる分類を前提としてのみ承認の可否を論ずるのは、いささか強引であるように思われる。従来の英国判例においてしばしば見られる多少不自然な判断も、そこに原因があるようにも思われるのである。そこでむしろ、多種多様なタラークに柔軟に対応できるようにするには、承認枠組論を承認論の入り口に位置付けるという従来の英国での方法論からは決別し、端的に承認要件を問いうるような承認規則を構築して、従来の枠組み論に相当する判断は、個々の承認要件の吟味のなかでこれを考慮する、という方法論を採用する方が、離婚の承認規則のありかたとしては妥当なのではないだろうか。

(3)　「海外離婚」要件の発展的解消

以上に論じたように、従来の承認枠組の考え方には問題があり、枠組自体を撤廃することが望ましいものと考える。ただ、「手続による離婚」と「手続によらない離婚」との区別の場合と異なり、承認対象を「海外離婚」に限定するという発想の裏には、強固な実質的価値判断が存在しており、それは離婚の承認を考える際にも必ずしも無視し得ないものであるように思われる。そこで、その価値判断について言及した上で、それをいかなるかたちで承認論に取り込むことができるのか、若干の考察を加えることとする。

従来から実際に問題とされてきたのは、英国内で得られたタラークなどの裁判外離婚を承認しないことの根拠である。かかる根拠の第1として考えられるのは、公示の欠如による身分関係の不安定である。しかし、かかる問題は外国で得られた離婚すべてに関するものであり、これのみでは国内で得られた裁判外離婚の承認を特に否定する根拠にはならないように思われる。

むしろ重大なのは、第2に考えられる根拠、即ち、英国裁判所が有する離婚管轄権の回避及び離婚の相手方を保護する英国実質法の回避である。前者

(121)　なお「手続」の概念につき、Quazi v. Quazi [1980] A. C. 744, 777 B を参照。
(122)　かかるアプローチにとっての参考となるのが、1975年オーストラリア家族法典104条である。同法は、外国法によって得られた婚姻の解消及び取り消し（"A dissolution or annulment of a marriage effected in accordance with the law of an overseas country"）を承認するための規定を同条に一本化しており、しかもそこでは、手続によらない離婚も柔軟に承認の対象の中に取り込まれている（同条5項）。なお、Cheshire & North, supra note 82. 参照。
(123)　Hartley, Non-Judicial Divorces, 34 M. L. R. (1971) 579, at 582.
(124)　Carroll, Pakistani Talaqs : The Requirement of Notification, 99 L. Q. R. (1983) 515, at

については、1972年の婚姻手続（一夫多妻婚）法（Matrimonial Proceedings (Polygamous Marriages) Act 1972）の制定によって一夫多妻婚の当事者が英国裁判所に離婚請求できるようになったため、英国に住所を有する夫が英国で得たタラークを承認する必要がなくなったことは、承認を広く認めたい立場からすると不利な材料である。他方後者は、71年法の審議において議論の対象となっていた。貴族院において同法に対し、英国法に基づいて下された判決以外の方法によって英国内で得られた離婚の不承認を規定する修正案を提出したサイモン卿（Lord Simon of Graisdale）は、次のように述べている。「かかる制度（筆者注：タラーク・ル・ビドアを念頭に置けばよい）の危険性は、我々の裁判離婚制度が持つ安全装置全体が回避される点である。単に妻が不正の被害を受けるだけでなく、その援助がこの国の納税者の肩にかかってくることも十分に有り得るのである。」「新しい条項が意図するのは、我々は事実上、英国諸島で得られた離婚の承認を、我々の法の適正な手続によって得られたのでない限り拒否すべきである、ということである。言い換えれば、それは我々自身の婚姻法が持つ安全装置が回避されることを防ぐための一歩を進めるのである。」

この主張には一定の説得力があるように思われる。確かに、英国内に生活の本拠を持つ者が、英国に管轄や法制度を回避し、自己にとってより有利な法を援用して相手方の利益を害することは、英国の法的正義の観点からして容認し得ないことであろう。しかし前述したように、ほぼ英国の国内事件と言えるような場合であればともかく、少なくともある程度以上の渉外性を有する場合には、英国の法的正義をあまり前面に押し出すことは妥当でないと言わざるを得ない。英国が離婚承認一般について住所地主義を採用する根拠

---

518 ; Cheshire & North, supra note 82, at 669.
(125) Hartley, supra note 123 ; H. L. Deb. 316., supra note 98, cols. 213-214 ; Carroll, supra note 124.
(126) 1972 c. 38.
(127) Hussain v. Hussain [1982] 3 All E. R. 369.、鈴木敏英「裁判外離婚の承認に関する英国国際私法規則再考（二）完」法学ジャーナル43号（1985）34頁。
(128) H. L. Deb. 316., supra note 98, col. 213-214.
(129) Chaudhary v. Chaudhary [1985] Fam. 40 B-C, 44 G, 45 A, 48 D-E.
(130) この点との関係で注意に値すると思われるのが、68年条約7条の規定である。同条は、当事者双方が離婚時において離婚禁止国の国籍のみを有していた場合には、締約国はかかる離婚

であるところの、「婚姻した人々の不和は、彼らの属する社会の法に従って調整され、その裁判所のみがかかる法を行使することのできるところの裁判所によって処理されるのが、正当でもあり合理的でもある。」との価値判断(132)や、71年法を制定する際の、国籍や常居所も管轄原因として妥当であるとの判断(133)に照らしても、かかる場合には英国の管轄権や実質法を前面には出さず、英国内で得られた、換言すれば英国内で宣言されたタラークについても一定の場合にはこれを承認すべきではなかろうか。(134)

むしろ「海外離婚」の要件は、離婚手続の渉外性、即ち当該離婚において最も重要な意義を有する手続が為された地いかんという要件に置き換えるのが適切であるように思われる。

第4節　承認要件論

1　適切な承認要件のありかた

以上の考察を踏まえて次に問題としたいのは、いかなる個別的要件の下にタラークの承認を認めるべきか、ということである。そこで以下、この点に関して、従来の英国において離婚承認の要件として問題とされた要素を検討し、それらの中から適切なものを抽出することによって、我が国におけるあるべき承認要件を導き出したい。(135)

(1)　婚姻の性質

その第1は、「一夫一婦制下での婚姻」である。既に触れたハマースミス事

の承認を拒否することができる、と規定する。これは、ハーグ会議のメンバーのうちイタリアなど当時の離婚禁止国に対して配慮したものと思われるが、同条約19条におけると同様、当事者双方が離婚禁止国の国籍を有しているからといってこのような措置を認めることの妥当性は、いささか疑問なのではなかろうか。

(131)　例えば、Russ v. Russ [1962] 1 All E. R. 649, at 652 D.
(132)　Wilson v. Wilson (1972) L. R. 2 P. & D. 435, at 442.; 田中・前掲注6。
(133)　Jaffey, Recognition of Extra-Judicial Divorces, 91 L. Q. R. (1975) 320 at 321. また国籍につき、Stone, The Recognition in England of Talaq Divorces, 14 AngloAm. L. J. (1985) 363, at 364.
(134)　その意味で、サイモン卿の意図 (H. L. Deb. 316.,supra note 98, cols. 213-216.) をかかる方法で達成することを認めるのは適切でないように思われる。
(135)　以下では、便宜上タラーク以外の離婚に関する事例も通宜取り上げることとする。

件判決やマヘア事件判決では、タラークの承認拒否の根拠として、一夫一婦制を本質とするキリスト教婚と一夫多妻制を本質とするイスラム教婚との異質性が強調され、前者の下での婚姻は後者の下での離婚によっては解消されないとの判断が示された。だが、当該タラークを承認することによって具体的に生ずる弊害を示すことなく、婚姻の性質という極めて曖昧かつ抽象的な根拠によってタラークの承認を否定することは、いささか偏狭な制度間差別の観を呈するようにも思われ、また跛行婚の発生によって私法上の身分関係の国際的安定性を阻害する点においても好ましくない。他方、英国判例は一貫してイスラム婚を承認するが、婚姻の効力を承認しつつ離婚の効力のみを承認しないのは、態度として必ずしも一貫しているとは言い難い。よってこの要素は、承認要件としての適格性を欠くものと言えるのではなかろうか。

(2) 管轄

　第2は、「(承認)管轄の存在」である。これは、用語上の曖昧さのため管轄という表現自体は避けられたものの、実質的には68年条約によって採用され、71年法を経て86年法に受け継がれたものである。離婚承認の際に管轄原因のいかんを問わないことは、離婚について同様の抵触法規則を有する国々の間では可能であるが、抵触法の不統一性が大きい場合には現実的でない。また、いわゆる「法廷地漁り」の阻止という観点からしても、管轄要件を課すこと自体は必要であると考える。ただ、ここで留意することが肝要であると思われるのは、管轄を認めるという場合、それは必ずしもその地で離婚の

---

(136)　[1917] 1 K. B. 634；[1916–17] All E. R. 464.
(137)　[1951] P. 342.
(138)　[1917] 1 K. B. 659；[1916–17] All E. R. 468；[1951] P. 342. at 346.
(139)　鈴木・前掲注25。
(140)　Russ (orse. Geffers) v. Russ (Russ orse. De Waele intervening) [1962] 1 all E. R. 654 G.
(141)　Hartley, Non-Judicial Divorces, 34 M. L. R. (1971) 579, at 581. この点につき、[1964] P. 315, at 327. は、ハマースミス事件の先例性を否定せず、単にそれを限定したに過ぎないが、それはむしろ当時の厳格な先例拘束性原理からの帰結であると考えるのが妥当ではなかろうか。
(142)　Anton, supra note 5, at 629.
(143)　Ibid.
(144)　Ibid.
(145)　Ibid.

効力が生じたことを意味するものではない、ということである。先にも触れたように、離婚を考える際に最終的にそれが得られた地のみを意識するのは観点として偏狭であり、むしろ離婚に至るまでの手続ないし過程全体を視野に収め、その中で最も本質的と考えられる行為がどこで行われたかを把握すべきではなかろうか。例えばパキスタン法上のタラークの場合ならば、最終的にタラークが取り消し得なくなった地のみを考えるのではなく、宣言の通知が為された先や、仲裁評議会による調停手続が行われた地など、タラーク全体の過程を見た上で、それらの中でタラークにとって最も本体的な行為が為されたのはどこか、という点を考慮して、その地について管轄の有無を決すべきであるように思われる。

それでは、いかなる管轄要件を課すことが妥当であろうか。そもそも、離婚承認制度の趣旨としては、跛行婚の防止と法廷地漁り阻止の2点が考えられてきた。となれば、承認要件の中核をなす管轄要件についても、かかる両趣旨の調和という観点から考察を進めるのが適切であるように思われる。前者の要請を重視するならば、管轄要件は広いほうが便宜であり、その方向を徹底すると、結局管轄要件を全く課さないというところに行き着くことも考えられなくはない。[146] しかし前者の要請は、いかなる地で為された離婚をも承認しなければならない、ということを必ずしも意味するものではない。当事者の身分関係ないし生活関係と何等の関係をも有しない地で為された離婚の承認を拒否しても、別段不都合はないであろう。他方、法廷地漁り対策の観点からすれば、管轄要件は可能な限り制限することの方が適切である。[147] しかしそれにしても、徒に承認を制限すればよいというものでもない。法廷地漁りの意義から考えると、離婚当事者が自分との結び付きに関係なく、最も離婚の得やすい国へ行って離婚することによって、[148] 相手方の手続的及び実体的利益を害して自己の利益を図ろうとすることが問題なのであり、逆に言えば、当事者の身分関係ないし生活関係とある程度以上の関係を有する地で為[149]

---

(146) Ibid.
(147) Ibid.
(148) Id. at 620.
(149) Chaudhary v. Chaudhary [1985] Fam. 40, 44, 48. 参照。

された離婚であれば承認の対象として考慮してよい、と考え得るのではなかろうか[150]。以上からして、離婚承認の趣旨を具現化し得る管轄要件の基本は、離婚当事者の身分関係ないし生活関係と一定の関連性を有する地に広く管轄を認めることである、と言ってよいように思われる。

以下では、かかる観点から、68年条約、71年法及び86年法（以下「各法」とする）において採用された3つの管轄原因について検討を加えることとする。

(a) **常居所** 各法が管轄原因の筆頭として認めたのが常居所（habitual residence）である。常居所概念は英国では近年まであまり知られていなかったが、幾つかのハーグ条約を同国が批准し国内法化するに際して導入されるに至った[151]。この概念は、基本的には英米法上の住所（domicile）から出発するものであるが、英米法諸国内でも住所の概念が国によって異なることもあってその統一的な定義に到達することが不可能であることから[152]、住所概念の内包に修正を施し、主観的要素を住所におけるほど重視せず[153]、居住の持続という客観的要素に重点を置いて[154]構築されたものである。それはまさに人の現実の本拠（home）を指すという意味で[155]、先に述べた離婚承認の趣旨に合致すると言えるように思われる。

しかし、当事者の手続的保護との関係では必ずしも問題がないとは言い切れないように思われる。即ち、特に原告の常居所に管轄を認めた場合、その者が得手勝手に常居所を変更することによって、相手方の手続上の利益が害されることが有り得る。その意味で、原告の常居所に対し無条件に管轄を認めることには多少の疑問を感じなくもない[156]。ただ、常に被告の居場所をつきとめてそこで離婚を請求せよ、と言うのは原告に過酷である場合も考えられることからすれば、原告の常居所に対しても、何等かの補強要素を加味した上でであればこれを管轄原因として認めてよいように思われる[157]。そして、か

---

(150) なお、Anton, supra note 5. 参照。
(151) Ibid.
(152) Id. at 629, 630.
(153) Cheshire & North, supra note 82, at 173.
(154) Anton, supra note 5.
(155) Karsten, supra note 61, at 304.
(156) Anton, supra note 5, at 630.
(157) Ibid.

かる補強要素としては、法廷地漁り阻止の観点から、まさに68年条約が採用
し、また立法例として注目に値する1975年のオーストラリア家族法典
(Family Law Act 1975)も採用した各要素が有力なヒントとなり得るであろう。

(b) 住所　各法が認めた第2の管轄原因は住所(domicile)である。これは英米法上、住所が人の本拠として性格付けられてきたことや、英米のような連邦国家においては単一の国籍を考えにくかったことが原因となって、従来の英米法において用いられてきた。しかし、住所の概念は、これを採用する各国でその内容が不統一であるため、しばしば予測不可能という問題点を生ずることが考えられる。よって、離婚承認の趣旨からして、これを管轄原因として認めるためには、住所が現実の生活関係を忠実に反映するように、例えば本源住所への固執を止めて選定住所をより柔軟なかたちで採用するなど、その運用を変革させて行かねばならないであろう。そして、かかる変革の指向すべき方向は、住所の常居所への融合ないし統合が考えられる。さらに言えば、常居所とは別の管轄原因として住所を挙げることの必要性は、それを伝統的原則として用いてきたという英米法諸国における特殊な情況への配慮を除けば、もはや認められないと言っても過言ではないようにすら思われる。

(c) 国籍　各法が認めた第3の管轄原因は国籍(nationality)である。これは大陸法諸国では以前から採用されてきたものであるが、その存否を容易に確認できる点では有利である。反面、離婚承認の趣旨から考えるといささか問題があると言えなくもない。なぜなら、国籍はある人とその属する国

---

(158)　2条2項。
(159)　No. 53 of 1975, 104条3項 (b)。
(160)　G. C. Cheshire & P. M. North, supra note 82, at 169.
(161)　Id. at 170.
(162)　Id. at 159ff.
(163)　Id. at 145ff.
(164)　鈴木敏英「裁判外離婚の承認に関する英国国際私法規則再考（一）」法学ジャーナル42号（1985）18頁。
(165)　68年条約3条や71年法3条2項における住所の位置付けにも、かかる配慮が見受けられる。
(166)　Anton, supra note 5.
(167)　Cheshire & North, supra note 82, at 170.

との政治的な結び付きないし政治上の地位を表すものであって、離婚の管轄を認めるために求められる当事者と国家との密接な関係を必ずしも十分に表すものとは言い切れない面もあるからである。特に、離婚承認の要件として準拠法選択を問わない場合には、その問題は一層重大であるように思われる。

では、国籍を管轄原因として認めることには、いかなる意義があるのだろうか。ここで参考になるのが、従来の英国判例のうちパキスタン法上のタラークの承認が問題となった5つの事例、即ち、①クレシ事件（Qureshi v. Qureshi）、②ミンハス事件（R. v. Registar General of Briths, Deaths and Marriages and Another, ex p. Minhas）、③クアジ事件（Quazi v. Quazi）、④ファティマ事件（R. v. Secretary of State for the Home Department, ex p. Ghulam Fatima）及び⑤チャウドハリー事件（Chaudhary v. Chaudhary）の各事案である。これらを比較検討すると、以下の共通点が明らかとなるように思われる。第1に、タラークを宣言した夫は、いずれも生来のパキスタン人または生来のインド人で成年後にパキスタン国籍を取得したものである。第2に、彼らはいずれもイスラム教徒であり、必ずしも明示されてはいないが、事実関係から推測して恐らく生来のイスラム教徒であると思われる。第3に、彼らはいずれもインドあるいはパキスタンで出生し、成年に至るまで同地またはその付近に在住し、その後直接または間接に英国へ渡っている。そして第4に、彼らが母国（本国ないし本源住所地）を離れてからタラークを宣言するまでには、10年またはそれ以上の期間が経過している。以上の点は、直接的には5つの事例に現れた共通点であるに過ぎないが、考えてみるとそれらは、イスラム諸国からの

---

(168) Ibid.
(169) Id. at 168.
(170) Anton, supra note 5, at 630. なお、Cheshire & North, supra note 82, at 170. 参照。
(171) それが法廷地漁り防止の役割を担ったからこそ、大陸法諸国では国籍を管轄要件として認め得たとの見方も、あながち不可能ではないように思われる。
(172) [1972] Fam. 173.
(173) [1977] 1 Q. B. 1.
(174) [1980] A. C. 744.
(175) [1984] 2 W. L. R. 36；[1985] 1 Q. B. 190；[1984] 3 W. L. R. 659；[1986] 2 W. L. R. 693.
(176) [1985] Fam. 19.

いわゆる移住労働者の生い立ちとしてはごく通常の経緯である。そして、かかる事例でパキスタン法上のタラークの承認を考える場合、後述のように管轄に関して当該の地で離婚手続の中心的な行為が為されたことが必要であるとの立場に立つ限り、常居所が管轄原因として適切であるとは必ずしも言い切れない。なぜなら、夫は宣言時には移住先（上の事例ではいずれも英国）に現実の生活の本拠をかまえるのが通常であり、よって常居所地法上タラークは認められないからである。従って、この場合に用いることのできる管轄原因としては、本源住所と国籍が挙げられることになろう。しかし、前述のように英米法上の住所には概念の不統一性という問題があり、しかも住所概念の歴史的、伝統的性格からしてこれを改めるのはいささか容易でない面がある。そこで、概念として明確であり、かつそのような問題に悩まされることのない国籍を、このような事例での管轄原因として認める意義が生ずるように思われるのである。

ただ、この場合には、常居所の場合と異なり、相手方の手続的保護の要請に加えて、両当事者の生活関係との乖離を調整するという別個の要請がはたらくことから、離婚の両当事者それぞれの国籍について補強要素を課すことが必要となる。[177] では、かかる要素としてはいかなるものが適切であろうか。当事者の生活関係との関連性に着目するという考え方からすれば、常居所に類似した要素を補えばよい、ということになりそうである。しかし、それでは常居所と別個の管轄原因として国籍を認める意義が半減してしまうことにもなりかねない。国籍という管轄原因に独自の存在意義を認める見地からすれば、むしろ消極的に、ちょうど大陸法諸国において近年採用されつつある例外則としての密接関連性の原理に似た原理を用いて、当事者の生活関係と特に密接な関連性を有しないような例外的な場合を除いて本国の管轄を認める、とするのが妥当であると言い得るのではなかろうか。

管轄について今ひとつ問題としたいのは、例えば甲地に離婚の管轄を認めるという場合、甲地が当事者の一方または双方と直接の関連を有することを必要とするのか、それとも、甲地は直接にはいずれの当事者とも関連を有し

---

(177) この点でハーグ会議のとった結論（Anton, supra note 5, at 630）にはいささか疑問が残る。

ない地であっても、そこで為された離婚がいずれかの当事者と関連を有する乙地で承認されればよいのか、ということである。この点につき71年法は、承認法規則上は文言上必ずしも明確ではなく[178]、コモン・ロー規則上は後者の[179]立場をとったが[180]、86年法は一貫して前者の立場を採用した[181]。跛行婚防止を何よりも優先させるならば、後者の立場を採る方がよいと言うこともできるであろう。しかし、先にも述べたふたつの理念（跛行婚の防止及び法廷地漁りの防止）の調和を考えると、当事者と直接の結び付きを有しない地に管轄を認める後者の立場にはいささか疑問が感じられ、その意味では前者の立場の方がより妥当であると言えるのではなかろうか。

（3）公的機関の関与

第3は、「手続（proceedings）」ないし「公的機関の関与」である。前述のクアジ事件をはじめとする従来の英国判例では、承認が問題とされたタラークが71年法2条に言う「裁判その他の手続」による離婚と言えるか否かが大きな論点とされてきた。しかしそれは、手続離婚とその他の離婚とを承認枠組において区別するという71年法上の方法論が前提となっていたからであり、かかる区別を廃する本稿の立場からすればその前提を欠くことになろう。では、承認枠組の統一を前提とする場合、手続要件はいかなる存在意義を有するのであろうか。ここでは、従来の英国判例のうち、タラーク承認の可否が大きな関心事となる以前の時期、それが関心を呼ぶに至った時期、コモンロー上の承認規則が完成を見せる時期、並びに71年法及び73年法による承認規則が定着するに至った時期から、我々にヒントを与えてくれそうな判決を各々選び、それらを検討することによってかかる疑問に対する答えを探り、以て手続要件の再構成に向けてのささやかな試みを行うこととする。

参考となる判決としてまず挙げられるのは、クラークの承認に対して消極的な態度を示した前述のハマースミス事件判決と、その法理を覆したラス事件判決である。前者（控訴審判決）はタラークの承認を拒否するに際して、キ

---

(178) 3条1項。
(179) 6条3項（b）。
(180) 46条1項、2項。
(181) Cheshire & North, supra note 82, at 652.

リスト婚とイスラム婚との性質の相異に基づき、キリスト婚を解消する手段としてのタラークの不適格性を強調した(182)。しかし、後者（控訴審判決）において述べられたように、前者がタラークの承認を拒否した真の根拠はむしろ手続の不存在であるように思われる(183)。他方、前者（控訴審判決）においてローレンス判事（A. T. Lawrence J.）は、タラークの承認を拒否するもうひとつの根拠として、夫が妻と何等の交信もせずその同意も得ずに自分のみの判断で離婚を得ることによって、自分のみならず妻の権利をも左右することを容認するのは、自然的正義に反する、という点を挙げている(185)。ここで注目したいのは、その中の"(a) judge in his own cause"という表現である。同判事が2度にわたって用いているこの表現を、先の（裁判）手続の不存在という根拠と結び付けて考えると、前者はタラークの相手方である妻の利益を重視していることが推測できる。以上に加えて、後者が自らの事案と前者の事案との相異を示す箇所において、妻の法廷への出席及び扶養料を認める判決の存在を重視している点をも考え合わせると(186)、結局両者がこだわったのは妻の手続的利益と実体的利益の保護だったのではないか、とも考えられるのである。

次に挙げられるのは、71年法制定直前に下され、同法及び73年法の制定に大きな影響を与えたとされるクレシ事件判決である(187)。本判決での中心的論点は夫の住所がパキスタンにあったか否かという点であったが、サイモン主席判事（Sir Jocelyn Simon P.）は、住所地法によって有効な離婚は裁判手続や相手方の出席の有無に関係なく承認される旨を述べた箇所で、「その結果が英国裁判所の良心に反しない限り」という条件をつけ(188)、そして、後の個所で残存裁量権行使の適否を論じた際、5つの根拠を挙げて裁量権を行使すべきではないと結論付けた(189)。それらは一般論的なものから本件の具体的状況に即したものまで様々であるが、法律論として最も具体的かつ現実的であると思わ

---

(182) [1917] 1 K. B. 634, at 659: [1916–17] All. E. R. 464, at 468 A, B, D, 469I.
(183) [1964] P. 315, at 325, 335.
(184) なお、[1962] P. D. A. 649, at 653 G. は、両根拠の同義性を示唆しているように思われる。
(185) [1917] 1 K. B. 662; [1916–17] All E. R. 470 C–D.
(186) [1964] P. 325.
(187) Qureshi v. Qureshi [1972] Fam. 173.
(188) Id. at 199 F.
(189) Id. at 201 C–F.

れるのは第4の根拠である。その趣旨は、タラークを承認することによって妻は初めてマフルの権利を得、しかもそれが妻を救済する最良の手段である、ということであった。即ち本判決は、住所地法上有効な離婚の承認を認めるコモン・ロー規則の裏に当事者の保護という留保をつけていた、換言すれば、承認規則上の手続要件に代替する存在としてかかる留保が付けられていた、と言えるのではなかろうか。

　最後に挙げられるのは、前述のクアジ事件における各判決である。それらはパキスタン法上のタラーク（以下本件に関しては「タラーク」とする）が71年法2条の「その他の手続」に含まれるか否かを判断するに際し、それぞれ何等かの理由付けを行っているが、それはおよそ以下の通りであった。まず第1審のウッド判事は、タラークが「その他の手続」に含まれるとの判断の根拠として、和解手続と最終判決の存在に言及した。(190)他方、第2審のオームロッド控訴院判事は、タラークの承認拒否の根拠として、離婚を阻止しうる程度の役割を国家または公的機関が担っていなければ「手続」とは言えず、(191)当事者双方またはその一方の行為に専らその有効性が依存する離婚は「裁判その他の手続」には含まれない、(192)とした。これに対して上告審のディプロック卿(Lord Diplock)は、「その他の手続」を控訴審判決のように準裁判手続に限定して解釈するのは妥当でない(193)と判断する根拠のひとつとして、その批准が71年法の主たる目的であったところの68年条約の目的(194)、即ち跛行婚の防止(195)への適合性に注目していた。(196)また、同じくサーモン卿(Lord Salmon)は、「その他の手続」が裁判手続以外のあらゆる手続を含むとの判断を前提としつつ、(197)タラークが「その他の手続」に含まれることの根拠として、議長への通知が義務付けられていることを挙げた。(198)さらに同じくフレーザー卿(Lord Fraser of

---

(190)　[1980] A. C. 777 F–G.
(191)　Id. at 789 A–B.
(192)　Id. at 788 G–H.
(193)　Id. at 807 G.
(194)　Id. at 804 F.
(195)　Id. at 804 G.
(196)　Id. at 809 B–C.
(197)　Id. at 811 G.
(198)　Id. at 812 A–C.

Tully-Belton)は、「その他の手続」は裁判手続でない手続を意味するとの前提の上で、タラークとその通知は71年法2条の「手続」に該当するとの判断の根拠として、議長（本件では裁判官）への通知は、少なくとも妻に仲裁評議会に彼女の考え（her views）を知らせる機会を与え、またパキスタンにおいてその有効性にとって本質的な形式（formality）を与えるとの点を挙げた。これらの理由付けを検討すると、具体的に要求される程度は異なるものの、国家などの公的機関による何等かの関与の必要性を論ずるものが多い。特にウッド判事及びフレーザー卿は、手続が踏まれることによる妻の利益に言及し、またフレーザー卿は、タラークの有効性にとって本質的な形式について言及している。そしてこれらの判決は、全体的には、明示されていない部分も含めて、国家による後見的介入、ないしそれによってもたらされる当事者の保護を手続要件の中心に据えていると解することができるように思われる。

　以上、参考として挙げた6つの判決における考察を前提とする限りでは、手続要件に対して期待されていた役割は、当事者の実体的及び手続的保護であったように思われる。しかし考えてみると、前者との関係では手続の存在に固執する必然性は必ずしもなく、むしろ承認後の効果との関係で個別的に検討を加え、公序則発動の可否及びその方法というかたちで対処する方がよいのではなかろうか。他方、後者との関係では、裸のタラークのように公的機関が関与する余地が全くない場合であればともかく、少なくともパキスタン法上のタラークのように、議長への通知と仲裁評議会での調停手続という形で公的機関が離婚の過程に関与する機会が与えられていれば、その趣旨は全うされ得ると言っても過言ではないのではなかろうか。

（4）　手続的保護

　第4は、「相手方の手続的保護」である。家族法令7条は、議長への通知

―――――――――――――――――――

(199)　Id. at 814 C.
(200)　Id. at 817 E-F.
(201)　Id. at 817 F-G.
(202)　以上に挙げなかったものについては、紙幅の関係上省略した。
(203)　Stone, The Recognition in England of Talaq Divorces, 14 Anglo Am. L. Rev. (1985) 363, at 370.
(204)　この点については今後の課題としたい。

とともに妻への謄本の送付を規定している。では、かかる妻への通知をタラーク承認の要件とすべきであろうか。イスラム法は夫によるタラークの濫用を防止することだけを考えており、妻への通知は離婚成立の要件とされていないことからして、有名無実の形式を要求するのは無意味だとの理由から、71年法8条2項（a）はタラークには適用されないとの議論があった[205]。しかし、そもそもクルアーンに見られるタラークについての啓示は、タラークの濫用によって妻の利益が害されることを考慮してのものであった。家族法令7条2項の規定も、イスラムの教えから逸脱せずに妻の利益をいかに保護するか、という課題に対するひとつの回答であり、いわば苦心の作なのである。内容的にも、確かに妻への通知を欠いてもタラークの効力自体に影響はないが、通知を怠った夫には制裁が科せられること[206]によって、その実効性が図られているのである。それを、離婚成立の要件となっていないからといって直ちに「有名無実」と断ずることには、いささか疑問を感じる。むしろ、相手方の手続的保護をタラーク承認の要件として明確に組み込むことを考えてもよいのではなかろうか。無論、かかる立場をとることは、離婚の成立した国でその成立要件となっていないものを承認国において要件として課すのであるから、一定の跛行婚を生ぜしめる可能性を一律に否定することはできないであろう。しかし、具体的な内容はともかく、相手方に何等かの手続的保護を与えること自体は公序の要請であり[207]、承認国法の観点からしてそこまでは譲れないと言うこともできるのではなかろうか[208]。なお、クルアーンは夫婦の不和の際に調停を試みるべきことを啓示しており、かつそれが今世紀のイスラム離婚法改革の中心的手段として用いられてきたことからすると、妻への通知がタラークの承認要件とされることは、ムスリムの側からしてもあな

---

(205) A. V. Dicey & J. H. C. Morris. Conflict of Laws (10th ed. 1980) 329; 鈴木・前掲注127・14頁。
(206) 注11参照。
(207) 法委員会も、手続的保護を規定する68年条約8条を公序の具体的規定として認識していた。The Law Commission and The Scottish Law Commission, supra note 48, at para 11.
(208) D. S. Pearl, A Textbook on Muslim Personal Law (2nd ed. 1987) 233 は73年法16条に関して、跛行婚の害悪よりも英国の法政策が優先すべきことを説いているが、その主張自体への賛否はともかく、何等かのかたちでこのような利益衡量を行うことは有益であるように思われる。

がち無理を強いられることにはならないと言うこともできるように思われる。[209]

なお、かかる要件を課すことは、これを欠くタラークを一切承認しない趣旨か、との疑問が生じ得よう。しかし、この要件があくまで妻の手続的利益の保護を目的とするものであることから考えれば、たとえタラークにおいて妻への通知が為されていない場合でも、妻がそれによる離婚に同意していると認められる場合には、敢えて通知の不在を理由にタラークの承認を拒否すべきではないであろう。[210]

（5） 公　序

最後に第5は、「公序」(public policy) である。旧来のコモン・ローにおいて英国裁判所は、離婚承認の結果が英国裁判所の良心 (conscience) に反する場合[211]、英国の自然的正義 (natural justice) ないし実質的正義 (substancial justice)[212] に反する場合、あるいは英国の公の政策ないし公序に反する場合[213]には、当該離婚の承認を拒否する裁量権を有した。[214]

他方、68年条約はその10条で、離婚または別居の承認が明らかに承認国の公序と両立しない場合の承認拒否を認め、あわせて8条では、10条の特別規定として相手方の手続的保護を規定したが[215]、そこで用いられた公序概念は、英米法上のそれというよりも、むしろ大陸法上のそれ (ordre public) の概念に従ったものであり[216]、そこで予定されていた適用範囲は、英米法上の公序の

---

(209) この点に関連して、手続外離婚に関する86年法51条3項(b)の規定が、手続によらない離婚の承認拒否要件から相手方の手続的保護を外したことにはいささか疑問が残る。なお、同項に対する別の角度からの疑問として、Cheshire & North, supra note 82, at 680.

(210) クラークとは異なる離婚の事案についてではあるが、米国ミズーリ州で米国人夫から離婚の訴えが為され、被告たる日本人妻が公示送達によって召喚されたが出頭しないまま離婚判決が言い渡され確定した、という事案において、右妻から離婚の（戸籍への）記載の申出があった場合に市町村長は戸籍法44条3項の規定によって職権記載し得る、との結論が、昭和44年4月17日の第97回戸籍事務連絡協議会において出された（家裁月報21巻8号（1969）218頁）。タラークの承認を考える場合にも参考になるものと思われる。

(211) Qureshi v. Qureshi [1972] Fam. 173. at 199.

(212) Russ (otherwise Geffers) v. Russ (Russ (otherwise De Waele) intervening), [1962] All E. R. 649, at 653; Gray (orse. Formosa) v. Formosa, [1963] P. 259, at 269.

(213) Varanand v. Varanand (1964) 108 Sol. J. 693; Hornett v. Hornett [1971] P. 255, at 261.

(214) Id. at 138; Karsten, supra note 61, at 301-302.

(215) 同条のかかる性格につき、The Law Commission and The Scottish Law Commission, supra note 48.

(216) Anton, supra note 5, at 634.

それよりも狭いものであった。[217]

　68年条約を国内法化するに際して法委員会は、公序条項の成文化に対して若干の躊躇を表明したが、離婚などの承認を拒否すべきでありながら手続的保護でカバーされ得ない場合を考慮して、その成文化を提言し、その結果、[218]公序条項は71年法に受け継がれて8条2項に規定され、その後同法を取り込むかたちで成立した86年法でも51条3項に規定された。[219]
　71年法制定後も公序条項は控え目に適用すべきことが繰り返し唱えられた。[220][221]
　ところが、特に近年に至って英国裁判所は、公序条項を多用する傾向を見せ始めていると言われる。[222]これは71年法上の公序条項が、68年条約10条の国内法化としてよりも、コモン・ロー上の公序法理を維持したものとして認識されているためであるとも考えられるが、[223]前述した離婚承認の第1の目的である跛行婚防止の観点ないし国際的身分関係の安定の要請からしても、かかる例外則の多用は疑問であり、やはり極力抑制的な適用が望まれよう。[224]以下、その方策について、従来の離婚（ただしタラークに限定しない）その他の承認に関する英国判例のうち公序が援用されたものを題材として、4つの段階に分けて考察を進める。
　まず第1段階としては、そもそも承認を拒否すべきでない場合があるように思われる。フェアヴェック事件（Vervaeke v. Smith）[225]において貴族院は、妻が英国籍を取得するために為された婚姻に対してベルギーで下された無効判決につき、既決事項（res judicata）の法理に加えて公序をも援用してその承認を拒否した。[226]本件では、見せ掛けの婚姻（sham marriage）を無効とするべ

---

(217) かかる認識に立って、条約は公序の適用を間接的に制限した（6条）。Ibid.
(218) The Law Commission and The Scottish Law Commission, supra note 48.
(219) Karsten, supra note 61, at 301.
(220) 71年法8条2項 (b)、86年法51条3項 (c)。
(221) 例えば、Cheshire & North, supra note 82, at 677.
(222) Id. at 139.
(223) Karsten, supra note 61, at 301-302.
(224) Cheshire & North, supra note 82, at 139-140.
(225) [1983] 1 A. C. 145.
(226) ただし、実際に公序を援用した裁判官は5人中3人であった。Id. at 156 G. -157 A. 163 F. -167 D.

ルギー法と、これを有効とする英国法との、各々の法制策ないし公序が対立し、貴族院は結局英国法上の公序を援用して結論を下したのであるが、実質的な婚姻意思がない婚姻の有効性にこだわること自体への疑問はともかくとしても、それを渉外事例においてまで貫くことは、国際的身分関係の安定などの点で疑問が残る。

渉外事例向けのいわば国際的公序（ordre public international）の概念ないしその適用範囲は、国内事例におけるそれよりも狭いものとして考えるべきではなかろうか。

次に第2段階としては、承認効果面での対応が考えられる。当該離婚を承認することに抵抗を感じる場合でも、承認拒否の趣旨をその効果面での対応によって実現できるときには、承認を拒否するよりも、まずかかる方法を優先して用いるのが穏当であるように思われる。例えば、チャウドハリー事件（Chaudhary v. Chaudhary）において控訴院は、カシミールでなされたタラークの承認を拒否するに際して、妻の経済的保護の要請を強調した。しかし、1984年婚姻・家族手続法（Matrimonial and Family Proceedings Act 1984）第3部の規定によって、海外で婚姻の解消または取り消しが為された場合に英国裁判所に対して金銭的救済を求め得るようになった以上、英国では妻の経済的救済の必要性はもはや承認拒否の根拠たりえないとも考えられるのであって、これは我が国にとっても注目に値するものと言えよう。

さらに第3段階としては、他の法理の援用が考えられる。公序を援用した従来の英国判例の中には、その解決を公序以外の法理に委ねた方が良いのではないかと思われるものがある。例えばケンダル事件（Kendall v. Kendall）で

---

(227) Cheshire & North, supra note 82, at 140.
(228) ibid.
(229) Anton, supra note 5, at 635；鈴木忠一・三ケ月章監修『新・実務民事訴訟講座7』（日本評論社・1982）141頁（高桑昭）。
(230) ［1985］Fam. 19.
(231) Id. at 40 B, 44 A, 48 E.
(232) 1984 c. 42.
(233) 12条以下。
(234) Pilkington, supra note 64, at 142, 143.
(235) ［1977］Fam. 208.

は、夫がスペイン語を殆ど理解しない妻に離婚の訴状を見せ、それを子を国外に連れ出すための書類と偽って妻に署名させた上、それをもとに妻を原告とする離婚訴訟を提起せしめ、離婚判決を得た。英国高等法院は、71年法8条2項（a）の適用が適切との示唆が為されていたにも拘らずその適用を拒否し、同項（b）の公序条項を援用してその承認を拒否した[236]。しかし、文言解釈上同項（a）の"obtained"にこだわらざるを得ないとしても、本件で実際に離婚を「得た」のは形式上の原告である妻ではなく形式上は被告である夫の方であり、妻は誤って訴状に署名した以外には何等の役割をも果たしてはいないのであるから[239]、解釈論上も本件には同項（b）が適用され得たのではなかろうか。また一般論としても、そもそも手続的保護は離婚の相手方のみに与えられるべきものではなかろう。本件のような原告側の手続的保護が欠けている事例は稀ではあろうが、やはり手続的保護の要件は相手方のみならず広く当事者双方をカバーするものとして考え、他面でその分だけ公序の援用は回避する方がより手続的保護要件の趣旨に適合するのではなかろうか。

最後に第4段階としては、公序条項の援用方法における工夫が考えられる。即ち、タラーク承認の可否が問題となった場合において従来の英国判例は、これを承認するか、あるいは承認を拒否するかのどちらかを選択してきた。これは、そもそも英国法上外国法を自国法廷において適用するという発想がないことにも関係するものと考えられるが、我が国のように渉外事件において外国法の適用が日常的に為されているような場合には、上のような選択に終始する必然性は必ずしも認められないように思われる。むしろ、渉外事件に対する柔軟な対応の観点からして、当該タラーク及びその効果をそのまま承認するのでもなく、かといって承認を拒否するのでもない、第3の対応が考えられても良いのではなかろうか。その場合には、ちょうど最判昭和52年3月31日が韓国法について行ったように[240]、タラーク自体を承認する限り

---

(236) Carter, The Non-recognition of Foreign Divorces; Natural Justice and Public Policy, 48 B. Y. B. I. L. (1978) 295, at 296.
(237) ［1977］Fam. 212 F.
(238) ［1977］Fam. 214 H. -215 A; Carter, supra note 236, at 297.
(239) Ibid.
(240) 民集31巻2号365頁。

ではイスラム法適用の結果を認め、公序に反すると思われる部分、例えば過度に低額のマフルや扶養料の約定については我が国の立場からこれを修正ないし補充する、ということになろう。そしてかかる場合には、直ちに我が国の法を適用するのではなく、できるだけイスラム法自体の解釈・適用の中で適切な解決を図る努力をする方が適切であるように思われる(241)。ただ、かかる対応が妥当でないと考えられるような場合には、公序の援用によって全面的にタラークの承認を拒否することも止むを得ないであろう。いわば、公序を2段階的に適用するわけである。

以上に論じてきたところからして、パキスタン法上のタラークの我が国における承認を考える場合には、その承認枠組を一本化した上で(242)、承認要件については上で述べた各要件を以て足るものと考えてよいように思われる(243)。

2 我が国での承認要件・解釈論的考察

(1) タラーク承認の法的根拠

以上、タラーク承認のための枠組及び個別的要件の考察を行ったが、我が国における現行法の解釈として考える場合、以上の検討の結果として導き出

---

(241) なお、折茂豊『国際私法（各論）』（有斐閣・1972）300～301頁参照。

(242) 本稿では、タラークの多様性を前提として議論を進めてきたが、それとの関係で、何故かかる多様性を強調しながら承認枠組を一本化しようとするのか、両者は矛盾するのではないか、という疑問が生じることが予想され得る。そこで、それに対する現段階での考えを示しておきたい。確かに、対象の多様性とそれを受け止める枠組の一本化は一見矛盾するもののように思われるかもしれない。ただ、本稿で試みたのは、今世紀に入ってイスラム諸国で実践されてきたそれぞれのタラーク改革の動向を踏まえた上で、いわば「現代的なタラークの最大公約数」とでも言い得べきものを抽出し、それに対応し得る承認枠組を構築することであった。即ち本稿は、タラークの多様性と承認枠組単純化の要請とを止揚すべく意図されたものなのであり、かかる観点からすれば、両者はあながち矛盾するとも言い切れないのではなかろうか。

(243) 本稿では、パキスタン法上のタラークの承認を念頭に置いて様々な考察を行ってきたが、その裏には、より一般的な意味での、離婚全般の承認という問題意識が存在している。およそ（当事者の改宗による夫婦としての地位の喪失のようなものを除いて）何等かの行為によって得られる離婚には、①公的機関がその手続を主催し、公的機関による判断に基づいて与えられる離婚（簡易な手続による場合を除いた裁判離婚）、②当事者によって為され、公的機関がこれを追認することによって完成する離婚（パキスタンにおけるタラーク、我が民法上の調停離婚など）、そして③公的機関による一切の関与なしに、純粋に当事者のみによって為される離婚（古典的タラークなど）の3種類が存在するものと考えられるが、本稿での承認論は、②の形態の離婚一般にその射程距離を及ぼすことを意識しつつ考えたものである。

されたタラークの承認要件は、いかなるかたちでこれを実現しうるのであろうか。以下ではこの点について若干の検討を加える。

まず問題としたいのは、何等かの明文規定上にタラーク承認の根拠を見いだせるか否か、という点である。現行法上考え得るものとしては、第1に法例16条、22条及び33条の各規定が、また第2に民事訴訟法200条がある。そこでまず法例の諸規定について考えると、これらは離婚の際に適用された準拠法のいかんを中心的に問題としている（16条）(244)が、離婚の承認要件としての準拠法要件の適格性には先にも述べたようにいささか疑問があり、かかる準拠法のいかんを問題とする法例16条を中心とする法例の諸規定は、本稿で扱うパキスタン法上のタラークの承認を考える際の根拠として適切でないように思われる。

第2に、民事訴訟法200条について考える。同条は、基本的に実質的再審査を排除する手続法的アプローチを採用しており、前節において導き出した承認要件のそれぞれについて何等かのかたちで触れているとも解し得る点では、パキスタン法上のタラークの承認に適する面もあるように思われる。ただ、その承認の可否という問題を同条の適用によって考えようとする場合にネックとなるのは、同条の適用対象たる「裁判所」及び「判決」の概念との関係である。具体的には、第1にパキスタン法上の仲裁評議会が同条の「裁判所」に含まれるか否かが問題となる。同条に言う裁判所とは、古くは「民事裁判を行う常設的な司法機関」であることを要し、行政機関などはこれに含まれないとされたが(245)、今日ではより広く解され、その名称等を問わず私法上の法律関係に関して判断するものであれば行政機関をも含み得る(246)との見解(247)

---

(244) 同条は、離婚の形式を問わず、また我が国で離婚する場合のみならず外国で為された離婚の我が国での承認の問題をも意識しつつ起草されたものであった（法務大臣官房司法法制調査部監修『法典調査会法例議事速記録』（商事法務研究会・1986）143頁上段［以下、速記録として引用］、穂積陳重委員の趣旨説明を参照）が、そこでは、方式を除く離婚の問題全般について本国法に委ねる態度をとることが予定されていた（同上144頁上段。ただ、そこで穂積委員が16条に「離婚ノ事ハ皆這入ッテ居ル積リデアリマス」としている中で、同委員が離婚承認の問題までをも意識していたか否かは文言上必ずしも定かでない。）。
(245) 兼子一『条解民事訴訟法』（弘文堂・1955）523頁。
(246) 鈴木・三ケ月監修・前掲注229、134頁、鈴木／三ケ月編・前掲注30・387頁、村松俊夫／小山昇／中野貞一郎／倉田卓次／賀集唱編『民事訴訟法Ⅱ』（増補版・三省堂・1984）199頁（矢ケ崎武勝）。

もある。しかし、そこにパキスタン法上の仲裁評議会までもが含まれるか否かは微妙である。なぜなら、まずその構成において、行政機関である村落評議会の議長の外に両当事者の代理人が仲裁評議会自体の構成要素として参加する点で我が国の裁判所に対する当事者とはその位置付けが異なるからであり、またその権限において、仲裁評議会は当事者間での調停を試みる以上に離婚を阻止することができない点で裁判所と根本的に異なるからである。他方、仮に目的的解釈によって仲裁評議会を同条の「裁判所」に含めて解することが必ずしも不可能ではないとしても、第2に、パキスタン法上のタラークの手続が同条の「判決」に含まれるか否かが問題となろう。同条に言う「判決」が離婚判決のような形成判決を含み、また日本法上の判決のみを意味するものではないことは広く認められている。しかし、かかる柔軟な解釈を前提として、同条に言う「判決」とは「広く実体私法上の請求権につき相対立する当事者双方の審尋を保障する手続において裁判所が最終的にした裁判」を意味するとしても、パキスタン法上のタラークがこれに該当するとは言い難い。なぜなら、家族法令は調停の試みが実際に為されたことをタラーク成立の要件としておらず、その限りでは当事者の審尋が保障されているとは言えない上に、同法令の定める調停手続は、日本法上の調停のように離婚の可否を吟味するという性格を有するものではなく、法律上はあくまで夫が宣言したタラークを取り消させるための試みに過ぎないのであって、離婚は仲裁評議会の法定の効果としてではなく夫の宣言の効果として得られるからである。これらの点から考えると、少なくとも同条の適用によってタラーク承認の可否を論ずるのは困難であるように思われる。

以上に試みた若干の検討と、これら以外に我が国の成文法上タラーク承認の根拠規定として適格なものは存在しないとの認識を前提とする限り、タラ

---

(247) 鈴木／三ケ月編・前掲注30・387頁。
(248) 斎藤編著・前掲注30・348頁、菊井維大／村松俊夫著『全訂民事訴訟法［Ⅰ］』（日本評論社・1978）1136頁。なお、戸籍実務においても、昭和51年1月14日民2第280号民事局長通達はそれまでの解釈を改め、外国離婚判決につき民事訴訟法200条全面適用説を採用した。藤田秀次郎「外国離婚判決の承認」民事月報31巻3号（1976）128頁。
(249) 菊井／村松・前掲注248、村松他編・前掲注246・199頁。
(250) 鈴木／三ケ月編・前掲注30・388頁。

ーク承認の問題は条理に委ねるのが適切である、と言うことになろうかとも思われる。ただ、条理によると言うのみでは必ずしも十分な解決にはならないのであって、より具体的なよりどころが求められるところであると言えよう。そこで考えるに、先に検討した民事訴訟法200条の1ないし3号に掲げられた承認要件は、前節で導いたタラークの承認要件とある程度合致するものであるように思われる。では、タラークの承認について同条1ないし3号を類推することはできないであろうか。そこで、以下この点につき検討する。[251]

(a) **管轄（民事訴訟法200条1号）**[252]　最初に、管轄要件について検討する。ここでは第1に、離婚承認の要件たる管轄（間接的一般管轄）の存在はいずれの国の法律上存在することが必要か、第2に、管轄の存在を我が法令または条約が積極的に認めていることを要するか否か、第3に、間接的一般管轄の基準は直接的一般管轄のそれと一致すると考えるべきか否か、そして第4に、管轄原因として何を認めるべきか、の4点が問題となるように思われる。[253]そこで、各々について若干の検討を加える。

まず第1点については、判決国法上存在すればよいとする説と、承認国法上存在することが必要であるとする説があるが、離婚国法上管轄が認められ

---

(251) 本文では民事訴訟法200条1号ないし3号の類推という構成をとるため、それらについてのみ論ずることとしたが、念のため、ここで同条4号の相互保証要件についてタラーク承認との関係で一言のみしておくこととする。「身分上の関係に関する判決」の承認に際してこの要件を課すことへの疑問は従前から提起されていたところである（例えば、江川英文「外国判決の承認」法学協会雑誌50巻11号（1932）71頁）が、以来今日まで、外国離婚判決の承認に同条を全面適用することの可否と絡んで、この問題は議論の対象となり続けてきた。学説上、必要説と不要説との対立がある（各々の論拠については、澤木／青山編・前掲注30・424〜425頁参照。なお、烋場準一・判例評論165号（1972）131頁は、この点につき学説は消極に解することで一致しているとする。）が、両者ともこの要件を厳格に課すべきでないと考える点では共通していると言えよう。ただ、本稿で扱うパキスタン法上のタラークのような行政離婚の場合には、裁判離婚との間に相互保証を認めることは困難であり、もしもこれに相互保証要件を課すとなれば、その承認は認め難くなるのではなかろうか。かかる結果を導くことは、跛行婚防止の観点からしてあまり好ましくないように思われ、その意味をも含めて本稿では、民事訴訟法200条を全面的には適用せず、相互保証の有無を問わない立場を採ることとした。

(252) なお、パキスタン法上のタラークについて管轄を考える場合には、仲裁評議会のそれを念頭に置くことになる。

(253) 管轄要件について4つの論点を挙げるものはあまりなく、例えば国際私法学者に関して言えば、一般には第1、第3及び第4の点が扱われることが多く、また澤木／青山編・前掲注30・407〜408頁のように、第2点と第3点とを融合させるかたちで論ずるものも見受けられる。論点の分類方法の相異によるものと言えようか。

ればよいとすることは、承認国法の側からの管轄要件のチェックを放棄するに等しく、それでは移住離婚の阻止が困難となろう。その意味で、承認国法上の管轄が存在することを要すると考えるのが適切であるように思われる。[254]

第2点については、かかる必要があるとする積極説と、法令または条約上我が国または第三国に専属管轄が認められなければよいとする消極説があるが[255]、移住離婚を確実に阻止するためには承認国の観点から何等かの積極的管轄規則を定立することが必要である以上、消極説にはいささか疑問がある[256]。[257]

第3点について従来の通説は、両者それぞれの分配を定める原則は表裏一体の関係にあり、同一であるとする[258]。しかし、各国がその独自の事情に鑑みて発展させてきた管轄規則は、離婚承認の際にも尊重に値するものと思われるし[259]、諸国における直接的一般管轄規則が統一されていない現状に鑑みると、自国の認めない管轄原因に基づく離婚であるからと言ってその承認を拒否することは、必要以上に跛行婚の増大を招きかねず、問題なしとしない。[260]

---

(254) 松岡博「外国離婚判決の承認について」阪大法学86号(1973) 43頁[以下①とする]、同「外国離婚判決承認の要件」『現代家族法大系』2(有斐閣・1980) 441〜442頁[以下②とする]、烁場準一「判批」ジュリスト603号(1976) 171頁。ただ、その根拠を民事訴訟法200条1号の文言に直接求めることには多少の疑問を感ずる。この点につき、烁場・前掲注254・171〜172頁。なお、多くの文献では、この点を議論の対象として取り上げてはおらず、あたかも承認国法説を当然の前提としているかのようにも見受けられる。

(255) 本浪章市「管轄規則と承認規則の関係」関西大学法学論集25巻4・5・6合併号(1975) 335-336頁、鈴木／三ケ月編・前掲注30・396頁。ちなみに、「外国裁判所の国際的裁判管轄の有無を判断するための管轄基準はわが裁判所の国際的裁判管轄規則とは別に、合理的に決定する必要に迫られている」とする川上太郎「外国裁判所の国際的裁判管轄」民商法雑誌66巻6号(1972) 24頁は、第2点と第3点をあわせて論ずる立場から中間説と呼ばれることがある(村重慶一／梶村太市編著『人事訴訟の実務』(新日本法規出版・1987) 568頁)が、本稿におけるように両者を分けて論ずる場合には、これを積極的に分類するのが適切であると言えないであろうか。

(256) 斎藤編著・前掲注30・351頁。

(257) 鈴木／三ケ月編・前掲注30・396頁は、積極説の論拠として、「判決が他国で承認・執行され得る根拠は、それが正当な管轄権のある—と承認・執行国の考える—国によってなされたことに求められる」点をあげる。兼子一／松浦馨／新堂幸司／竹下守夫『条解民事訴訟法』(弘文堂・1986) 646〜647頁が「理論的には」とするのも、同様の趣旨かとも思われる。確かに理論的にはそうであろうが、第2章冒頭で述べた離婚承認の理念と対立利益との調整という視点を重視するならば、本文のような根拠付けも許されるのではなかろうか。

(258) 江川英文「外国離婚判決の承認」立教法学1号(1960) 35頁、山田鐐一『国際私法』(筑摩書房・1982) 392頁、鈴木／三ケ月編・前掲注30・397頁。

(259) 本浪・前掲注255・336頁。

よって、間接的一般管轄の基準については、とりあえず直接的一般管轄のそれを参考にするとしても[261]、それに限定せず、離婚の承認という事柄の性質に鑑みて合理的に決定することが好ましいのではなかろうか[262]。

最後に第4点については、パキスタン人男性が同国法上のタラークを為した場合との関連で、管轄原因としての国籍の適否及び原告の住所ないし本国の適否が問題となるように思われる。まず国籍の適否については、旧来の学説がこれを肯定していたのに対して[263]、有力説は国籍と住所との適格性の比較を通してこれを否定した[264]。しかし、跛行婚防止の観点からすれば管轄原因を広く確保することには十分な意義があり[265]、また有力説自体も認めるように国籍も管轄原因としての利点を有するのであるから[266]、本国の管轄を認めることも十分考慮に値するのではなかろうか。次に、原告の住所について従来の通[267]

---

(260) 松岡・前掲注254（①）43頁、同・前掲注254（②）443頁。
(261) とりあえず我が国の直接的一般管轄規則を参照することを反対説の立場からも認めるとするならば、両説の対立は、結局かかる管轄規則をどの程度よりどころにするか、という程度問題に帰着するように思われなくもない。その意味では、両説は真っ正面から対立するものであるとは言い切れないようにも思われる。烁場・前掲注254・172頁。ちなみに、この点との関連で、鈴木／三ケ月編・前掲注30・397頁以下及び423頁が、一方で給付判決を念頭に置きつつ我が国の直接的一般管轄に関する法原則を応用して間接的一般管轄について考察するという方法論を採り、また外国離婚判決の承認につき民事訴訟法200条の全面適用説を採りながら、離婚判決の承認要件としての間接的一般管轄について同様の考察を試みていないのは、いささか残念なことであるように思われる。
(262) その際には、各国法上の管轄規則や68年条約その他の国際条約で採用されている管轄規則が参考となろう。川上・前掲注255・24頁、烁場・前掲注254・172頁。
(263) 折茂豊『国際私法（各論）』（旧版・有斐閣・1959）259頁、久保岩太郎『国際私法例説』（有斐閣・1954）64頁。
(264) 池原季雄「国際私法に於ける裁判管轄権と当事者の国籍（二・完）」国際法外交雑誌48巻6号（1949）93～100頁。
(265) 理念のレベルにおいてはともかく、現実に本国の直接管轄を認める国が存在する以上、我が国としてもこれに何等かの対応をせざるを得ないように思われる。本浪・前掲注255・336頁。
(266) 池原・前掲注264・94頁、95頁。
(267) ちなみに、江川・前掲注258・35～37頁は、「身分的法律関係と一定地域に形成される法的協同体との密接な結合関係」が本国法主義の下では本国との間に認められことを根拠に、「身分的法律関係は……かかる法的協同体の……手続的処理にもまた服すべきものといわなければならない」として、離婚事件の裁判管轄権は夫の本国にあるとする。しかし、少なくとも我が法例の採る本国法主義は立法当時の諸国の趨勢に鑑みたもの（但しかかる判断には多少強引なものを感じるのであるが）であり（速記録43～44頁）、かかる根拠付けにはいささか疑問がある。また、特に管轄に関する明文規定がないにも拘らず、憲法14条・24条に照らしてその合憲

説及び判例は、少なくとも原則的にはこれを管轄として認めてこなかった（いわゆる被告主義である）[268]。しかし、被告の手続的保護の観点から被告主義を貫く必要は必ずしも認められないように思われるのみならず、現実に原告の住所地国や本国に管轄を認める国が存在し、かつそのような国で認められる離婚が必ずしも移住離婚であるとは言えない[270]以上、我が国においてある程度原告主義を採用することも考えられてよいように思われる[271]。

以上の検討を前提として考える限り、前節で導いた管轄要件を民事訴訟法200条の類推というかたちで我が国に導入することはさほど困難ではない、とも言い得るように思われる。

(b) 送達または応訴（同条2号） 次に、送達または応訴の要件について検討する。ここでタラークの承認との関係で問題になると思われるのは、タラークの相手方が日本人であるとは限らないこととの関係で同号が日本人被告のみを対象としている点、及びタラークが一種の公示送達によって為されることがあることとの関係で同号が公示送達による場合に承認を拒否している点である。まず第1点については、同号のそもそもの立法趣旨が「日本人たる被告が実際上防禦の機会を与へられざりし為に不利益を蒙ることを避けんとする」ことにあることは確かであるとしても、かかる考慮を日本人のみに働かせることは必ずしも適切なこととは言えず[273]、法律構成として同号に含めるか3号に含めるかの点はさておき、離婚の相手方の国籍いかんに関係

性に疑問がないとは言い切れない解釈論を、しかも管轄規定として不十分なものと認識しつつ敢えて採用することにも、多少の疑問を禁じえない。さらに、教授は補充的に住所管轄を認めるに際し「訴訟手続的理由」を重視されているが、本国の管轄についてこれを考慮しなくてよいのか、という点も考慮する必要があるように思われる。

(268) 江川英文『国際私法』（改訂増補・有斐閣・1970）273頁など。なお、判例の動きについては、山田・前掲注258・381〜382頁参照。
(269) それについては他の要件でかなりカバーしうると言えるのではなかろうか。松岡・前掲注254（②）443頁。
(270) それにも拘らず、被告主義のもとでは（少なくとも例外的な場合を除いて）原告の住所の管轄に基づく離婚は承認されないことになるであろう。松岡博「判批」ジュリスト昭和47年度重要判例解説（1973）213頁、同・前掲注254（①）44頁、同（②）443頁。
(271) かかる提案の例として、松岡・前掲注254（①）45頁に注目したい。
(272) 江川・前掲注251・56頁。
(273) 松岡・前掲注254（①）50〜51頁、同（②）445頁。
(274) この点を3号の解釈において考慮すべきであるとの見解として、鈴木／三ケ月編・前掲注

なく同様の保護を与えるべきではなかろうか。次に公示送達について考える。同号がこれによらないことを要求したのは被告に十分な手続的保護を与えるためであると解されるが、その趣旨を突き詰めて考えるならば、一方で公示送達以外による場合であっても承認を拒否すべき場合があるのと同時に、我が民事訴訟法上の送達と同一の制度によるものでなくとも、離婚の相手方に当該事案の下で合理的と考えられる程度の防禦の機会を与え得るものであればよい、と解する余地があるようにも思われる。ちなみに、タラークにあっては応訴ということは有り得ないが、その相手方である妻が仲裁評議会に代理人を送れば、それを以て応訴に準ずるものがあったと認めてよいのではなかろうか。また先にも触れたが、同号の要件につき責問権の放棄が適法であるとされるように、妻がタラークの承認に明示的または黙示的に合意したと認められる場合には、この要件は免除してよいであろう。

　以上の検討を前提とするならば、同号はタラークの承認にも対応し得ると言い得るように思われる。

　(c)　**公序**（同条3号）　　最後に、公序要件について検討する。まず、民法90条及び法例33条に規定される公序との関係についてであるが、もし同号に言う公序が前者のそれと一致すると考えるならば、夫の一方的宣言による離婚は我が民法の認めるところではないから、我が国では承認され得ないことになろう。しかし、渉外事件においては別途の考慮が働き得るのではなかろうか。例えば、既に触れた昭和34年8月11日民事甲1755号民事局長回答

30・399頁、兼子他・前掲注257・648頁。なお、その場合問題になると思われる実質的再審査禁止原則との関係については、石黒一憲『国際私法』（補訂版・有斐閣・1987）161～162頁。
(275)　菊井／村松・前掲注248・1138頁、鈴木／三ケ月編・前掲注30・400頁、兼子他・前掲注257・648～649頁。
(276)　即ち、公示送達またはこれに準ずるものが為されたか否かということ自体よりも、相手方がそれによって防禦の機会を与えられ得たと言えるか否かを問題とすべきなのではなかろうか。大須賀虔「判批」ジュリスト521号（1972）135頁、松岡・前掲注254（①）51頁、同（②）445頁、同・前掲注270・214頁。
(277)　斎藤編著・前掲注30・352頁。
(278)　斎藤編著・前掲注30・353頁は、「国際私法上の公序が解釈にあたって参酌されるべきであろう」としつつもこの見解をとる。また、菊井／村松・前掲注248・1139頁は、かかる表現こそ用いてはいないが、「日本法上離婚原因とならない原因により離婚を命ずることは公序良俗に反する」としており、実質的には同様の見解によるものであるようにも思われる。

（クウェート法上のタラークの事例）及び昭和58年5月10日民2・2990民事局第2課長回答（エジプト法上のタラークの事例）は、妻がそれぞれのタラークに基づいて為した離婚届につき、離婚届に添付された離婚証明書を戸籍法41条1項に規定する「証書の謄本」として扱うのが相当であるとし、特に後者は、「夫の一方的な意思表示による離婚は、一般的には公序に反する」との一般論にも拘らず、「妻から離婚の届出がなされ、離婚に異議がない場合」にまで「離婚を認めず跛行婚を生ぜしめることは……妻に不利益を強いる結果となり妥当でない。むしろ離婚を承認し、再婚の途を与えることの方がより妥当である。」として、単意離婚が必ずしも現行法例33条の公序に抵触しない旨判断している。これらの事例に見られるように、一切の事情を考慮した場合、タラークの効力を認めることの方が適切であると思われることも十分に有り得るのであるから、少なくとも一方的離婚であることを以て直ちに公序に反すると考えることには疑問がある。他方、法例33条との関係では、手続的保護のうち2号で対応できないものを同号に取り込むとすればその場合（手続的公序）や、内外判決の抵触の場合を別とすれば、外国の法令または判決上の判断によって内国の公益ないし法秩序が害されることを防ぐという双方の趣旨の類似性に鑑みれば、同号に言う公序の範囲はこれに近いものであると言ってよいように思われる。

次に、離婚判決との関係では、それが公序に反するか否かの判断は判決の主文のみからすべきか、それともその基礎となった認定事実をも考慮すべきか、という問題があり、通説は後者の見解を採る。尤も、タラークには通常の判決のような主文や理由の区別は存在しないが、同号との関係では、タラークにおいて前提とされた管轄などの事実関係をも考慮して、それが公序に反するか否かを判断すべきであるように思われる。

最後に、公序の発動は一旦形成された法律関係を我が国において承認しないというドラスティックな効果をもたらすことからすると、我が国とそれほ

---

(279) これも、我が国では認められていない離婚原因に基づく離婚のひとつとして考えることができるように思われる。松岡・前掲注254（①）51頁、同（②）446頁、同・前掲注270・214頁。
(280) 鈴木／三ケ月編・前掲注30・401頁参照。
(281) 鈴木／三ケ月編・前掲注30・402頁ほか（兼子他・前掲注257・650頁）。

ど関連性を有しない場合についてまでこれを発動することには、いささか疑問を感じざるを得ない。その意味で、当該離婚と我が国との密接関連性は、公序発動のひとつの条件として課すべきであるように思われる。[282]

以上の検討を踏まえつつその類推を行う限り、同号もタラークの承認に対応しうるものと言えるように思われる。

これら3点の検討を総合して考えると、我が民事訴訟法200条1号ないし3号の類推によってタラークの承認を扱うことは十分に可能であると考えられる。

（2）戸籍実務との関係

承認要件論の最後として、タラークによる離婚を我が戸籍吏に届け出る場合の戸籍実務上の問題につき、若干の検討を加えることとする。

そのひとつは、届出書の審査についてである。タラークの承認要件として民事訴訟法200条1号ないし3号の規定を類推するということになれば、それらの要件の審査をしなければならない。まず離婚の確定については、離婚判決の場合に準じて、離婚国において権限を有する公的機関の作成による離婚の証書またはその謄本を届書に添付することで足りると言い得るように思われる。[283] 管轄については、パキスタン法上のタラークにつき主として問題となるのは夫の本国の管轄であろうが、それについては国籍証明書を添付すればよいであろう。[284] 被告への送達または応訴については、仲裁評議会議長から送付された調停手続のための通知を添付すればよいであろうが、それが困難[285]

---

(282) 松岡・前掲注254（2）・446頁、鈴木／三ケ月編・前掲注30・402頁。なお、兼子他・前掲注257・650頁（2）の記述にも、かかる趣旨が込められていると解することができるように思われる。

(283) なお、離婚判決については確定証明書を添付することが必要である（法務省民事局『初任者のための戸籍実務の手引き』（1978）56頁）が、これについては、パキスタン法上のタラークは議長への宣言の日から90日後までに夫がこれを取り消さなかった場合には確定する（取り消し得なくなる）ことからすれば、離婚証書の上で議長への通知から90日以上が経過していた場合には、特段の事情のない限り離婚は確定したものと扱っても差し支えないのではなかろうか。

(284) 法務省民事局・前掲注283・154頁。

(285) これはタラークによって離婚された妻が届け出る場合に有効であろう。ただ、妻の場合には、タラークによる離婚に基づいて離婚届出をすれば、送達の要件は免除されると解してよいものと考えたい。

な場合には、仲裁評議会議長をして妻に通知をしたことを何等かの方法で証明させることになろうか。前例が見当たらないため困難な問題であり、今後の課題となろう。また公序については、特に証明書の提出を求めることなく、離婚証書によって審査することになろう。

今ひとつは、タラークに基づいて為された戸籍記載につき戸籍法113条による戸籍訂正を申し立てることの可否、及びそれと密接な関連を有するところの、戸籍記載に際しての執行判決の要否についてである。現在の戸籍実務上、戸籍吏は形式的審査権のみを有し、また要件審査のための特別な機関を有するわけでもない。よって、現行制度にそれほど手を加えないことを前提とする限りでは、離婚承認要件の厳密な審査を戸籍吏に期待しても無理なことであろう。他方、そのような前提の上で考えるならば、一方で離婚の承認に基づく戸籍記載が容易に為され得る状況の下で、離婚された者からの戸籍訂正について常に確定判決を要求するとすることは、離婚に同意しない相手方に不測の損害を被らしめることになりかねない。逆にもし、かかる場合に確定判決を要求することを前提とするならば、相手方に酷な離婚が成立しがたいよう離婚の承認には執行判決を必要とするとすることにも理由がないとは言い切れない。しかし上述した通り、それは現在の戸籍吏の権限などからすれば困難であろう。即ち、確定判決の要否と執行判決の要否とは表裏をなす問題なのである。現時点では、とりあえず現行の戸籍制度を前提とする限り、離婚届の審査自体は緩やかにすることを認めざるを得まい。そこで、確定判決を不要とする根拠として当面は戸籍法113条を利用し、戸籍の訂正を認めてはどうか、との主張にも一定の説得力があるように思われ、また他方

---

(286) 先に挙げたように、現在のところ公表されている両事例はいずれも妻からの届出の事例であり、実際にはそれらは法例の適用により処理されたわけであるが、たとえ民事訴訟法の類推によって処理するとしてもこの要件は問題にしなくてよいとも思われる場合であった。
(287) この点でも、離婚判決の場合（藤田・前掲注248・156頁）に準ずることとなろう。
(288) 法務省民事局・前掲注283・13頁。
(289) 鳥居淳子「判批」ジュリスト551号（1974）266頁。
(290) 同上。
(291) 戸籍法116条。
(292) 斎藤編著・前掲注30・349頁、兼子他・前掲注257・643頁
(293) 鳥居・前掲注289。

で、戸籍吏による審査に際して、あらかじめ設定した何等かの基準に当てはまる場合には、民事局長などの判断を仰ぐ、という方法も考えられてよいように思われる。

第5節　結びにかえて

（1）　筆者の基本的問題意識に関連させて

　これまでに述べたタラーク承認のありかたに関する見解は、より基本的な問題意識をその根底に有するものであった。即ちそれは、離婚法改革の世界的潮流に対する評価である。そこで、ここでは本稿の締めくくりとして、この問題意識について若干触れておくこととする。

　本文の中で触れたハマースミス事件に代表されるように、イギリスでは旧来、タラークの承認に対してきわめて消極的な態度がとられていた。その原因については先に分析した通りであるが、その背後には、同判決も述べているキリスト婚とイスラム婚との異質性、というよりも、イスラム婚がキリスト教の立場からして婚姻たるに値しないという認識が存在した。現在ではかかる見方はなされていないようであるが、考えてみると現在の我が国では、ある意味ではそれと似た考え方が、別の側面からの根拠を伴うかたちでなされているとは言えないであろうか。即ち、裁判離婚と裁判外離婚との承認枠組上での区別がこれである。そしてその根拠とは、裁判離婚では実質的審査が行われるが裁判外離婚では行われない、という認識である。

　確かに、キリスト教における離婚とイスラム教におけるそれとの間には、それぞれの制度が背負って来た歴史的背景との関係で、かかる差異が存在して来たことは否めないであろう。即ちキリスト教社会にあっては、ユダヤ社会における棄妻的離婚に対する反感や嫌悪感からか婚姻に神聖性が付与され、その後婚姻・離婚に関する管轄権を教会が把握するに従って、離婚禁止

---

(294)　澤木敬郎「判批」判例評論264号（1981）37頁。
(295)　[1917] 1 Q. B. 634, at 658, 659.
(296)　山田・前掲注258・393頁注（2）。
(297)　大原長和「離婚と文化」『婚姻法の研究 上』（有斐閣・1976）24頁。

はさらに徹底された[298]。宗教改革や婚姻還俗運動が次第に結実し始めた後にも、国によって離婚が依然として不可能またはそれに近い状態であったり[301]、あるいは極めて厳格な離婚原因による離婚のみが認められていた[302]。他方イスラム社会では、前イスラム社会以来存在した夫による専権的離婚制度であるタラークを基本として、これに加えて他の形態の離婚（合意や裁判による離婚）も認められてきたが、夫が妻をタラークによって離婚する権利を制限するという方法はとられなかった。

今から半世紀前の、後述するハマースミス事件の頃の英国において、このような各々の離婚制度間の相異は、互いに相容れないものであると映ったことであろう。しかし、それ以後の離婚法の流れを見てくると、一概にそう言い切ることはできないようにも思われる。例えば、キリスト教社会においては、離婚の需要が増大したことによって既存の離婚制度がこれに十分対応できなくなるという問題が生じ[304]、これに対応して離婚法の改革が次第に進められつつある。そしてその内容の中心は、国家の手続的関与は維持しつつ、離

---

(298) 同上。
(299) そこでは、教会内部から離婚制度の採用が説かれた。島津一郎編『注釈民法 (21)』（有斐閣・1980）9頁（阿部徹）。
(300) 上と対比するならば、それは教会の外部から離婚制度を要求するものであったと言えよう。
(301) 例えばイタリアでは、ナポレオン法典の時期を除いて、1970年の離婚法が成立するまで離婚制度が存在したことはなかったという。安井光雄「イタリアにおける離婚制度」『婚姻法の研究 上』（有斐閣・1976）386頁。
(302) 例えばイギリスでは、17世紀後半以後、国会での立法によって離婚を得る立法離婚が認められたが、それは費用や時間の点で一部の富者の特権に過ぎず、一般の民衆にとって利用可能な裁判離婚制度は19世紀まで登場しなかった。大原・前掲注297・31頁参照。
(303) 例えばフランスでは、フランス革命直後の一時期には協議離婚や破綻離婚を認める離婚法が成立したが、その後のナポレオン法典によって離婚は大幅に制限を受け、別居のみが認められた一時期（1816年法施行から1884年法施行まで）は別としても、離婚は1975年法施行までは極めて厳格な要件の下にのみ認められた。大原・前掲注297・25〜27頁、稲本洋之助『フランスの家族法』（東京大学出版会・1985）34頁以下。
(304) 例えば、唯一の離婚原因が姦通であった頃のニューヨーク州では、離婚を得るために、離婚原因やその証拠のでっちあげが頻繁に為されたという。言わば、「馴れ合いによる離婚」ということになろうか。Lenore／J. Weitzman, The Divorce Revolution (1985) 7, 島津編・前掲注299・17〜18頁。また、本来は限定的に適用されることが期待されていた筈の絶対的離婚原因が多用されて離婚がある程度広く認容される傾向は、有責主義離婚法を有する各国に見られる傾向であった。例えばフランスにつき、稲本・前掲注303・37頁。また、同国及びイギリスにつき、島津編・前掲注299・16〜17頁。

第1章　タラーク離婚の渉外的効力　55

婚原因などの実体法的側面で離婚の制限を緩和するというものである。他方、イスラム社会においては、タラークの濫用から妻の利益を守るべく夫の権利に制限を加える離婚法改革が進められてきたが、そこでは実体法的制限（離婚原因の具体的な限定）というよりも、むしろ国家その他の公的機関による手続的関与を導入するという方法が多く採用されてきた。本稿で扱うパキスタンのタラーク改革もその例に漏れない。かかる離婚法改革の流れは、それぞれ各社会における固有の情況を踏まえた上での独自の考慮に基づくものであろう。しかし両者を合わせて考えると、そこにはある意味で共通の指向性を見いだすことができるのではなかろうか。即ち、離婚の需要に答えるべく離婚原因は広く維持しあるいは拡大しつつも、公的機関による手続の介入によって当事者の利益の調整を図る、というひとつのイメージである。西欧の裁判離婚も、イスラム諸国家のタラークも、そして他の諸国の少なくない部分でも、それぞれの歩みの速さはともかく、離婚法のありかたはかかる方向に向かって進みつつあるように思われるのである。(306)

　かかる認識を前提として考えると、離婚の承認に際して、裁判離婚については実質的再審査を省き、裁判外離婚については準拠法選択からやり直す、という画一的な発想には疑問を呈せざるを得ない。何が承認すべき離婚であり何が承認すべきでない離婚か、という素朴な観点からすれば、裁判離婚、裁判外離婚という従来のカテゴリカルな発想を脱却し、当事者の保護などのより実質的な要素を考慮して承認の可否を決する、という姿勢が求められるであろう。では、いかなる承認制度が望ましいか。かかる問いに対するひと

---

(305)　具体的には、①有責主義から破綻主義へ、②裁判離婚の協議離婚化、というふたつの流れが存在する。前者の例としては、イギリスの1969年離婚改正法（Divorce Reform Act 1969.）、フランスの1975年改正による民法第1編第6章、ドイツの1938年婚姻法（EheG.）、本文でも触れた1975年のオーストラリア家族法典（Family Law Act 1975.）などが挙げられる。島津編・前掲注299・14頁、大原前掲注297・29頁、同32頁、フィリップ.S. ジェームズ／矢頭敏也監修『イギリス法（下）私法』（三省堂・1985）310頁、稲本・前掲注303・43頁以下、D. シュヴァーブ／鈴木禄弥訳『ドイツ家族法』（創文社・1986）152頁。他方後者は、注304で触れた馴れ合いによる離婚判決の取得という傾向に対応して進められたものである。その例としては、カリフォルニア州の略式離婚（summary dissolution）の制度が挙げられよう。これについては、R. Warner & T. Ihara, California Marriage and Divorce Law (7th ed. 1985) 127-128.
(306)　その点において、石黒・前掲注30（①）202頁で示されたのとは別の意味での「歴史の流れという一つの必然」を感じるのである。

つの答えが、本文中でも触れたオーストラリア家族法典104条であり、本稿がタラークの承認について行った若干の提案も、そのささやかな試みのつもりである。

（2） 今後の課題

本稿では、パキスタン法上のタラークを念頭に置いて、その我が国での承認について考察を行ってきた。現在のところ、このような問題が問われた事例は我が国ではまだ極少数にとどまり、またそれらの事例でもせいぜい承認要件が問われているに過ぎない。しかし、今後イスラム諸国との人的交流が増加するにつれて、我が国の法廷においてイスラム家族法上の効果をいかに扱うか、との点が問題とされることも増えるであろうと予想される。その際には、そもそも承認した離婚の効果について離婚国の扱いに従うのか承認国法上の独自の扱いによるのか、前者をとった場合でも我が国の法の観点から何等かの修正を加えるか否か、などといった言わば総論的問題と、イスラム法における離婚の各効果（例えば離婚給付や子の監護）に対して我が国の法廷はいかに対応すべきか、という言わば各論的問題とが生ずることとなろう。しかしともかく、具体的な事例があまりに不足している現状からして、ここで効果論を論ずることは至極困難であるように思われる。それらについては、今後の課題として留保したい。

第2章　マフルと国際私法

第1節　はじめに

　国際的な人の移動が、（一時的でないものも含めて）盛んに行われている今日、わが国においても、渉外的な家族法上の紛争が生ずることがますます多くなってきている。渉外家事紛争というと、従来はアメリカ人や中国人、韓国・朝鮮人といった人々を当事者とするものが多かったように思われる。しかし、特に近年では、東南アジアからアフリカにかけて広く分布するイスラム諸国の人々が、わが国で発生する渉外家事紛争の当事者として関わることが少なくない。そして、それらの紛争について、当事者の本国法としてイスラムの法律（特に家族法）のわが国での適用が問題となる場合も少なくない。そうなってくると、わが国においても、単なる法制史や比較法的な関心からではなく、渉外家事紛争における準拠法の解釈・適用に役立つような形でのイスラム法研究が、今後ますます求められてくるように思われる。

　本稿は、そのような問題意識を前提として、イスラム家族法上の独特の財産給付制度であるマフルについて検討することを目的とするものである。[1]

---

(1) イスラム家族法の古典的内容については、拙稿「イスラム家族法入門」ケース研究246号（1996）30頁を参照されたい。また、イスラム家族法の中でも特に有名な、（原則として）夫からの一方的な意思表示による離婚制度であるタラークに関しては、その古典的な内容と近年の改革動向につき拙稿「タラーク離婚の改革とその限界」家庭裁判月報46巻10号（1994）193頁を、その渉外的な効力につき拙稿「タラーク離婚の渉外的効力」アジア・アフリカ研究34巻2号（1994）2頁を、各々参照されたい。

第2節　イスラムの婚姻とマフル

1　イスラム法上の婚姻について

イスラムでは、婚姻（nikah）とは両性がアッラー（神）の代理人として自分たちの使命を遂行するために協力して努力する宗教的・社会的行為であり、両性は積極的に婚姻することを命じられている(2)。

イスラム法上、婚姻はキリスト教におけるようなサクラメント（秘跡）ではなく、性交と子の出産を合法化する民事契約である(3)。ただ、婚姻はこのような法的側面の外に社会的・宗教的側面をも有するものとされており、そこから、妻の地位の上昇(りょう)(4)、一夫多妻制度の制限、預言者による婚姻の奨励、婚姻の神聖性(5)などが導き出される(6)。

2　婚姻の効果としてのマフル

イスラム法における婚姻(7)の重要な効果として、婚姻契約料(8)ないしマフル(9)

---

(2)　クルアーン24章32節「あなたがたの中（うち）独身の者、またはあなたがたの奴隷の男と女で廉正な者は、結婚しなさい。（以下略）」（三田了一『日亜対訳注解聖クルアーン』（日本ムスリム協会・1982）429頁）。また、ムハンマドも次のように述べたという。「婚姻はわが教え（スンナ、Sunna）の一部である。わが道から離れ去る者は、わが仲間ではない。」「若者たちよ。あなたがたのうち妻を養える者は結婚しなくてはならない。何となれば、結婚によって悪行に目が向くことを防ぎ、不道徳から身を守ることができるからである。」真田芳憲『イスラーム法の精神』（中央大学出版部・1985）221頁。

(3)　青山道夫編『注釈民法（20）』（有斐閣・1966）160頁、J. L. Esposito, Women in Muslim Family Law（1982）16 参照。従って、婚姻において最も重要なのは両当事者の合意であり、儀式自体は本質的ではない。ただ実際には、婚姻の儀式は当事者及びその家族、特に村の外に出る機会が殆どなく娯楽も少ない女性たちにとっては、一生の重大事件である。小西正捷編『もっと知りたいパキスタン』（弘文堂・1987）220頁。

(4)　イスラム法上、女性は結婚することによって夫（男性）と同等の地位に引き上げられると考えられている。J. L. Esposito, supra note 3, at 22.

(5)　それ故に、ハナフィー学派では一時的婚姻は無効とされる。S. A. Ali, Mahommedan Law（7th ed. R. S. A. Khan 1976）358. また、婚姻はムスリムたる男女間またはムスリムの男性と「啓典の民」（kitabiyyah、ユダヤ教徒、キリスト教徒またはイスラム教徒を指す）の女性との間でしか有効として認められない。真田・前掲注2・258頁。

(6)　A. A. A. Fyzee, Outlines of Muhammadan Law（3rd ed. 1964）87; 湯浅道夫『イスラーム婚姻法の近代化』（成文堂・1986）27頁。

(7)　イスラム法上、婚姻には有効なもの、不正規なもの及び無効なものの3種類があるとされ

(mahr) と扶養料 (nafaqah) がある。これらは、イスラム法上はあくまで婚姻の効果だが、実際上は婚姻解消の際に多く問題とされる。以下、マフルについて概観する。

前イスラム社会においては、婚姻の際に夫が妻側に支払う贈り物にはマフルとサダーク (sadaq) の両者があり、前者は、バール (baar) 婚、つまり妻がその家族と別れて住む形態の婚姻において、夫が妻の親族に対して支払う妻の代価を指した。他方後者は、ビーナ (beena) 婚、つまり夫が妻の家を訪れる、言わば妻問い婚の形式をとる婚姻の場合に、夫が妻に支払った金銭等を意味した。しかし、イスラムの到来以後、マフルは妻自身に支払われるべきものとされ、妻の地位を改善し、夫による専断的離婚の濫用を抑制する手段として用いられるようになった。

イスラム法上、マフルは婚姻契約に際して夫から妻に対して支払われるものであり、その意味では約因 (consideration) であると言えなくもない。しか

ているが、以下で述べるのは有効な婚姻の効果である。かかる婚姻の種類については、D. S. Pearl, A Textbook on Muslim Personal Law (2nd ed. 1987) 46ff. 参照。

(8) D. S. Pearl, supra note 7, at 58ff.
(9) マフルに対する英語の dower という訳語は、両者の実質的な機能に着目したものであろう。具体的な要件や効果は異なるが、制度のイメージを把握するためには有効な訳語である。なお、英米法上の dower についての手近な説明としては、田中英夫他編『英米法辞典』（東京大学出版会・1991）277頁参照。
(10) A. A. A. Fyzee, supra note 6, at 126.
(11) ただし、C. Fluehr-Lobban, Islamic Law and Society in the Sudan (1987) 109 は husband's kin とする。
(12) その場合の妻はサディーカ (sadiqa, female friend) と呼ばれた。真田・前掲注2・300頁、A. A. A. Fyzee, supra note 6, at 126.
(13) クルアーン4章4節「そして（結婚に際しては）女にマハルを贈り物として与えなさい。」（日本ムスリム協会・前掲注2・95頁）。同章24節「これら（夫のある女性を指す）以外は、すべてあなたがたに合法であるから、あなたがたの資財をもって、（良縁を）探し求め、面目を恥かしめず、私通（のよう）でなく（結婚しなさい）。」（同上96頁）。即ち、妻となるべき女性に婚姻の契約当事者としての地位が認められたのである。J. L. Esposito, supra note 3, at 24; D. S. Pearl, supra note 7, at 3.
(14) J. L. Esposito, supra note 3, at 24; A. A. A. Fyzee, supra note 6, at 126-127; 湯浅・前掲注6・42頁。
(15) ある約束の見返りとしての何らかの約束又は行為をいう。田中英夫『英米法総論・上』（東京大学出版会・1980）84-85頁。
(16) J. L. Esposito, supra note 3, at 24; 真田・前掲注2・302頁。湯浅・前掲注6・41頁。ただし、K. Hodkinson, Muslim Family Law : A Sourcebook (1984) 132 及び D. S. Pearl, supra

し同時にそれは、夫に課せられた宗教上・法律上の義務であり(17)、しかも婚姻に伴う義務の中で最も中心的なものである(18)。従って、婚姻契約の際に、資力不十分等の理由でマフル不払の特約を結んでも、そのような特約は法律上無効である(19)。その点では、マフルを約因として説明することには疑問がある。

第3節　マフルの内容と妻の権利

1　マフルの金額

マフルの最低額については、イスラム法の各学派がそれぞれ異なる限度を示しているが(20)、今日ではそれらの基準はもはや廃れており、特定額マフル・不特定額マフル（各々につき後述参照）の何れかを問わず、夫婦の具体的な状況を考慮して適切な額が定められている。他方、最高額については、どの学派も限度を設けていない(21)。また、特定額マフルの場合、一度金額を定めた後(22)でも、婚姻中夫はその額を任意に増額することができ、逆に妻はその額の軽減または免除に同意することができる(23)。ただし、妻が強制によってマフルを

---

note 7, at 60, 62 は、約因としての性質を明確に否定している。
(17) 真田・前掲注2・302頁。
(18) K. Hodkinson, supra note 16, at 132.
(19) K. Hodkinson, supra note 16, at 132-133. 但し、婚姻契約自体の効力には影響を及ぼさない。真田・前掲注2・303頁；D. S. Pearl, supra note 7, at 60-61.
(20) ハナフィー学派では10ディルハム、マーリキー学派では3ディルハム、シャーフィイー学派、ハンバリー学派及びシーア派では定めがない。A. A. A. Fyzee, supra note 6, at 128；J. J. Nasir, The Islamic Law of Personal Status (1986) 80；D. S. Pearl, supra note 7, at 61-62. ただし、T. Rahman, A Code of Muslim Personal Law (1978) 219 は、シャーフィイー学派では最低額が10ディルハムであるとする。ちなみに、ディルハムとは、銀の重さの単位、金額の単位であると同時に、銀貨そのものの名称でもあった。1ディルハムは銀2.97グラムが標準である（以上につき、日本イスラム協会監修『イスラム事典』（平凡社・1982）261頁）。また、1ディルハムの価値は、A. A. A. Fyzee, supra note 6, at 129 によれば約0.03英ポンド、S. A. Ali, supra note 5, at 392 によれば約0.025英ポンドである。
(21) S. A. Ali, supra note 5, at 392.
(22) C. Fluehr-Lobban, supra note 11, at 110；K. Hodkinson, supra note 16, at 132；J. J. Nasir, supra note 20, at 81；D. S. Pearl, supra note 7, at 61-62；T. Rahman, supra note 20, at 219. 但し若干の例外は見られる。真田・前掲注2・304～305頁、湯浅・前掲注6・50頁、A. A. A. Fyzee, supra note 6, at 129.
(23) K. Hodkinson, supra note 16, at 134. これを婚姻前のマフルの放棄と混同してはならない。D. S. Pearl, supra note 7, at 64. なお、後掲注30の後半に、かかる趣旨の文言例を紹介してあ

免除した場合には、その免除は無効であると考えられ、また、妻が夫の愛情をつなぎとめるためにやむを得ずマフルの権利を放棄した場合には、かかる放棄を有効とすることは正義に反するとされる[25]。さらに裁判官は、多額に過ぎると考えたマフルを減額することができる[26]。

これらの原理は、マフルをめぐる利害状況の複雑さを物語っているように思われる。即ち、マフルの最低額を低く抑えることは、男性に対して婚姻の門を広く開く点で意味のあることではあるが、マフルが実際上一種の離婚保険として女性の経済的保護に資することを考えると、低額のマフルを許容することには問題がある。逆に、マフルの高額化は男性にとって婚姻を困難なものにするが、女性保護の観点からは好ましいと言えよう。マフルの額をめぐる規律は、この相反するふたつの要請を考慮した上でなされてきた、ということができよう[29]。

2 マフルの種類

さて、マフルは、支払うべき金額の特定の有無によって、特定額マフル（al-mahr al-musamma, specified dower）と不特定額マフル（al-mahr al-mithl, unspecified dower, proper dower とも言う）に分類することができる。

特定額マフルは、通常婚姻契約時に当事者間で決定され[30]、その金額は婚姻

るので、参照されたい。
(24) D. S. Pearl, supra note 7, at 64.
(25) A. A. A. Fyzee, supra note 6, at 134.
(26) S. A. Ali, supra note 5, at 394.
(27) 真田・前掲注2・309頁以下。
(28) かかる傾向が実際に存在することにつき、C. Fluehr-Lobban, supra note 11, at 110；A. A. A. Fyzee, supra note 6, at 129-130；D. S. Pearl, supra note 7, at 62.
(29) 真田・前掲注2・306頁。
(30) 真田・前掲注2・287頁以下に引用された婚姻契約書の例（インドのムンバイで使われているもの）によれば、マフルの合意は例えば婚姻契約書における次のような文言を以てなされる。「夫は妻に対し婚姻契約金（マフル）として1万1千ルピーを支払うものとし、夫は、右婚姻時に5千5百ルピーを妻に支払い、残金5千5百ルピーは、夫の死亡のとき、あるいは夫婦間に離婚が生じたときにのみ支払う。」
また、同289頁以下に引用された婚姻契約書の付属文書の例（東京のイスラミック・センター・ジャパンで用いられているもの）には、マフルの合意と授受があったことに加えて、以下のような文言が記されている。「夫何某が正当な理由なく、および非難を一切、立証することなく妻を離婚するときは、夫は妻に対して、妻の権利として、および婚姻契約金（マフル）の

の儀式をつかさどるカーディー（イスラム法に基づいて民事及び刑事の訴訟に判決を下す裁判官）によって登記簿に記録される。ただ、夫が未成年者である場合にはその父がマフルの額を決することができるが、その決定した額は夫を拘束し、逆に（ハナフィー学派によれば）父がその支払いの責任を負うことはない。

他方、不特定額マフルは、当事者間でマフルの額についての合意がないか、または合意の内容を証明できない場合、マフル不払いの特約を結んだ場合(31)、所有を禁じられている物をマフルの目的とした場合(32)などに妻が取得しうるマフルのことである。この場合、マフルの額は裁判官が決定することになる(33)が、ここでその決定方法が問題となる(34)。一般には、妻の父の家族の社会的地位、あるいは父の姉妹、妻の姉妹及び従姉妹の婚姻の際に支払われたマフルの額(35)、並びに妻自身の個人的資質、例えば年令、容貌、教養、知性、信仰、行儀作法、資格などが基準とされ、夫の社会的地位やその資産は、副次的な意味しか持たない(36)。これは、マフルの趣旨として、妻に婚姻前と同様の生活水準を保障しようという考慮がなされていることを示すものである(37)。

ところで、特定額マフルの場合には、その支払い時期と支払う割合とが次に問題となるが、かかる観点からマフルは、即時払い（mu'ajjal）マフル（prompt dower）と延べ払い（mu'ajjal）マフル（defferd dower）とに分けられる。即時払いマフルとは、婚姻契約時以後、妻の請求に応じて直ちに支払われる

　　　一部として、……の全額を払う旨、意見は一致している。しかし、離婚が妻の要求に基づき為されるときは、夫は婚姻契約金（マフル）の権利としてそのような支払いの責を負うことはない。また、（イスラーム法シャリーアに従い）妻の悪行が立証されたときは、夫からの支払いは行われることはない（筆者注・協議離婚の一種であるムバーラアの場合につき定めたものと思われる）。しかし、妻が（イスラーム法に従い）立証された悪行を理由に離婚（フルウ）を要求するときは、夫は婚姻契約金（マフル）を支払う。」
(31)　かかる特約は無効である（前述）。
(32)　例えばワイン、豚肉など。
(33)　S. A. Ali, supra note 5, at 394 ; K. Hodkinson, supra note 16, at 132 ; J. J. Nasir, supra note 20, at 82 ; D. S. Pearl, supra note 7, at 60, 64 ; T. Rahman, supra note 20, at 219.
(34)　例えば、K. Hodkinson, supra note 16, at 132.
(35)　真田・前掲注2・308頁、K. Hodkinson, supra note 16, at 133 ; D. S. Pearl, supra note 7, at 64 ; T. Rahman, supra note 29, at 222-223.
(36)　真田・前掲注2・308頁、J. L. Esposito, supra note 3, at 25 ; K. Hodkinson, supra note 16, at 133 ; T. Rahman, supra note 20, 223.
(37)　K. Hodkinson, supra note 16, at 133.

マフルを言う。他方延べ払いマフルとは、前払い部分と後払い部分とに分けられ、前者は婚姻契約後直ちに支払われるが、後者は夫の死亡による婚姻の解消や離婚等の特別の事情があった場合に限って支払われる。

　婚姻契約に際して、即時払か延べ払いか、延べ払いであれば前払い分と後払い分の割合をどうするか、という点は重要な約定事項であり、夫婦間で約定がなされれば原則としてそれに従うが、約定がない場合には、その決定はいささか困難となる。通常は、妻の属していた家族や地方の慣習などによってこれらを推定するが、この推定は当事者の反論によって覆しうるし、また前払いと後払いの割合も個々の事情によって様々に異なり得る。そこでパキスタンでは、マフルの支払い方法につき特段の約定がない場合には、支払いの要求があったときに全額支払うものとする旨の明文規定を設けた。この立法例は、シーア派の学者の見解とも一致していると言われる。

3　妻の権利

　マフルに関して妻は幾つかの権利を保障されている。

　第1に、一旦支払われたマフルに対しては、妻は完全な所有権を取得する。

　第2に、未払い分に対しては、妻はその請求権を有し、夫が未払いのまま死亡したときには無担保債権者として夫の財産からマフル相当額の支払いを受けることができる。

　第3に、未払いの夫が死亡した場合に、妻が夫の生存中からその財産を占有し、その死後も占有を継続しているときは、妻は相続人の同意なくて

---

(38) D. S. Pearl, supra note 7, at 63.
(39) こちらの方がより一般的である。Ibid.
(40) 注30を参照。
(41) かかる場合も少なくない。Ibid., at 63-64.
(42) 真田・前掲注2・308〜309頁。
(43) 1961年パキスタン・ムスリム家族法令10条。D. S. Pearl, supra note 7, at 64.
(44) 真田・前掲注2・309頁、T. Rahman, supra note 20, at 229.
(45) 真田・前掲注2・311頁。
(46) 真田・前掲注2・311頁、J. L. Esposito, supra note 3, at 25 ; K. Hodkinson, supra note 16, at 135 ; D. S. Pearl, supra note 7, at 65.

も、マフルの残額が支払われるまで、その財産を占有する権利が認められる。いわゆる寡婦の遺産留置権（widow's right of retention）である[47]。

そして第4に、不特定額マフルの場合に夫がマフルを支払わないときは、支払いがあるまで妻は夫との同居及び性的交渉を拒否できる[48]。ただ、一旦婚姻が完結した後でも同様に拒否できるか否かについては争いがあったが、現在のパキスタンでは肯定されていると考えられる[49]。ちなみに、判例によれば、これらの妻の権利は相続可能である[50]。

第4節　考　察

1　マフルをめぐる国際私法上の問題点

以上の説明を前提として、ここでは、マフルをめぐる法的紛争がわが国で生じた場合、国際私法上それをどのように扱えばよいのか、という点につき、筆者なりの観点から、若干の検討を加えたい。

かかる場合に特に問題となりそうなのは、マフルをめぐる性質決定の問題であろう。マフルは婚姻契約金として、婚姻締結時の特約に基づいてその全部または一部が支払われるが、同時にそれは離婚保険としての役割も負っており、その何れの側面に重点を置くかによって、国際私法上の受け止め方は異なり得るものと思われる。

他方、準拠法が決定され、適用される場面においては、マフルの額が高すぎたり低すぎたりする場合も当然生じ得ることになろう。そこで、かかる場合における公序則発動の是非も問題となる。

加えて、他国でマフルをめぐる何らかの判決が言い渡された場合に、その効力をわが国えも認めるべきか否か、という問題も生じ得る。

これらの問題のうち、以下では国際私法上の性質決定の問題を扱うことにする。

---

(47) 真田・前掲注2・312頁、J. L. Esposito, supra note 3, at 25 ; K. Hodkinson, supra note 16, at 135 ; T. Rahman, supra note 20, at 243.
(48) K. Hodkinson, supra note 16, at 134-135 ; J. J. Nasir, supra note 20, at 91.
(49) D. S. Pearl, supra note 7, at 68.
(50) K. Hodkinson, supra note 16, at 135 ; D. S. Pearl, supra note 7, at 66.

2 マフルの性質決定

マフルの特約を含む婚姻をした当事者の一方または双方が外国人である場合などにおいては、マフルに関する合意の有効性、合意がない場合のマフル請求の可否や算定基準などにつき、何れの国の法を適用すべきかが問題たり得る。そこで、マフルをめぐる諸問題をいかなる抵触規定の適用範囲に含ませるか、という点を検討する。

(1) 考え方

まず第1の考え方として、マフルはイスラム法上の婚姻契約に付随する別個の契約である、という点を重視して、契約の準拠法（法例7条）によらせるとの考え方（7条説）があり得る。

第2の考え方としては、マフルが婚姻契約に付随する面を重視して、婚姻の一般的効力の準拠法（法例14条）によらせるとの考え方（14条説）があり得る。

第3の考え方としては、マフルは婚姻契約に付随するが、夫婦の財産関係を定めている点を重視して、婚姻の財産的効力（夫婦財産制）の準拠法（法例15条）によらせるとの考え方（15条説）があり得る。

第4の考え方として、マフルが離婚給付としての性格を有する点を重視して、離婚の準拠法（法例16条）によるとの考え方もあり得る（16条説）。

第5の考え方としては、マフルが離婚後扶養としての側面を有することから、扶養義務の準拠法によらせる、との考え方もあり得よう（扶養義務の準拠法説）。

(2) 検 討

以上の様々な考え方について、以下、若干の検討を加える。

まず、7条説について、確かに、マフルの特約は婚姻契約締結に際して、婚姻契約とは一応別個の合意としてなされるもののようであり、またその内容は財産的給付である。従って、その点を強調すれば、この説にも根拠がないわけではない。ただ、マフルの特約は、その前提となる婚姻契約との関係を無視して考えることのできないものであり、その意味では通常の契約とはその性質を異にする。また、マフルの特約について準拠法の選択を当事者に委ねる当事者自治の考え方を認めると、身分関係につき広く本国法主義や常居所地法主義を採用している（15条は限定的当事者自治を認めるが、その範囲は明確に

規定されている）法例の基本的姿勢と十分に整合的でないようにも思われる。

次に、14条説について、確かに、マフルの特約はイスラム法に基づく婚姻契約に際しての重要な取決めの1つであり、その成立や効果について婚姻の効果の準拠法と統一的な取扱いをする利益が認められる。ただ、マフルの内容はあくまでも財産的給付である点を考えると、これを身分的効力の問題と性質決定することには若干の違和感がないとは言えない。また、同条は連結点の基準時点につき変更主義をとっているため、婚姻成立後に連結点の変更により婚姻の効力の準拠法が変更した場合には、当初行ったマフルの特約が無効になる危険性もある（この問題点は、変更主義をとる条文を援用している他の説においても同様である。）。

第3に、15条説について。確かにマフルは財産上の給付をその内容とするものではある。しかし、マフルが効力を発揮するのは、婚姻成立時（即時払いマフルの場合）または婚姻解消時（延べ払いマフルの場合）であって、婚姻継続中の夫婦間の財産関係との関わりは希薄であるから、マフルの問題を夫婦財産制の問題と性質決定することには若干の疑問がある。

第4に、16条説について。確かに、マフル（特に延べ払いマフル）は事実上、離婚給付としての役割を果たしてきた。しかし、即時払いマフルのように婚姻契約金としての性質を有する場合もあり、マフルの問題を一般的に離婚に伴う問題と性質決定するのは疑問である。

第5に、扶養義務の準拠法説について。確かにマフル（特に延べ払いマフル）は事実上、離婚後扶養に類する役割を果たすことは考えうる。しかし、イスラム法はマフルと別に離婚後扶養の制度を認めるし、逆にマフルは扶養以外の側面をも有するものである。従ってこの説にも賛成しきれない面がある。

(3) 私見

以上の検討を踏まえて、現時点での筆者の考えを以下に示す。ここで重視したいのは、マフルがイスラム法に固有の制度であること、そして、マフルの特約は（少なくとも建前上は）婚姻の両当事者が納得の上で設定するものであること、である。

そこで筆者は、法例7条説をとりたい。とはいっても、通常の契約とマフル特約とは、後者がイスラム法という特定の法秩序を前提とした制度である

点で根本的に異なる。そこで、同条の解釈上、特段の事情がない限り、当事者に最も密接な関係のあるイスラム法、即ち、イスラム法が行われている国々（ないし法域）のうち、当事者が最も密接な関係を有する地で行われているイスラム法を指定するのが当事者の意思であるものと推定する、と解したい。こう考えることにより、婚姻両当事者の意思の尊重と、婚姻契約とマフルの特約との一体的取り扱いの双方がある程度実現できるように思われるが、いかがであろうか。

（4） おわりに

以上、若干の検討を加えたマフルの国際私法上の性質決定の問題は、従来ほとんど議論がなく、筆者もまだ試論として述べている段階に過ぎない。今後、イスラム法と国際私法との関わりについての研究がさらに進めば、より精緻な議論が展開されることになろう。否、是非そうしなければならない。本稿が、せめてそのきっかけの1つにでもなれば、筆者にとって望外の喜びである。

第3章　国際家族法学の展望

第1節　はじめに

　筆者は、大学では国際取引法と国際私法の講義を担当しているが、個人的には専攻分野は何かと尋ねられれば、「国際家族法」と答えるようにしている。しかし、国際取引法や国際私法が法学者の間では比較的認知されている（といっても、決して正確に理解されているわけではなく、特に国際私法は、法学部の教員からも「国際司法」などという存在すらしない法分野と間違われることがないわけではないのだが）のに対して、国際家族法は、その名称自体は馴染みやすいにしても、内容的な理解の普及度という点では、国際取引法のレベルにすら達していないのではないか、という感想を抱くことが少なくない。これは、大学院に進学して以来、ずっとこの領域を専攻してきたつもりの筆者にとっては、まことにさびしいことである。

　では、その原因はどこにあるのだろうか。この問いに対する答えは、国際取引法という法分野がいかにして（少なくとも法学者の間では）比較的広く認知されるに至ったか、という点を考えていくとわかるような気がする。何故なら、国際家族法と国際取引法とは、法分野としての成り立ちや性格の点で、共通する部分を有するように思われるからである。そして、国際家族法学の今後を展望するに当たっても、国際取引法という法分野は、とても価値のある「先例」を提供してくれるように思われるのである。

　そこで本稿では、国際取引法を比較の対象としつつ、とりあえず筆者が、そして望むべくは他の国際家族法学を志す方々もまた、今後国際家族法ないし国際家族法学とつきあっていくに際して、斯学につきどのようなイメージを抱くことができるのか、そのおおまかな輪郭を描き出すことを目的とする。

第3章　国際家族法学の展望　69

第2節　演繹的体系と帰納的体系

　一般的に言って、学問分野の成立過程としては、次の二つのものが考えられる。その第一は、まず最初に非常に大きな学問領域を設定し（例えば法律学）、その中を、一定の抽象的な基準に従って分類し（例えば、「国家と国民の間の法律関係を律する法＝公法」と「私人間の法律関係を律する法＝私法」）、その各々を、やはり何らかの抽象的な基準に従って、より小さな単位に分類する（例えば、「私法の一般法＝民法」、「企業活動に関する法＝商法」など）、そして同様の作業を以下繰り返して、詳細な学問の体系を構築する、という過程である。このような形で成立する学問体系を、仮に、「演繹的学問体系」ないし「演繹的体系」と呼ぶことにしよう。

　他方、もう一つこれとは異なる第二の成立過程を想定することができる。つまり、一定の現象ないし状況（例えば不動産取引）のもとで問題となる事柄（例えば契約、登記、担保、強制執行、課税など）を集め、それらを組み合わせて一つの学問分野（例えば不動産法）とする、という過程である。このような形で成立する学問体系を、仮に、「帰納的学問体系」ないし「帰納的体系」と呼ぶことにしよう。

　わが国の法律学は、明治以降、基本的には演繹的体系を基軸として生成発展してきた。これは、当時のわが国が主として（判例主導の英米法諸国ではなく）大陸法系諸国の法をお手本として法律の整備を進めたことに大きく影響されているものと考えられるが、それに加えて、わが国では、西欧的な法の考え方が一般の社会には容易に定着せず、しかも法学者の多くは自分たちの足もと（現実の社会で必要とされている法）よりも西欧（わが国が輸入した法、またはその母法）にばかり顔を向けていたため、帰納的発想を法律学に取り入れる土台があまり十分にはできていなかったことも大きく影響したのではないかと筆者は考える。

　しかし、第二次世界大戦後、わが国はアメリカなど英米法諸国の立法に大きく影響を受けるようになってきたし、また、特に近年では、物・人・サービスの全世界規模の交流がますます盛んになり、わが国もその流れの中に確

実に組み込まれている。となれば、大陸法の圧倒的影響下にあった戦前に比べれば、大陸法的な発想（演繹的発想）ばかりに固執する理由はなくなったはずであるし、また、現実に問題となっている社会現象の法的側面を全体的にとらえ、それを一つの法分野として構成する「帰納的」な発想は、法律学の中でも十分に求められる状況にに至ったと言えるのではなかろうか。

第3節　国際取引法の場合

　では、これまでに述べたことを踏まえて、法律学における「帰納的体系」の代表とも言える国際取引法の状況を概観してみることにしよう。

　国際取引法が一つの独立した研究・教育分野として取り上げられるようになったのは、1950年代のアメリカである[1]。第二次世界大戦後のアメリカでは、国際取引や海外投資の急激な増大に伴って、それらから生ずる法律問題を解決する必要に迫られていた。そこで、国際的な法律関係を扱う法分野が注目されるわけだが、従来の考え方によれば、国際的な法律関係のうち、国家や国際組織に関する言わば公法的な側面を国際法が、私人間の契約などの法律関係、すなわち私法的な側面を国際私法が各々扱ってはいたものの、両者は明確に分断されており、しかもそれぞれが扱ってきた法領域は限られたものであって、国際取引から生ずる法律問題を幅広く取り扱う法分野は確立していなかった。そこで、国際法や国際私法に限らず、様々な法を包含する新たな研究領域ないし法概念が提唱されるに至った[2]。今日我々が取り組んでいる「国際取引法」という領域が誕生する背景には、このような事情があったのである[3]。

　わが国でも、本格的な国際社会への復帰を経て、1980年代頃から、『国際取引法』と銘打った体系書が出版されるようになった。それらは、「演繹的体系」に基づく法分野である国際私法の体系書の大部分が国際私法学者によって執筆されているのと異なり、学者や実務家といった比較的多様な属性の

（1）　松岡博編『現代国際取引法講義』（法律文化社・1996）2頁。
（2）　「トランスナショナル・ロー」や「インターナショナル・リーガル・スタディーズ」など。
（3）　山本敬三『国際取引法』（学陽書房・1984）13〜15頁参照。

第3章　国際家族法学の展望　71

人々によって執筆されているという点で特徴的である。そして、学者として執筆・編集に関わってきた者のうちの大多数は、従来、国際取引に関わる法律問題（特に私法上の問題）の検討を多く担ってきた国際私法学者であるが、民商法学者など、他の分野を専攻する執筆者も決して少なくない。

では、それらの体系書は「国際取引法」をどのように把握しているのだろうか。まず、大部分の体系書は、「国際取引法という法領域について確立した定義は存在しない」と考えている点で共通しているように思われる。ただ、これも多くのものが指摘しているところによれば、国際取引法の把握の仕方としては、主として二つの考え方がある。その第一は、国際取引法を「統一私法や国際私法を中心とした国際取引に対して適用される私法の体系」と考えるものである。これは、国際取引法を私法の枠内にとどめようとするものであり、国際取引法の概念を比較的狭く限る考え方であると言うことができよう。他方、第二の考え方は、国際取引法を「物品・金銭・資本・技術の移動、役務の提供等を内容とする国境を越える取引に関する法」と考えるものである。これは国際取引法を私法の枠にも国内法の枠にも拘束させず、およそ国際取引に関係する法律のすべてを検討対象にしようとするものであ

（4）　例えば、学者の手によるものとしては、山本・前掲注3、松岡・前掲注1、山田鐐一・佐野寛『国際取引法』（新版・有斐閣・1998）などがあり、その一方、企業などで国際取引に関わった経験のある実務家または元実務家（実務経験の後学者になった者を含む）の手によるものとしては、岩崎一生『国際取引法要説』（同文館・1990）、松枝迪夫『国際取引法』（三省堂・1993）、絹巻康史『国際取引法入門』（同文館・1995）、田中信幸『新国際取引法』（商事法務研究会・1998）などがある。なお、学者・実務家の双方が混在するものとして、澤田壽夫他『国際取引法講義』（有斐閣・1982）がある。

（5）　例えば、松岡・前掲注1・1頁は、「国際取引法は新しい法分野であり、その定義、内容、範囲についてはいまだ必ずしも意見が一致しているわけではない。」としている。また、山田・佐野・前掲注4・10頁（注）は、「国際取引法をどのように定義するかについては、今日、まだ確立された見解が存在しているわけではなく、各研究者の問題関心から便宜的に定義がなされているのが現状である。」としている。さらに、松枝・前掲注4・20頁も、「現在、国際取引法の定義については確立した説はない」としている。これら以外の体系書でも、類似の指摘が少なからず見受けられる。

（6）　山田・佐野・前掲注4・10頁（注）。

（7）　澤田他・前掲注4・2頁。ただ、ここでの表現だけでは、その意味するところは必ずしも明らかでないが、その後の説明（特に14頁以下）からすると、同書が国際取引法を私法の領域に限定せず、経済法や租税法、国際法など様々な法分野を包括するものとして考えていることがわかる。

り、国際取引法の概念を広げようとする考え方であると言うことができよう。そして、多くの体系書は、この第二の考え方を支持し、それを前提として執筆されている。

第4節　国際取引法の扱う領域

このように、国際取引法の概念を広いものとして捉える考え方がかなり有力であるということはできるとしても、各々の体系書が実際に扱っている内容には、様々なバリエーションがある。その例をいくつか挙げてみよう。

まず、澤田壽夫他『国際取引法講義』(有斐閣・1982) は、「国際取引法序論」に続いて、「国際的動産売買」「国際的支払」「国際的貸付・投資」「国際的技術移転」「運送・保険」「輸入制限・ダンピング規制」「国際取引と独占禁止法」「国際取引に伴う紛争の解決」「国際取引と課税問題」の順に論じている。各方面の専門家がそれぞれの部分を担当している点が特徴的である。

山本敬三『国際取引法』(学陽書房・1984) は、やはり「国際取引法序論」に続いて、「国際取引契約」「国際投資」「国際取引の決済」「国際取引と脱法行為」「国際取引の紛争解決」の順に論ずる。

岩崎一生『国際取引法要説』(同文館・1990) は、「国際取引と国際取引法」に始まり、「国際取引の主体に関連する法」「国際取引の客体に関連する法」「国際取引契約法」「国際取引紛争の処理」の順に論ずる。国際取引法と題してはいるが、内容的には専ら国際私法 (国際民事訴訟法を含む) を扱っている点が特徴的である。

松枝迪夫『国際取引法』(三省堂・1993) は、「国際取引と法」にはじまり、「国際取引に関する法」「国際活動の当事者」「海外進出の事業形態」「米国の裁判制度の特色」「独占禁止法」「知的財産権」「製造物責任」(以上を包括して「国際法務編」と題している)「国際取引と契約」「国際売買契約」「国際販売店契約」「合弁契約」「ライセンス契約」「準拠法」「国際紛争の解決」(以上を包括して「国際契約編」と題している) の順に論じている。

絹巻康史『国際取引法入門』(同文館・1995) は、「国際取引法とは何か―国際取引法序論―」に続いて、「取引の開始―申込と承諾―」「取引には商慣習

第3章　国際家族法学の展望　73

がある―援用可能統一規則―」「契約の成立―契約の内容と当事者―」「貿易取引契約（一）―国際売買契約―」「貿易取引契約（二）―プラント輸出契約―」「統一売買契約法―国連物品売買条約―」「国際物品運送契約」「国際貨物保険契約」「国際取引の決済（一）―取立統一規則―」「国際取引の決済（二）―信用状統一規則―」「国際取引と公法的規制―公法の介入―」「技術取引の保護と技術の責任―国際技術移転、製造物責任法―」「国際的な資本移動―投資と貸付―」「紛争に出会う―準拠法、訴訟、仲裁―」の順に論じている。

　松岡博編『現代国際取引法講義』（法律文化社・1996）は、「国際取引法序論」に続いて、「国際売買」「国際運送・保険」「国際的支払・送金」「国際金融」「国際取引と企業活動」「国際取引と知的財産」「製造物責任」「国際取引法と独占禁止法・証券取引法・ダンピング規制」「外国貿易・為替規制（管理）」「国際取引と課税」「国際取引紛争の解決手続」「国際取引の法務」の順に論じている。

　山田鐐一・佐野寛『国際取引法〔新版〕』（有斐閣・1998）は、「序論」「国際取引の当事者」「国際的な物品の売買」「プラント輸出および国際技術移転」「国際投資」「国際取引紛争の解決」の順に論じている。

　最後になるが、田中信幸『新国際取引法』（商事法務研究会・1998）は、「国際取引と国際取引法（その中に「国際取引」と「国際取引法」を含む）」に始まり、「国際取引契約（「国際取引契約の基礎」「国際売買契約」「国際技術援助契約」「国際合弁会社契約」を含む）」「国際企業組織と国際課税（「国際企業組織」「国際課税」を含む）」「国際商事紛争（「国際民事訴訟」「国際商事仲裁」「政府調査」を含む）」の順に論じている。

　これらを全体的に眺めてみると、ほぼ共通して扱っている内容と、特定のまたは少数のものが扱うに過ぎない内容とがあることがわかる。後者については、特に本稿で言及する必要は認められないので、ここでは割愛する。他方、前者に属するものとしては、国際取引法の定義・概念・内容・範囲などに関するもの[8]、国際取引の主体（個人・法人・国家など）に関するもの[9]、国際

---

(8) 澤田他の「国際取引法序論（中でも「国際取引法の定義」から「国際取引法の内容」までの部分）」、山本の「国際取引法序論（中でも「国際取引法の概念」の部分）」、岩崎の「国際取

取引の各類型（国際売買契約、国際運送契約、国際保険契約、技術移転契約、国際合弁契約など）ごとの考察、国際取引紛争の解決（訴訟・仲裁など）に関するもの、そして、国際取引に関連する公法や国際法（特に経済法や租税法）に関するものがある。このような内容が、とりあえず現時点では、国際取引法の標準的な内容ということになりそうである。

第5節　国際家族法の現状

　これまで国際取引法につき検討してきたことは、国際家族法という法分野を確立させていくに際しても、十分に参考に値するものと思われる。特に、「帰納的体系」としての国際家族法学を構築していくには、これまでに述べ

　　　引と国際取引法」、松枝の「国際取引と法」、絹巻の「国際取引法とは何か―国際取引法序論―」、松岡編の「国際取引法序論」、山田・佐野の「序論」、田中の「国際取引と国際取引法（中でも「国際取引法」の部分）」などがこれに相当する。
（9）　山本の「国際取引法序論（中でも「国際取引の主体」の部分）」、岩崎の「国際取引の主体に関連する法」、松枝の「国際活動の主体」、絹巻の「契約の成立―契約の内容と当事者―（中でも「国際取引の当事者」の部分）」、松岡編の「国際取引と企業活動（中でも「法人の渉外問題」の部分）」、山田・佐野の「国際取引の当事者」、田中の「国際取引契約の基礎（中でも「契約の当事者」の部分）」などがこれに相当する。
（10）　澤田他の「国際的動産売買」「国際的貸付・投資」「国際的技術移転」「運送・保険」、山本の「国際取引契約」「国際投資」、松枝の「国際売買契約」「国際販売店契約」「合弁契約」「ライセンス契約」、絹巻の「貿易取引契約（一）―国際売買契約―」「貿易取引契約（二）―プラント輸出契約―」「統一売買契約法―国連物品売買条約―」「国際物品運送契約」「国際貨物保険契約」「技術取引の保護と技術の責任―国際技術移転、製造物責任法―（特に前半）」「国際的な資本移動―投資と貸付―」、松岡編の「国際売買」「国際運送・保険」「国際金融」「国際取引と知的財産」、山田・佐野の「国際的な物品の売買」「プラント輸出および国際技術移転」「国際投資」、田中の「国際取引契約（中でも「国際売買契約」「国際技術援助契約」「国際合弁会社契約」の部分）」などがこれに相当する。
（11）　澤田他の「国際取引に伴う紛争の解決」、山本の「国際取引の紛争解決」、岩崎の「国際取引紛争の処理」、松枝の「準拠法」「国際紛争の解決」、絹巻の「紛争に出会う―準拠法、訴訟、仲裁―」、松岡編の「国際取引紛争の解決手続」、山田・佐野の「国際取引紛争の解決」、田中の「国際商事紛争（「国際民事訴訟」「国際商事仲裁」「政府調査」を含む）」などがこれに相当する。
（12）　澤田他の「輸入制限・ダンピング規制」「国際取引と独占禁止法」「国際取引と課税問題」、松枝の「独占禁止法」、絹巻の「国際取引と公法的規制―公法の介入―」、松岡編の「国際取引と知的財産」「国際取引法と独占禁止法・証券取引法・ダンピング規制」「外国貿易・為替規制（管理）」「国際取引と課税」、田中の「国際企業組織と国際課税（「国際企業組織」「国際課税」を含む）」などがこれに相当する。

た国際取引法の体系を参考にして、その内容や外延を設定していくことが有益であると考える。そこで、これまでに述べた国際取引法の体系を念頭に置いて国際家族法の体系を考えると、それは「国際家族法の定義・概念・内容・範囲など」「国際家族の主体に関する問題」「国際家族に関連する法律行為等の各類型（国際結婚、国際離婚、国際認知、国際養子縁組など）ごとの考察」「国際家事紛争の解決」「国際家族に関連する公法や国際法（国籍法、入管法、外登法など）」を内容として含む法体系である、ということになろう。しかし、そのような意味での「国際家族法」という法分野が、現時点で成立ないし確立しているか、と問われると、筆者は若干自信がない。以下、わが国で公刊されている書物を題材にして、この点につき述べることとする。

確かに、国際家族法に関係する領域について扱った書物は、我が国でもある程度は出版されている。まずは、比較家族法を扱ったものがある。例えば、黒木三郎監修『世界の家族法』（敬文堂・1991）、木村三男監修・竹澤雅二郎他編著『渉外戸籍のための各国法律と要件』（日本加除出版株式会社・1996）などがそうである。これらは、国際家族法について考える上で比較法的視点が重要であることを認識させてくれる点ではとても価値があるし、現実の渉外家事事件について検討する上でも、外国の家族法制の知識を得ることは不可欠である。しかし、比較法的視点だけでは、これまでに述べたような意味での「国際家族法」の内容の一部を構成し得るに過ぎない。

次に、国際私法の一分野としての国際家族法を扱ったものがある。例えば、笠原俊宏『国際家族法要説　新版』（高文堂出版社・1997）、横山潤『国際家族法の研究』（有斐閣・1997）、溜池良夫『国際家族法研究』（有斐閣・1985）、石黒一憲『国際家族法入門』（有斐閣・1981）などがそうである。確かに、国際的な家族関係を扱う上で、国際私法は重要な法分野の一つではある。しかし、国際私法が主として対象にしているのは渉外的私法関係であるが、国際家族法を包括的に把握しようとすれば、どうしても公法の領域（例えば入管法など）に踏み込まざるを得ないのであり、これらの書物がそこまで十分にフォローしていないという点は否めない。

第三に、国際的な家族に関係する特定の法分野を扱うものがある。例えば、国籍法に関する多くの体系書・専門書など（個別の参照はここでは省略す

る）のほか、奥田安弘『家族と国籍』(有斐閣・1996) などがそうである。これらは、確かに国際家族法にとって重要な内容を含んではいるのだが、あくまで特定の法分野に焦点を当てているという点で、国際家族法の全体を眺めるための道具にはならない。

これらに対して、現時点で最も広汎に国際家族法上の問題を扱っているのが、第四として示す、国際的家族関係に関わる法律実務を扱った一連の書物である。例えば、榎本行雄編『詳解　国際結婚の手引き』(明石書店・1997)、山田鐐一他『わかりやすい国際結婚と法』(有斐閣・1990初版)、鳥居淳子他『くらしの相談室　国際結婚の法律Q&A』などがそうである。これらは、国際結婚に関わる広範囲の法を題材にしているという意味では、「国際家族法学」に対しても多くの有意義な題材を提供してくれるものと思われる。ただ、残念ながらそれらは学問的要求によって生み出されたものではないため、その内容や執筆方法はいわゆるハウツー本的なものになりがちであり、それらを学問的見地から見る場合には、それなりの注意が必要であると言えよう。

第6節　国際家族法学の展望

以上に述べたことを踏まえた上で、筆者は、わが国における国際家族法学の体系化はまだ十分には行われていないものの、その体系的構築への道はそれほど遠いものではないと考えている。何故なら、「国際家族法」という看板はまだ確立されていなくても、実質的には国際家族法の総合的研究に近いものがいくつかの形で既に行われているからである。

その第一は、学者又は実務家（行政書士など）による執筆活動である。特に、先に第四の類型として挙げた一連の書物は、国際結婚等から生ずる法律上の問題につき、実務のレベルで役立つことを意図して執筆されているとはいえ、それらは結果的には、国際家族が直面する様々な法律問題をある程度包括的に取り上げて解説しているという意味では、国際家族法学の実務版を実践していると言えなくもない。従って、それらの書物で取り上げられている項目の多くは、体系的学問としての「国際家族法学」を構築するに際して

第3章　国際家族法学の展望　77

も是非取り込むべきものであると言ってよいように思われる。ただ、それらは言わばハウツー本的な性格を有するため、論理的体系性という意味では、不十分な点があることを認めざるを得ない。従って、それらを国際家族法学において用いる場合には、扱われている個々の内容を論理的・体系的にまとめて、国際家族法学の鳥瞰図を描き出そうとする基本的な姿勢が必要となるであろう。

　続いて第二は、国際私法に関する判例研究会の活動である。例えば、主として東京およびその周辺の国際私法学者が集まって活動が続けられている「渉外判例研究会」では、他の国際私法関連の判例とともに、国際家族法関係の判例もしばしば取り上げられている。そしてそこでは、実際の判例を検討する必要上から、外国の家族法や手続法、わが国の入管法、国籍法など、様々な分野の法律についてある程度はコメントせざるを得ない。研究会の性質上、中心的な論点はどうしても国際私法上のものに限定される傾向が生じざるを得ないという状況は存在するものの、たとえ付随的にではあっても、国際家族をめぐる様々な法分野の問題を一括して議論する場があることは、国際家族法学の構築にとっても大きな力となりうるように思われる。

　そして第三は、市民団体による活動である。現にわが国には、国際結婚をしている人々が少なからず生活しているが、それらの人々のニーズに応じる形で、国際結婚の当事者などによるグループ活動が行われている。例えば、「ぶなのもり」は、国際結婚カップルなどの相互交流をはかるなどの諸活動を積極的に行い、ニューズレターや資料なども出している。その一方で、いわゆる日比国際児の問題など、国際家族に関連する人権問題に取り組む市民団体もある。例えば、「国際子ども権利センター」は、「子どもの権利条約」の理念の実現のために設立された民間ボランティア団体であり、市民教育活動や出版活動などを行っている（国際子どもの権利センター編『日比国際児の人権と日本』（明石書店・1998）を参照）。これらの活動は、第一に挙げた執筆活動と同様に、必ずしも学問的動機による活動ではないものの、その扱う法領域は広汎に及んでおり、国際家族法学の構築にとっても重要な材料を提供してくれそうである。

　以上の三つをあわせて考えると、国際家族法の体系的構築のためには、実

際のケースに直面している人々の生の需要を重視しつつ、それを論理的に再構築して学問としての整合性のある体系を築く必要があり、そのためには、学者・法律実務家・国際家族の当事者などが発進する情報をうまくつなぎ、まとめあげていく地道な作業が欠かせない、ということになるのではなかろうか。

第7節　国際家族法講義の構想

　本稿を締めくくるにあたって、大学での授業（講義）科目としての国際家族法について考えてみたい。筆者は、現在、大学で「国際家族法」という独立の講義が行われている例を知らない。おそらく、「国際家族法学」の対象となる各々の法分野は、それぞれ従来から存在してきた科目の中で扱われることになっているのだろう。講義に限定せずに考えても、筆者の知る限りでは、演習科目として国際家族法が取り上げられたケースがあるという程度である。[13]

　近い将来、筆者が国際家族法の講義を担当することになるかどうかは不明である。しかし、いやしくも国際家族法学を専攻していると自任している以上、少なくとも筆者なりの「国際家族法講義」の骨格程度は固めておく必要があるのではないかと思う。そこで、本稿においてこれまでに述べてきたことを念頭に置いた上で、筆者が「国際家族法講義」で何を扱うかを考えておきたい。

　まず最初に、「国際家族法とは何か」という点を押さえる必要があろう。これは、国際私法や国際取引法についても、あるいは他の法律科目についても同様に言えることであろうが、とりわけ、国際家族法のようななじみの薄

---

(13)　立教大学法学部では、1998年度、前期の演習科目として「国際家族法演習」が開設され、その実質的な担当者を筆者が務めた。内容としては、前半で比較家族法を扱い、婚姻や養子縁組などのいくつかの項目について、予め決めた数カ国の法律を比較しながら議論した。後半では、渉外的家族関係をめぐって具体的に生ずる問題点（トピック）を取り上げ、議論した。比較家族法の部分でやや授業の進行がもたついた、との反省から、もし今後同様の授業を担当する機会があれば、とりあげる項目や国・地域、進行手順などの面でもう一工夫する必要があるように思う。

い科目については、この点を印象づけておくことが肝要であるように思われる。具体的に取り上げる項目としては、「国際家族法の概念」「国際家族法の領域」「国際家族法の法源」「他の法分野との関係」などが挙げられよう。

次に、「国際家族法の主体」について検討したい。国際取引法の場合と異なり、国際家族法では、その主体は自然人（個人）に限られるから、ここではあまり取り上げる内容がないように思われるかもしれない。しかし、個人の属性として、国際家族法上問題になるものがないわけではない。具体的には、準拠法や裁判管轄の決定などとの関係で、国籍や住所、宗教的帰属、人種・民族などがある。これらの概念の整理や、それらが法律上どのような形で問題となるのか、という点を把握しておくことは、国際家族法の理解にとって重要な基礎事項であると思われる。

第三に、「国際的（「渉外的」といってもよい）家族関係の内容」を概観したい。一口に家族関係といっても、その中には、婚姻とその解消・内縁とその解消・実親子関係（嫡出親子関係と非嫡出親子関係）・養親子関係・後見・相続・遺言など様々なものがあり、その各々が法律上異なる形で問題提起をしてくる。そこで、国際的家族関係の中身について早いうちに整理しておくのが便宜にもかなうように思われるのである。

第四としては、「国際的身分行為」を扱いたい。上記「第三」の内容を踏まえた上で、渉外的身分行為（婚姻・養子縁組など）の各論を論ずるわけである。もちろん、その場合には、比較法的観点と、抵触法（国際私法）的観点、それに国際民事訴訟法的観点を常に忘れないようにすることが必要である。

第五としては、「国際的家族関係と登録」と題して、渉外戸籍と外国人登録に関する問題を扱いたい。戸籍は明治31年の民法典施行以後、日本国民の身分関係を登録・把握する公的な帳簿としての性格を持ちつづけており、他方、外国人登録簿は、わが国に在留する外国人の居住関係および身分関係を登録・把握する公的帳簿であり、特にいわゆる「在日」の人々との関係では、近年の外登法改正（指紋押捺義務の一部免除と家族事項記載の新設）により、身分関係を把握する道具としての性質を強めている。この2種類の帳簿を通して、わが国の「国際化」の中身を問うところまで話を持っていきたいというのが、筆者の希望である。

第六に、「国際的家族紛争の処理」と題して、調停・審判・訴訟などの家事紛争解決手段が、国際的な家族との関係でどのように用いられ、そこからどのような問題が生じているのか、という点をフォローしてみたい。

最後に第七として、「国際的家族をめぐる法的規制」と題して、これまでに扱ってこなかった他の法分野について、国際的家族との関係で問題になる点を取り上げたいと思う。具体的な内容としては、出入国管理法などを想定している。また、実際にどのような形で取り上げるか不明だが、国際結婚や国際養子縁組の斡旋をめぐる問題にも言及できれば、と考えているところである。

第8節 結　語

以上、はなはだ急ぎ足の不十分なものではあるが、筆者が現在国際家族法について考えていることを述べてみた。従来、国際的な法律関係を扱う分野は、「国際法」と「国際私法」との単純な二元構造から、「国際経済法」「国際労働法」「国際取引法」などの分化の方向へと進展してきた。今後、それらがどのような展開を見せるのか、現時点では十分に判断できないが、少なくとも、「演繹的法体系」から「帰納的法体系」へのシフト（重点の移動）という傾向は、今後もしばらく続くのではないかと考える。そして、それに対する「演繹的法体系」からの反作用とあいまって、国際家族法の研究や教育がますます盛んになることを、筆者としても願ってやまない。勿論、筆者としても、微力ながら今後とも努力を続けていくつもりである。

第4章　法例31条に関する覚書

第1節　はじめに

　本稿は、人的不統一法の指定に関する法例31条の解釈及び改正について、ささやかな私見を述べようとするものである。

　筆者は今から8年ほど前、同条の解釈に関する私見を公表したことがある[1]。試行錯誤の中でどうにか公表することのできた拙い論稿ではあったが、数カ国の立法例やいくつかのハーグ国際私法条約における人的不統一法関連の規定について若干の検討を行った上で、その結果を法例31条の解釈に活かそうとした、筆者なりの一つの試みであった。

　さて、現在（2005年2月下旬）、法例の改正作業が法制審議会において進められている。本稿が世に出るまでには、法例改正に関する中間とりまとめが公表されていることであろう。その改正審議の「一助となることを期待」[2]しつつ公表されたのが、法例研究会『法例の見直しに関する諸問題（1）～（4）』[3]である。同研究会は、「法例に規定された準拠法決定ルールの見直しのための基礎的な調査・研究作業」を目的として商事法務研究会内に設置されたものであり、法例の問題点の洗い出しと、諸外国における国際私法立法の動向に関する調査研究を行い、それらを踏まえて、「問題となる事項ごとに考えられる立法的解決のためのオプションを検討」することとされていた。その成果が上記『諸問題』であるが、その『(4)』の120～124頁では法例31条が取り上げられ、同条を「現行規定どおりとする」という甲案と、「法例31条を削除する（人際法について法例中に特段の規定を設けないものとする）」

（1）　拙稿「国際家族法と人際法」中央学院大学法学論叢10巻1号（1996）29～76頁。
（2）　後掲注3各巻の「はしがき」（道垣内正人教授）参照。
（3）　別冊NBL 80・85・88・89号（商事法務、2003～2004）。

という乙案の両案が併記されている。法例改正審議に影響を与えるかもしれない提案であるから、この案には筆者としても興味を抱かないわけにはいかない。しかし、そもそも同書の作成過程では「基礎的な調査・研究作業」をするとされていたはずであるにもかかわらず、上記120〜124頁の中で明示的に参照されている文献はあまりに少なく[4]、また立法例の紹介にしても、不統一法の指定につき明文規定を設けているいくつかのハーグ国際私法条約をまったく紹介しておらず、また、若干の立法例を紹介してはいるが、その各々の規定の趣旨にそぐわないのではないかと思われるような分類をしている（この点は後に第3節で詳しく述べる）、という点で、疑問を禁じえないものであった。少なくとも、これまで31条の解釈について表明されてきた諸説を『諸問題』での議論の中に公平に採り入れ分析しようとする姿勢を感じ取ることはできなかった。

そこで本稿では、上記拙稿で示した法例31条に関する解釈論を再確認するとともに、同条の改正についてささやかな私案を披露し、もって『諸問題』に対する対案とさせていただくとともに、諸先生方のご指導を仰ぎたいと考えるものである。

第2節　法例31条の解釈に関する私見の確認

上記拙稿では、諸外国の立法例及びハーグ条約の中から、人的不統一法の指定に関する規定を数例づつ紹介し、それらが間接指定主義を採用しており、それに加えて二次的に直接指定主義を採用する例も少なくないこと、また、それらが個人の属人法（本国法など）を決定するためではなく、当該法律関係に適用されるべき準拠法そのものを指定するための規範として定立されていることを示した。そして、かかる比較法的考察を踏まえた上で、わが法

（4）　法例31条の箇所で参照されているのは、日本語文献（教科書ないしそれに類するもの）4件、日本の国際私法学者の手による英語文献1件、フランス語2件のみであり、拙稿・前掲注1を含めて、国内の雑誌論文は一件も参照されていない。元来この分野は論文の数が少なく、その各々にはそれなりの重みがあるように思われるのであるが、それらを一件も参照しないというのは、執筆・出版に伴う様々な事情を推測・勘案しても、なお理解に苦しむところである。

例31条についても、間接指定を原則とし、直接指定を例外とする同条の立法趣旨通りに適用されるべきこと、また、(たとえ文言の形式的解釈からは逸れるとしても、)当事者の属人法を特定するためではなく、当該法律関係に適用される準拠法自体を特定するための規定として適用されるべきことを主張した。

このような考え方に対しては、有力な異論が展開されている。まず前者の間接指定プラス直接指定という考え方に対して、およそ人際法とは実質法の法律要件部分の書き方を変えただけのもの、つまり実質法の一部であって、人的不統一法の指定は国際私法上の問題ではない、よって法例31条のような規定は必要ない、というものである。確かに比較法上、人際法は実質法(日本風に言えば民法など)または手続法(日本風に言えば民事訴訟法や裁判所法など)の中に埋もれるようにして明文化されているのが通常である。また、人的に不統一な複数の法秩序を抱える国であっても、一つの国としてまとまっている以上、各法秩序の適用関係を調整するための法規(人際法)はあるはずだ、と考えるのも無理はない。

しかし、そのような調整がすべての国で実現しているか否かは疑問である。例えば、イスラエルでは人際法の整備が遅れているとの分析がなされているが、もしこれが、世俗法と宗教法とのせめぎあいの中で、立法者自身が法の抵触についての妥当な解決策(人際法)を定立できていないという意味だとするならば、それを「人際法の不明の問題」に過ぎないものと言ってしまってよいのだろうか。筆者には疑問である。そもそも、(これは世界観の違いに行き着いてしまうのかもしれないが、)国際私法あるいは抵触法が対象としている「法の抵触」とは、「法域」を単位とする地域的な法の抵触だけなのだろうか。筆者としては、一定の自律性を有する「法秩序」どうしの間の矛盾

---

(5) 道垣内正人『ポイント国際私法総論』(有斐閣・1999) 191頁～193頁。
(6) 拙稿「人際家族法研究序説」中央学院大学総合科学研究所紀要9巻2号 (1994) 107頁。
(7) 澤木敬郎・道垣内正人『国際私法入門』(第5版・有斐閣・2004) 49頁、山田鐐一『国際私法』(第3版・2004) 89頁など。
(8) 今現在では国家の一部をなしているような地域的・人的法体系も、成立の当初は国家の枠にとらわれない自律性を有していた。アメリカの諸州にしても、インドの諸宗教共同体にしてもそうである。それが、後に国家という枠組みの中に取り込まれて、国家法の一部として機能しているわけであるが、それでも、国家はそれらの法を意のままに操れるというわけでは必ずしもない。そこにはある程度の国家からの自律性が認められることもある。不統一法について

抵触全般を扱うのが抵触法であり、人際法も準国際私法もその仲間であると考えたい。このような筆者の考え方からする限り、31条のような規定はやはり必要である。

他方、後者の「当該法律関係に適用される準拠法自体を特定するための規定」という考え方に対しては、31条の文言をそのように読むのは無理だ、という批判があり得るであろう。確かに31条だけに視野を限った厳格（形式的）な文言解釈の範囲内ではそうである。しかし、拙稿でも述べたように、この規定が登場するまでの間には、軽視し得ない一連の経緯がある。すなわち、不統一法の指定に関してハーグ条約で初めて置かれた明文規定である遺言の方式の準拠法に関する条約1条2項は、文言上、地域的・人的を問わず適用されるものであったが、そこでは本国法の決定ではなく「準拠法」の決定が明文で指示されていた。しかし、同条約をわが国が批准し、国内法する段階になって、諸般の理由により地域的不統一法のみを扱う条文として、かつ、当時の法例27条3項と同様の、当事者の本国法を特定するための規定として明文化されたのである。その後、扶養義務の準拠法に関する法律7条がわが国で初めて人的不統一法にも明らかに適用される明文規定として立法されたが、その際にも、同法のもととなったハーグ条約（扶養義務の準拠法に関する条約）では本国法の特定ではなく準拠法自体の特定のための規定であったものを、やはり国内法化の段階で、既存の規定（法例旧27条3項）にあわせて本国法特定のための規定として立法してしまった。さらに、1989年の法例改正時

　　考える場合には、そういう側面を十分に意識する必要があると筆者は考える。従って人際法は、完全に同一の法秩序の中での新旧規定の適用範囲を画する時際法（その場合、新法と旧法が各々独立の法秩序に属しているということはあり得ない）とはその点で異なるというべきである。
（9）　となると、「国際私法」というネーミングは必ずしも適切ではないということになるだろう。
（10）　人際法を実質法の一部に過ぎないとする考え方は、論理的にはあり得ないものではない。しかし、論理的にはあり得るというのならば、国際私法も実質法の一部だという考え方もあり得る（山口弘一『日本国際私法論上巻』（巌松堂・1910）66頁）。要は、国際私法とは何か（どのような法の抵触の解決を任務とするものであるべきか）という価値判断の問題に帰着するように思われる。
（11）　拙稿・前掲注1・35～38頁。
（12）　村岡二郎「遺言の方式に関するハーグ条約への加盟について」国際法外交雑誌63巻3号（1964）59頁、拙稿・前掲注1・40～41頁など。

には、14条のように複数の連結点を組み合わせて準拠法を決定する方式が採用され、属人法の決定と準拠法の決定とがずれる場面が一気に拡大したにもかかわらず、その点について議論を深めることもなく、あいかわらず属人法を特定するための規定として31条を立法し、既存の規定（遺言の方式、扶養義務）もそのままとされてしまった。このような立法の過誤と改正時の怠慢とが重なって、今のような状況になってしまったのである。従って、立法論としてのみならず、解釈論としても、現行31条を端的に準拠法特定のための規定として解釈していく姿勢が必要であるように思われるし、そのような実質を見た解釈は、形式的な文言解釈からそれるとしても、なお十分な妥当性を有するものと考える。

第3節　法例31条の改正に関する私案

　以上の確認を踏まえて、以下では、法例31条の改正に関するささやかな私見を述べることとする。すでに述べたように、31条は、厳格な文言解釈をすることには疑問のある規定であるが、上記のような解釈上の工夫をすることによってその弊害は除去することが可能である。よって、緊急に改正の必要があるとは筆者は考えていない。しかし、現行の文言が最善のものでない以上、もし何らかの形で31条の改正を検討するのであれば、現行規定を積極的に維持すべきだとは思われない。そこで、もし31条を改正するとしたら、どのような文言が適切か、という観点から、以下私見を述べることとしたい。

1　『諸問題』における改正案への疑問

　『諸問題（4）』122〜124頁で取り上げられている31条の改正案（といっても甲案は現状維持案であるが）には、以下の二つの点で疑問がある。

　まず、ハーグ国際私法条約についての検討がほとんど行われていない。条約について言及されているのは122〜123頁で「甲案は……2つのヘーグ条約[14]

---

(13)　拙稿・前掲注1・44頁。
(14)　『諸問題』では「ヘーグ」と表記されているので、引用部分ではそれに従うが、筆者自身は「ハーグ」の表記に慣れ親しんでいるので、本文部分では「ハーグ」と表記させていただく

との平仄も合う」との一箇所のみであるが、「立法例など」の箇所ではハーグ条約は一つも紹介されていないため、甲案の提案者が甲案とハーグ条約がどう「平仄」が「合う」と考えているのか、窺い知ることもできない。筆者としては、確かに表面上、甲案と両ハーグ条約の平仄が合っているように見えるかもしれないが、そのような見方は（すでに述べたような）両条約の成立・批准・国内法化の過程で生じた問題を看過したものであり、妥当でないものと考える。

次に、諸外国の立法例の紹介の仕方に疑問がある。『諸問題』では、他の頁で紹介されたものの参照という形をとるものを含めて七か国（アメリカ、イギリス、フランス、ドイツ、スイス、オーストリア、ポルトガル）の立法例が紹介されているが、そのうち、アメリカとイギリスについては、「規定なし」「議論なし」であり、これが何故（括弧つきとはいえ）乙案に分類されているのか明らかではない。次のフランスについては、「その他」という分類になっているが、「規定なし」「判例は問題にせず」「学説はいろいろ」という内容であり、特に参考になるようには思われない。残りの四か国については、私見と同様に、少なくとも文言上は準拠法自体を特定する趣旨の規定になっているのに、それらを、当事者各自の属人法を絞り込むための規定である「甲案」の仲間に分類しているのは、理解に苦しむ。結局、筆者の乏しい知識の範囲内では、現行規定と同様に属人法絞込みの規定を置いている立法例は思い当たらず、現行規定にしても甲案にしても、比較法的裏付けを欠くものではないかという印象を強くするものである。

以上の指摘は、立法例の紹介の仕方という側面から行ったものであるが、別の角度から言えば、同書における31条の改正に関する検討は、「其国ノ規則」の性質をどう捉えるか（属人法の絞込みか準拠法自体の特定か）という重大

ことにしたい。表記の不統一をお許し願いたい。
(15) 「比較法」とは各国法のみを指し、条約は最初から対象から外されているのか、とも思ったが、同書43頁の「信託の準拠法および承認に関するヘーグ条約」のように条約を明示的に紹介している箇所もあることからすると、そうでもないらしい。わが国がこの種の（人的不統一法の指定に関する）規定を導入するに至ったのはハーグ条約の影響によるところが大きいことを考えても、なぜ遺言の方式の準拠法や扶養義務の準拠法に関するハーグ条約を紹介しなかったのか、何とも理解できない。

な論点を看過したままでなされているように思われる。

2 私案

以上の指摘を前提とした上で、筆者が現時点で考えている改正私案は次の通りである。なお、法例の部分改正を想定しているため、改正私案は漢字片仮名混じりの文語体で表記する。

〔第一案〕
三一条（人際法）①（第三条乃至第六条又ハ第十三条乃至第二十七条ノ規定ニヨリ）当事者ノ本国法ニ依ルベキ場合ニ於テ其国ガ人的ニ法律ヲ異ニスルトキハ其国ノ規則ニヨリ指定セラルル法律若シ其規則ナキトキハ当事者ニ最モ密接ナル関係アル法律ヲ適用ス
②前項ノ規定ハ（前項ニ掲ゲタル規定ニヨリ）当事者ノ常居所地法又ハ夫婦ニ最モ密接ナル関係アル地ノ法律ニ依ルベキ場合ニ於テ其地ガ人的ニ法律ヲ異ニスルトキニ之ヲ準用ス
※付随的に、三四条において、三一条の規定を遺言の方式及び扶養義務にも準用する旨を規定する。

〔第二案〕
二八条（本国法の決定）
④（第三条乃至第六条又ハ第十三条乃至第二十七条ノ規定ニヨリ）当事者ノ本国法ニ依ルベキ場合ニ於テ其国ガ人的ニ法律ヲ異ニスルトキハ其国ノ規則ニヨリ指定セラルル法律若シ其規則ナキトキハ当事者ニ最モ密接ナル関係アル法律ヲ適用ス
※付随的に、二九条及び三〇条において、二八条四項の規定を準用する旨を規定する。また、三四条において、それらの規定を遺言の方式及び扶養義務にも準用する旨を規定する。

これらの私案は、人際法を準国際私法と同様の（国際私法と実質法との間に位置する）国内抵触規範として考え、親族・相続関係の準拠法決定において、

---

(16) 人際法及び準国際私法を抵触法全体の中で正当に位置づけるためには、従来のような「抵触法」「実質法」という二分法的発想から、「渉外的抵触法」「国内抵触法」「実質」という三

準拠法所属国の人際法を尊重しようとするものである。括弧つきで適用対象を一定の事項（能力、婚姻、離婚、親子、相続など）に限定したのは、現行法では本国法や常居所地法は主として人事・家族関係でのみ連結点となっているが、もしもその点が改められ、不法行為などの他の分野でも常居所地が連結点として採用された場合のことを想定したものである。その場合、比較法的にみると、財産・取引の分野では人的不統一法国においても実質法の統一が進んできており、日本の国際私法の観点から見ても、かかる分野において当事者の所属宗教や人種・民族を重視する必要性は特にないものと考えたことから、上記のような限定を（括弧書きで）つけることとした。

第一案・第二案の違いは、第一案では現行法と同様に、人的不統一関連の規定を一カ条に集めることによって、規定としてのまとまりをもたせると同時に、他の箇所で準用する場合の引用の簡便さを意図したものである。他方、第二案では、本国法・常居所地法・密接関係地法のそれぞれに関する規定の中に、人的不統一法に関する規定を織り込む考え方である[17]。現行31条のような唐突さはなくなり、体系的にすっきりする反面、この規定を他の箇所で準用する際には第一案に比べて若干煩雑になるであろう。

現行31条とこの私案との違いは、現行法が当事者各自の属人法を確定するための規定という外観を持っているのに対して、私案では「其国ノ規則（＝人際法）」が準拠法を直接確定するという点である[18]。例えば、ともに日本に常居所を有するインド人夫婦（夫はイスラム教徒、妻はキリスト教徒、インド特別婚姻法により婚姻した）の離婚につき、現行規定では、夫の本国法はインド・イスラム法、妻の本国法はインド・キリスト教徒法であり、本国法が同一でないため、離婚の準拠法は日本法となり、特別婚姻法に基づく離婚はできないこ

分法的発想へと発想の転換をする必要があるように思われる。そして、特定の法秩序内部の問題である法の時際的抵触の問題は、後者の分類（三分法）における「実質法」として明確に位置づけるべきである。

(17) 1988年2月に法務省民事局参事官室から公表された「婚姻及び親子に関する法例の改正要綱試案」の十二3及び十三2は、本国法によるべき場合と常居所地法によるべき場合とで規定を分けているという点では、私案第二案と共通している。ただ、要綱試案はあくまで属人法の絞込み規定である点で、私案とは異なっている。

(18) ただし解釈レベルでその修正が可能である、とするのが上記拙稿（注1参照）におる私見である。

とになる。しかし、私案によれば、このケースは「(第十六条)ノ規定ニヨリ当事者ノ本国法ガ指定セラレタル場合ニ於テ其国ガ人的ニ法律ヲ異ニスルトキ」に該当するので、「其国ノ規則」つまりインド人際法「ニヨリ指定セラルル法律」、このケースでいうとインド特別婚姻法が適用されることになる。

3 ハーグ条約との関係

このような規定を設ける場合の問題点として、扶養義務の準拠法及び遺言の方式の準拠法に関するハーグ条約との関係（条約違反の危険性）を考える必要があるが、筆者は特に問題は生じないものと考える。その理由は以下の通りである。

まず、遺言の方式の準拠法との関係について検討する。遺言の方式に関する法律の抵触に関する条約1条2項は、「この条約の適用上、遺言者の本国の法制が不統一のものである場合には、その法制において行われている規則によって準拠法を決定するものとし、そのような規則がないときは、その法制に属する法律のうち遺言者が最も密接な関係を有した法律を準拠法とする。」と規定している。遺言の方式の準拠法の場合には、複数の連結点を重ねて準拠法を決定するような方法は採用されていないため、当事者（遺言者）が「国籍を有した国の法」の決定がそのまま準拠法の決定となる。従って、両者を区別しなければならないという認識を持ちにくかったのではないかと推察する。そこに、人的な法の抵触は国際私法の範囲外だとの見解が加味されたため、条約1条2項の規定自体は人的不統一法の場合にも適用でき、かつ文言上は準拠法を直接決めるための規定として解釈できるものであったにも関わらず、その条約に基づいて起草された遺言の方式の準拠法に関する法律6条は、地域的不統一法のみを対象とし、かつ本国法の確定のための規定という形をとることとなったように思われる。もし、人的不統一法の処理は

---

(19) そういう場合には特別婚姻法が夫婦双方の本国法であるとする説（南敏文「法例の一部改正について」民事月報44巻8号（1989）64頁など）もあるが、そもそも人際法を経て最終的に適用されるところのパーソナルローとは、宗教等の共同体の規範に国家が法的効力を与えたものであり、何れの共同体にも属しない特別婚姻法のような人為的な法規はパーソナルローとは言えないと筆者は考える（山田・前掲注7・94頁注7）。

(20) 江川英文・村岡二郎・平賀健太・池原季雄「座談会・渉外遺言の方式」ジュリスト296号

国際私法の範囲外だとすれば、同条の規定自体は納得できるであろうが、法例の1989年改正に伴って、遺言の方式についても法例31条を適用することとされた（法例34条）のは条約違反ということになりかねない。逆に、もし現状が条約違反でないというのなら、条約1条2項は人的不統一法もカバーしているという解釈を認めることになる。

　筆者としては、条約1条2項が明文で地域的不統一に限定した規定をしているわけではない以上、人的不統一の場合も同条の適用範囲に入るものと考えたい。よって、法例31条を遺言の方式に適用するのは条約違反とは考えていない。他方、準拠法決定ではなく本国法決定のための規定として法6条が立法された点については、条約1条2項が「その法制において行われている規則によって準拠法を決定する」としていることからすれば、直接に準拠法を決定するのが同条の趣旨であると解するのが自然ではなかろうか。とするならば、もし31条を上記私案の通り改正する場合には、その規定を現行どおり遺言の方式にも適用することにしておけばよい（そのようにしても条約違反にはならない）と考える。

　次に、扶養義務の準拠法との関係について検討する。扶養義務の準拠法に関する条約16条は、「扶養権利者若しくは扶養義務者の常居所地の法律又は共通本国法を適用するに当たって、扶養義務について適用される法制を地域的に又は人的に異にする国の法律を考慮しなければならない場合には、当該国において行われている規則によって指定される法制を適用するものとし、このような規制がないときは、当事者が最も密接な関係を有する法制を適用する。」と規定している。ここで「常居所地法」と「共通本国法」とが並列の関係で列挙されている点に注目すると、一方で、常居所地法との関係では先に常居所を確定してからその地の人際法を適用して準拠法を絞り込むと解しておきながら、他方で、共通本国法との関係では先に人際法により絞込みをかけたものが本国法になると解するとすれば、それは常居所地法と共通本

(1964) 25頁では、条約1条2項の文言解釈からすれば、条約の規定は人的不統一法の指定の場合にも適用されるとの「議論」が紹介された後、池原教授の「国際私法というのは、およそ場所的、空間的な法の抵触だけを対象としており時間的あるいは人種的な法の抵触の解決は、国際私法の管轄外だ」との発言を受けて、「法例の現行の規定に表現をあわせて書いた」のだから「それでいい」ということで決着を見ている。

国法の間の解釈のバランスに欠け、いかにも不自然な感じがする。そもそも、この条約においても、遺言の方式の準拠法に関する条約の場合と同様に、本国法等を絞り込むための規定というよりは、直接準拠法を特定するための規定として読む方が無理のない文言になっているのであるから、私案に沿って法例31条を改正する場合には、扶養義務の準拠法に関する法律7条を廃止し、人的不統一法の指定に関する法例の規定を扶養義務についても準用する旨を法例34条1項に規定すればよいのではないかと考える。ただ、そうすると、7条のうち地域的不統一法にかかる部分も運命をともにするため、法例28条3項を扶養義務にも適用するという対応が必要になるであろう。本稿は28条3項を検討対象に含めていないため詳細は避けるが、28条3項についても、今回の私案と同様の考え方で改正を行うのが一貫しているものと考えたい。[21]

---

(21) 現時点での考えはおよそ以下の通りである。確かに28条3項前段の「其国ノ規則」の機能を純粋に分析すれば、それは外国国際私法が自国法を指定したときに自国の部分的法秩序のうちいずれをその指定された法律とするかを定める規定であろう。しかし、実際にそのような性質の規定がないからと言って、直ちに28条3項前段を空文だというのは、解釈論を逸脱するものであって、いわば「解釈論に名を借りた立法論」であるように思われる。あくまで解釈論としては、間接指定の合理性が認められる範囲内でではあれ、「規則」として使えるものはないか、という態度が求められるのであって、そうすると、準国際私法がその代用品としての適格性をある程度有している以上、「規則」とは準国際私法を指すと考えるのが解釈論としては妥当である。立法論としても、「規則」では疑義があるというのなら、いっそ「準国際私法」と改めるとの考え方もあり得るように思う。

第5章 国際私法の現代化をめぐる考察
―― 能力・親族・総則を中心に ――

第1節 はじめに

　本稿は、現在（本稿脱稿時である2006年6月上旬を指す。以下同じ。）国会で審議中の、法例の現代化を含む全部改正について、これまでの改正作業を踏まえて、筆者の考えや疑問を提示しようとするものである。

　そもそも今回の法例改正は、2003年2月5日の法制審議会総会において、法務大臣から「国際私法に関する法例の規定の現代化を図る上で留意すべき事項につき、御意見を承りたい」旨の諮問（諮問第61号。以下「諮問」とする）がなされたことに始まる。その諮問に基づいて法制審議会に設置された国際私法（現代化関係）部会は、2003年5月より法例（明治31年法律第10号）の見直し作業を進めてきた。そして、2005年3月22日に「国際私法の現代化に関する要綱中間試案」（以下「中間試案」とする）を取りまとめて公表し、3月29日から5月24日まで一般からの意見募集を行った。それと同時に、法務省民事局参事官室の責任で作成された「国際私法の現代化に関する要綱中間試案補足説明」（以下「補足説明」とする）も公表されている。

　その後、同部会は、上記意見募集に応じて提出された意見を参考にしつつさらに審議を進め、7月28日に「国際私法の現代化に関する要綱案」（以下「要綱案」とする）を決定し、それをもとに、9月6日の法制審議会総会で「国際私法の現代化に関する要綱」（以下「要綱」とする）を決定した。そしてこれをもとに法案策定作業に入り、2006年2月14日、内閣提出法案として国会

（1）　本稿の脱稿後である2006年6月21日に、法例を全面改正した「法の適用に関する通則法」が平成18年法律78号として公布された。2007年1月1日に施行の予定である。

（2）　団体からの意見18件、個人からの意見30件、合計48件。なお、筆者が個人的に提出した意見書は、拙稿「「国際私法の現代化に関する要綱中間試案」に対する意見」中央学院大学社会システム研究所紀要6巻1号（2005）151頁として公表済みである。

第5章 国際私法の現代化をめぐる考察　93

（第164通常国会）に対し、法例の全部を改正する「法の適用に関する通則法案」（以下「法案」とする）が提出され、現在審議中である。[3]

　今回の法例改正は、1989年に公布され1990年に施行された法例改正に続き、法例の大規模な改正としては2回目のものである。前回の大改正が主として婚姻・親子に関する部分を対象とするものであったのに対して、今回の改正は、主としてそれら以外の部分を対象としたものである点で、前回の改正と異なっている。当初はより広い範囲にわたって改正の是非が議論されたのに比べれば、最終的に法案に盛り込まれたのはごく一部の規定に過ぎない。しかしそれでも、改正の対象とされた規定について言えば、1898年の法例制定以来、少なくとも実質的には初めての改正となるものもあり、法例の基本法的性格を考えれば、その影響力は決して軽視されるべきものではないであろう。

　このような今回の法例改正の重要性に着目した国際私法学会では、2005年の春期学会において[4]、法例改正をテーマにしたシンポジウムを行い[5]、4つのカテゴリーに分けて[6]それぞれ基調報告と問題提起を行った上で[7]、それぞれ活発な議論を展開した。その結果は、パブリック・コメントへの応募をはじめ様々な形で法務省にも伝えられ、改正審議の参考になったことであろう[8]。筆者も上記シンポジウムにおいて、「相続及びその他の問題」カテゴリーの問題提起を担当し、基調報告者である国友明彦教授との共同作業により[9]、能

（3）　国会では、参議院先議の形で審議入りとなり、参議院では、法務委員会（4月10日付託）での審議を経て4月19日に可決された。その後、即日衆議院に送付され、法務委員会（6月1日付託）での審議に付されて、本稿脱稿後の6月15日に可決・成立となった。
（4）　2005年5月21日・22日、専修大学にて開催された。
（5）　特定の案を対象とするのではない旨が学会側から明示されたが、それにもかかわらず、少なくとも実際の議論は中間試案を念頭に置いたものが多かったように思われる。
（6）　①契約関係、②契約外債務及びその他の債権関係、③物権及びその他の財産関係、④相続及びその他の問題。なお、「その他の問題」には、権利能力・失踪宣告、行為能力・後見等、法人、遺言、代理、信託、親族、総則が含まれた。
（7）　各テーマにつき基調報告者と問題提起者が1人ずつ、2人で組んで報告を行った。
（8）　ただ、筆者の個人的感想としては、たとえ会員個人による見解の相違があったとしても、学会全体として法務省に働きかけるような動きがもう少しあってもよかったのではないか、との疑問を払拭することができないでいる。
（9）　他のカテゴリーでは、2人の報告者が、各組の担当する全領域について「基調報告」と「問題提起」を行うという横割りの役割分担をして報告に臨んだが、我々が担当した「相続及

力・親族・総則の分野を中心として若干の問題提起をさせていただいた。[10]

本稿は、その際に作成した報告原稿を下敷きとして、その後現在までの改正案をめぐる動向や筆者自身の考察をもとに加除訂正したものである。[11][12]もはや改正の大筋が固まってしまっている現時点において、このようなものを公表することにいかなる意義があるのか、いささか疑問に思わなくもないが、今回の改正を後日振り返って評価する際のほんの小さな参考資料としてでもお役に立てれば、望外の幸いである。

第2節　法例改正の意義ないし必要性について

1　なぜ全般的見直しなのか

今回の法例見直し作業の性格は、諮問・中間試案・要綱案・要綱の何れにおいても「国際私法の現代化」であるとされている。しかし、その「現代化」の意味するところは必ずしも明確でないように思われてならない。即ち、今回の法例見直しの直接の契機となったと思われる政府の「規制改革推進3か年計画」では、現行法例12条（以下、現行法例の条文は「現行○○条」と表示する）の定める債権譲渡の第三者対抗要件の準拠法について見直しが求められ、その後、「規制改革・民間開放推進3か年計画」では、同条を含めた[13][14]

びその他の問題」カテゴリーは対象となる範囲があまりに広かったため、2人とも全体を見渡して報告するのは困難であると判断し、能力・後見等・親族・総則を大村が、その他を国友教授が担当する、という形で分野ごとの縦割りの役割分担を行い、各自の分担の範囲内で2人がそれぞれ基調報告と問題提起を行うこととした。

(10)　ただし、それ以外にも法例改正のあり方全般といったより幅広い問題にも一部言及している。

(11)　といっても、シンポジウム当日は時間の制約などもあって、用意した原稿をそのまま用いるのではなく、そこから適宜論点を拾って筆者なりにアレンジした形で報告をさせていただいた。

(12)　紙幅の制約もあり、また筆者の個人的な事情もあって予想外に執筆時間が限定されたため、本稿は法例改正に関する論考として極めて不十分なものにとどまっている。ただ、シンポジウムでの報告と討議の内容を踏まえた「原稿」として備えるべき内容を筆者なりに考えた末に書き上げたものであるので、その点のご寛容をお願いしたい。

(13)　2001年3月30日閣議決定、2002年3月29日閣議決定で改定、2003年3月28日閣議決定で再改定。

(14)　2004年3月19日閣議決定。

法例中の国際私法規定の全般的見直しについて検討が求められている、とされている（補足説明第 1・1）。しかし、現行12条の見直しの背景はある程度理解できるとしても、それがなぜ法例中の国際私法規定全般の見直しにまで発展したのか、その必然性が今ひとつ理解できない。

もし国際私法規定全般の見直しをするというのであれば、法例はわが国の諸法令の中で最も基本的なものの1つに数えられるはずであることを考えれば、その審議には慎重に慎重を重ねるべきであろう。他方、もし現行12条（あるいは同条とその関連規定）の見直しが他の規定の見直しに比べて特別に強く要請されるというのであれば、今回の実質的改正は同条ないしその関連規定にとどめるべきである。もし今回の見直しが、実質的改正のみならず「国民にわかりやすい法令」を目指す作業の一環でもあるというのであれば、全体の見直しは現代「語」化のためのもとにとどめるべきであって、実質的・全般的な改正をも同時に進めようとするのは若干強引に過ぎるように思えなくもない。[15]

2 実務上の要請の比重について

今回の法例見直しに当たっては、一部の論点（後見、失踪宣言、離婚など）において、実務の都合や実効性の観点が前面に押し出され、その結果として日本法を準拠法とする考え方を維持ないし拡大するような提案が中間試案段階からなされており、それが要綱案・要綱を経て法案にも受け継がれている。もちろん、法は抽象的な理念や原理原則だけで動くものではなく、実務上の便宜といった観点もある程度考慮しなければならないことは確かであろう。しかし、少なくとも従来本国法主義を採用してきた規定について、日本法のみによるとの根本的な軌道修正を図ろうとするのであれば、それは個々の規定のあり方といったレベルにとどまらず、国際私法全体の立法政策の見直しという大きな問題に手をつけることになるのではなかろうか。だとすれば、より広範囲にわたる議論を前提として初めて改正の是否を判断することがで

---

[15] なお、以下本稿において、法例の実質的改正に関して愚見を提示している部分については、基本的にこのような問題意識を前提として、「もし実質的な改正を行うとすれば」という仮定の上で述べるものである。

きるはずなのであって、今回の改正案のような、総論レベルの根本的再検討を伴わない各論突破型の手法には疑問を感じざるを得ない。

3 国際民事手続法上の問題について

補足説明第1・2では、現行4条・6条関連の裁判が外国でなされた場合の国内での効力や、現行24条関連の国際裁判管轄の問題について、「このような問題は……国際民事手続法の広い視点からの更なる検討を必要とする」などの理由で「今回の立法作業における検討の対象とはせず」としながら、その一方で、「現行法上規定があると解されている後見開始の審判及び失踪宣告の国際裁判管轄について」は「提案を掲げている」として、かなり詳細な検討を行い、改正案を提案しており（中間試案第2・1及び第3）、その路線が法案まで受け継がれている（法案5条・6条）。しかし、国際民事手続法の広い観点からの再検討が必要なのは、後見開始の審判や失踪宣告以外の問題も同じことであって、なぜ「現行法上規定があると解されている」ものだけを取り出し、今回の検討対象に含めたのか、疑問を感じる。加えて、まさにそれら後見・失踪宣告関連の準拠法について、日本法への連結がかなり前面に押し出されていることを考えると、そこに立法担当者の日本法適用機会拡大という特定の意図が感じられるようにすら思われなくもない。もし国際民事手続法上の問題は今回の検討対象外にするというのなら、現行4条・6条の実質的見直しは他日を期する方がより一貫するのではなかろうか。

第3節 自然人の能力に関する準拠法について

1 単位法律関係の設定

現行3条では「能力」という単位法律関係が設定されているが、従来の通説は、同条は財産的行為能力に関する規定であり、権利能力や身分的行為能力はその射程外であると解釈してきた。今回の改正でも、その解釈を文言に反映させるか否かにつき議論があったが、中間試案の段階では、「能力」の文言を維持し、射程については解釈に委ねることとされた（中間試案第1・注、補足説明6頁）。しかしその後、要綱試案では一転して「行為能力」の文

言が採用され、それが要綱・法案へと受け継がれている（法案4条）。少なくとも権利能力の準拠法については同条の射程外であることを明らかにするという点では、規定の明確化をはかったものと言えよう。

2 連結点の設定（本国法主義）

自然人の能力一般については、これまで一般的に言われており、また中間試案との関係でも述べられ（中間試案第1・注）、そして法案でも採用されているように（法案4条1項）、連結点としての安定性・明確性の観点から考えると、常居所地法主義を採用するよりも、本国法主義を維持することの方により合理性があると言ってよいであろう。ただし筆者は、解釈論レベルでも立法論レベルでも、本国との実質的関連性に特に問題があることが明白である場合には、本国法主義の例外を認めるべきものと考えているが、その点についての詳述は避けることとする。

3 取引保護規定のあり方

取引保護規定（現行3条2項）について中間試案では、①双方化の是非、②隔地的法律行為の取り扱い、③主観的要件の要否、④外国不動産に関する法律行為の取り扱い、の4点が論点となり、①については双方化する案としない案とが併記され、②については取引保護の対象としないとの意見が多数を占めたためその考え方によることとし、③については①の双方化する案の中で主観的要件を課さない案と課す案とが併記され、④についてはこれも取引保護の適用対象とするとしつつも、なお検討を要するものとされていた（補

---

(16) 現行3条1項の「能力」が、同条2項との関係で行為能力を指していることは明らかである（溜池良夫『国際私法講義』（第3版・有斐閣・2005）272頁）との点についてはほど異論がないとされる（山田鐐一『国際私法』（第3版・有斐閣・2004）201頁）が、中間試案はこれと異なる見解にも配慮したものとされている。確かに、現行6条の位置関係等を重視するのであれば、この「能力」は権利能力をも含むとの考え方にもあながち根拠がないとは言い切れないのかもしれない。道垣内正人『ポイント国際私法各論』（有斐閣・2000）162頁・164頁参照。

(17) 筆者は、本国法主義の意義を認めつつも、その硬直性をどうにかして打破したいと考えるものである。特に立法論レベルでどのような対応をすることが好ましいのかは、諸外国の立法例を参考にしつつも、今後さらに検討すべきものと考えているが、ここでは紙幅の関係や本稿の射程を考えて詳述は控えることとした。

足説明5頁)。筆者はこれに対して、相手側の主観を問わず、またすべての当事者が日本に所在するときにされた法律行為に限定せずに双方化し、外国不動産に関する法律行為も取引保護の適用対象とする考え方に賛成する立場をとったが、その理由は、主観的要件を課すことは抵触規定の中に必要以上の不明確性を持込むことになる点、および、現代における国際的な取引活動のさまざまなパターンを考慮すると、全当事者が国内にいることや取引の目的物が国内にあることを取引保護の要件とするだけの合理性があるか疑問であるという点にあった。[18] 主観的要件については、その後も不要とする方向で一貫しており、筆者もこれに賛同するものであるが、その他の点については、要綱案段階で、双方化を盛り込まず、すべての者が同一法域内に所在するときに限り、かつ、行為地と異なる地にある不動産に関する法律行為を取引保護の適用除外とする形で一本化がなされ、それが法案にも盛り込まれている(法案4条2項・3項)。筆者としては、国際私法上の取引安全保護についてさらに考察をすすめるきっかけとしたい。

取引保護規定の適用除外について中間試案第1・2では、親族法又は相続法の規定によるべき法律行為を取引保護の対象外とする規定を削除するものとしていたが、要綱案第1・2・(注)では、明示はしていないものの、現行法と同様にそれらも対象外として明記する方向に転換したようであり、その方針が法案4条3項にも反映されている。これは、親族法又は相続法の規定によるべき法律行為がもともと現行3条の適用範囲に入ることを前提としているものと解される。[19] しかし、現行3条1項の規定は画一的な能力基準の設定が求められる取引行為を念頭に置いたものであり、類型ごとに異なった基準を設定する方がよい親族・相続法関係については現行3条1項はうまく機能しないのではなかろうか。むしろ、親族・相続法上の行為については現

---

(18) これは、内国取引に限らず、より広く行為地における取引保護をカバーする立法政策を支持することを意味する。その点で、あくまで内国取引保護のみを考える見解(溜池・前掲注16・274頁、山田・前掲注16・209頁)と異なる。

(19) ただし、現行3条1項の「能力」には身分行為能力は含まれないとの考え方を前提として、現行3条3項のうち親族法・相続法に関する法律行為の部分は単なる注意規定であるとする見解もある。溜池・前掲注16・278頁、道垣内・前掲注16・166頁。しかし、このような解釈は特定の明文規定の存在意義を部分否定するようなものである点を考えると、少なくとも一般論として、このような解釈を採ることには慎重にならざるを得ない。

行3条1項（法案4条1項）を適用せず、各規定に委ねる旨の規定を置く方が適切ではなかろうか。

第4節　後見開始の審判等について

1　管轄原因
（1）　原則管轄のあり方（本国管轄か居住地管轄か）

　現行4条は、本国管轄を暗黙の前提とした上で、例外的に居住地管轄を認めたものと従来解釈されてきた[20]。その根拠について法典調査会での審議（法務大臣官房司法法制調査部監修『法典調査会法例議事速記録』（以下「速記録」とする）67頁）を見てみると、穂積起草委員は、旧法例3条が禁治産宣告の準拠法のみならず国際裁判管轄についても本国を基準にする考えに基づいていたものと解釈できる点、及び、従来の学者が禁治産は本国の専属管轄に属するとの考えを唱えてきた点を指摘している。ただ、起草者自身、本国の管轄を認めるだけでは在外国民保護の実効性に問題がある点を認めており、実際にも二か国間条約で在外領事に権限を与えるといった対応がなされているとしている。そして、そのような本国管轄の欠点を補うことを意図してか、2項で住所または居所に基づく管轄を認めたのである（速記録69頁）。その後の学説でも現行4条は、後見等の開始に関する原則的管轄権が本人の本国に認められることを前提とした上で、その例外として、居住地たるわが国の管轄権を認めた規定であると解されてきた。

　しかし近年は、むしろ本国の管轄を否定して居住地国の管轄を認める説が一般的となっており[21]、その理由としては、一般社会の公益維持や、保護の実効性の観点から考えて、本人の社会生活の中心地である居住地の管轄を認めるのが最適である、という点が挙げられている。中間試案でも、第2・1のA案、B案、C案の何れもが、居住地の管轄を認める構成になっている[22]。

---

(20)　溜池・前掲注16・280頁、山田・前掲注16・215頁。
(21)　溜池・前掲注16・281頁、山田・前掲注16・216頁。
(22)　ただ、ここで言う居住地とは厳密には住所なのか常居所なのかという問題はあるが、その点は後に扱うこととする。

そこで検討すると、従来、本国管轄を認める見解としては、①本国法主義の趣旨ないし本国法適用の便宜から説明するもの、②行為能力の制限という重大な効力の発生を理由とするもの、③現行4条の立法趣旨から説明するもの、④非訟事件手続法2条の趣旨から説明するもの、そして⑤1905年の禁治産並びにこれに類似の保護手段に関するハーグ条約の規定（が本国管轄を認めていること）から説明するものがあった。

しかし、これらの見解にはそれぞれ疑問がある。即ち、①に関しては、法廷地手続法を実体準拠法にあわせて柔軟に運用することによって対応することが可能であり、管轄権を本国に限定する正当な理由にはならない。②に関しては、私法上の効果との関係で対人主権の概念を持ち出すことは妥当でない。③に関しては、同条は明文で本国管轄を規定しているわけではない。④に関しては、同項はあくまで国内管轄の規定である。そして⑤に関しては、国際条約上の規定を国家間の十分な協力を前提としない一国内法の解釈に持ち込むことは適切でない。よって、これらの見解は何れも本国管轄を認める根拠としては不十分であるように思われる。それに、後見開始や失踪宣告についてだけ本国管轄を基本にするということになると、他の類型の家事事件（親子関係存否確認など）の国際裁判管轄との関係で突出することとなり、管轄相互間の整合性が保てない点でも疑問が残る。

以上から筆者は、近年の有力説が説くように、住所地・居住地管轄を基本とすべきであると考える。その限りでは、中間試案第2・1のA案、B案a、C案aに共通する［常居所／住所］又は居所管轄の考え方に賛成したい。

（2） 並存的ないし例外的本国管轄の是非

ただ、以上の議論は、いかなる場合にも本国管轄を認めるべきではないという結論までをも導くものではない。海外在住の日本人につき日本国内で後見開始等の審判をすることが求められる場合も考えられるからである（補足

---

(23) 非訟事件に関する並行理論の立場。非訟事件における実体法と手続法の関連の深さから、本国管轄を認めることが本国法主義に最もよく適合する、あるいは、本国法上の実体法規定を本国以外の国の手続法により実現することは困難である、とする。
(24) 従って対人主権を持つ本国の管轄を認めるべきだとする。
(25) 同条は本国でなされた宣告をわが国で承認する趣旨であるとする。
(26) 同条2項・3項は日本に住所も居所もない者につき管轄を認めていることを根拠とする。

説明16頁)。その意味では、法案が居住地管轄と本国管轄を並行して認めたことは決して理解できないことではない。ただ、無条件で本国管轄を認めることにはいささかの躊躇を覚える。その点を考えると、補足説明が本国管轄と居住地国管轄を並存的に認める考え方を紹介する際に、本国管轄を制限的に認めることの可否について特に検討していないのは残念である。補足意見は、海外に居住し財産も日本に所在しない日本人についても本国管轄を認めるべきだとする意見を紹介しているが、本人の国籍以外になんら日本との結びつきがない場合にまで本国管轄を認めても、実効的保護の観点からは疑問であるし[27]、他方、家族が日本にいるような場合には、結局、本人の国籍以外にも日本との結びつきがあり、それは純粋な本国管轄の議論とは別に、本国プラスアルファの管轄として議論すればよいはずである。そこで、たとえば本国に本人の財産がある場合や本国に本人の親族が居住している場合のような、本人と本国との間に国籍以外の点でも何らかの結びつきがある場合に限って本国管轄を認める、という限定的本国管轄の是非について、なお議論を深める必要があるのではなかろうか[28]。

(3) 居住地国管轄の内容

居住地国管轄の内容について、中間試案では［常居所／住所］という表現が用いられており、補足説明15頁では住所地国管轄とするか常居所地国管轄とするかの点についての議論が紹介されているが、国際裁判管轄が準拠法の資格を決定するから、という理由付けは、国際民事手続法の独自性を軽視するものであり、適切でないと考える。むしろ、同じページの他の箇所で説明されているように、国際裁判管轄に関する他の成文法規や判例法理との平仄を重視し、住所地国管轄とするのが適切であると考える。この点では、その後の要綱案・要綱・法案のいずれも「常居所」ではなく「住所」を選択しており、筆者もこれに賛成するものである。

---

[27] 溜池・前掲注16・281頁。
[28] 山田・前掲注16・218頁は、後見開始の審判と後見人選任とは別の問題であるとするが、理論的にはそうだとしても、実際上両者は相互に密接不可分の関係にあるのだから、後見人選任のみならず、後見開始の審判についても本国管轄を認めるか否かにつき検討する意義はあるものと考える。

(4) 財産所在地国管轄の是非

中間試案のＢ案・Ｃ案では、居住地国管轄ないし本国管轄に加えて、財産所在地国管轄を認める考え方が提示された。つまり、海外在住の日本人が日本国内に財産を有する場合、その財産の管理処分を行う必要性が生じた場合に備えて、財産所在地であるわが国に国際裁判管轄を認めるべきである、との趣旨である（補足説明16頁）。従来、このような議論は、本国管轄を認めるべしとする議論の根拠の1つとして述べられることが多かったものであるが、今回の中間試案では独立の管轄原因として提案された。しかし、そのような財産の管理処分を行うための手段として後見開始等の審判を活用することの要否ないし適否[29]、また、仮に後見開始等の審判を利用する必要があるとしても、例外的な本国管轄ではなく財産所在地国管轄という独立の管轄原因を立てることの要否には、なお疑問が残る。その点で、要綱案以降において財産所在地国管轄の規定が姿を消したことには賛成したい。

2 後見開始の審判の準拠法

(1) 原因の準拠法

現行4条は、後見開始の審判の原因につき原則として被後見人の本国法による（1項）としながら、外国人については日本法の累積適用を規定している（2項）。これは、本国法主義と法廷地法主義のいわば折衷主義（速記録68頁）を採用したものであるとされている[30]。起草者が本国法主義を採用したのは、同じ現行3条が能力について本国法主義を採用したのと平仄をあわせたものであり、日本法（法廷地法）の累積適用を規定したのは、日本の裁判所が外国人について本国法により保護をはかろうとしても、本国法の内容を実現できる機関がない場合があるからだ、と起草者は説明している（速記録68頁）。なお、累積適用について今日では、公序と内国取引保護の2つの根拠により説明するのが一般的となっている[31]。

---

(29) 被後見人のいない国で、単なる財産管理処分のために後見人を選任しても、療養看護を含めた後見人としての職務を適切に全うすることはできないのではないか、という点で疑問がある。

(30) ただ、起草者はむしろ宣告の効力を宣告地法によらしめたこととの対比で折衷主義という表現を用いている。

補足説明（18頁）によると、法制審議会では、本国法と日本法の累積適用によって審判の原因が認められる範囲が狭くなり、成年被後見人の保護に欠ける場合が生ずる、という批判（補足説明17頁2（1））を受けて、本国法と日本法のいずれを準拠法とすべきかが検討され、結局日本法によるものとする案が採用されて、それが法案にまで受け継がれている。しかし、法制審議会の議論において日本法を準拠法とすることで意見の一致が見られた理由（補足説明第4・2・(2)）とされる3点のうち、比較法に関する（b）はともかく、(a)(ⅰ)（実効性）及び(a)(ⅱ)（手続法との統一性）の2点には疑問を感じざるを得ない。なぜなら、前者については、その考え方を突き詰めると、そもそもわが国の裁判所で外国法を適用することそのものに対して疑問符をつけることにもなりかねず、国際私法の存在理由の根本が問い直されることになるからである。他方、後者については、並行理論に対するのと同様の疑問を感じる。何れについても、中間試案第2・2を根拠付けるには不十分であると言わざるを得ない。

そもそも現行4条に対する疑問は、法例が採用している本国法主義そのものに対する疑問という側面を有しているが、この疑問を解決するためには、本来は法例全体にわたる横断的な検討を踏まえる必要があるはずである。それを、今回の改正では個別の規定ごとに考察することによって連結点を変更しようとしており、それは本来総論的検討を要する問題を各論的に突破しようとするものであって、そのような姿勢そのものに筆者は疑問を感じる。

（2） 効果の準拠法

現行4条1項は、後見開始の審判の効果について宣告地法によるとしている。これは、審判の効果についても本国法によることとすると、当事者の国籍の如何により宣告の効力が異なることとなり、取引の安全が害されるからであると説明されている。[32]

これに対して中間試案は、宣告の効果の準拠法を一律に日本法とするという見解を採用しており、それがそのまま法案5条にまで受け継がれている。そして、その論拠としては、取引の安全、外国法の効力を日本で認めること

---

(31) 溜池・前掲注16・284頁。
(32) 溜池・前掲注16・285頁。

の困難さ、日本法によらせることによる実効的な保護の3点が挙げられている（補足説明18頁）。しかし、外国法の適用が取引の安全を害するとすれば、現行3条の本国法主義そのものに対しても同じ疑問を投げかけなければならないはずであるが、中間試案の第1を見ても、本国法主義そのものを修正する提案はなされていない。むしろ筆者としては、被後見人等の場合と未成年者の場合とで取引保護の態様を変えることは、別の意味で取引の安全を害することにならないか、という疑問すら感じる。また、外国法の効力を日本で認めることが困難な場合があるというのは、外国法を準拠法とする場合には常に言えることであって、この論点でのみ特にそれを理由にして日本法によらせる十分な論拠とはならない。さらに、日本法によらせることにより実効的な保護がはかられるという論拠は、要件の準拠法の箇所でも指摘したように、国際私法の役割についての根本的な問いかけを含むものである。

以上から筆者としては、あくまで現行3条との平仄を重視する立場を採り、基本的には宣告の効力の問題も本国法によるものとした上で、取引の安全は現行3条2項によって実現するとの考え方を支持したい。[33]

3　保佐開始・補助開始の審判

現行5条は、現行4条の規定を保佐開始の審判および補助開始の審判に準用する旨を規定しているが、この「後見・保佐・補助」の用語法は、平成11年の法例改正の経緯を考えると、民法上の用語法にあまりにも引きずられ過ぎた感があり、大いに疑問を感じる。「禁治産」「準禁治産」という用語を廃止したことに限って言えば、それらが今日では適切さを欠き、あらゆる法令からそれらの用語を抹消することに正当性がある、ということであるならば、その趣旨自体はそれなりに納得できなくもない。しかし、抵触規定上、「後見開始の審判」と「保佐開始の審判」「補助開始の審判」を区別する必然性があるのかは疑問であるし、仮に区別する必然性があるのであれば、単に現行4条を現行5条で「準用」するというような抵触規定の置き方は不適切ではなかろうか。その点、補足説明第4・3の「同一の規律」は現行5条の

---

[33] 法例研究会編『法例の見直しに関する諸問題（3）』（別冊NBL88号・商事法務・2004）53頁参照。

削除を意味するのか、それとも現行同様の準用規定とする趣旨なのか必ずしも明確でないように思われた（要綱案及び要綱でもこの点は同様である）が、幸い、法案の段階では、「成年被後見人、被保佐人又は被補助人」という文言は用いられたものの、規定自体は法案5条に一本化された（法案35条も同様）ので、その点は評価したい。

4　後見等

現行24条は、未成年後見と禁治産後見（現行法上の成年後見に対応）を含めた後見全般について、国際裁判管轄と準拠法の両方を定めることを目的として起草された（速記録163頁）が、現在では、同条は後見の準拠法についてのみ規律し、国際裁判管轄については条理によって決定されるものと考えられている（補足説明111頁）。同条が2種の後見制度をともに対象にしたのは、わが国の民法がそれらを同じ箇所で規定したことを受けたものと考えられる。しかし、未成年後見は未成年者に対する私的保護という意味で親権と連続性を持つ制度であるのに対して、成年後見は後見開始の審判との強い連続性を有する制度であって、両者が同じ抵触規定上に規定される必要性は必ずしも認められないように思われる。むしろ、それぞれ連続性の高い制度どうしを括って1つの単位法律関係として設定した方が、単位法律関係としてのまとまりのよさや、（現行21条と24条との間で生ずるとされてきたような）適応問題発生の防止という観点からみれば、利点が多いのではなかろうか。

このような観点から、筆者としては、現行24条に相当する規定を、現行4条と現行21条の単位法律関係にそれぞれ吸収させてはどうかと考える。

ただ、そのような考え方について検討しようとする場合に問題となるのが、現行24条2項に規定された3つの要件（①日本に住所または居所を有する、②本国法上の後見開始の要件、③日本で後見の事務を行う者がいない）をどうするか、という点であるが、筆者は現時点では次のように考えている。まず①の要件は、実質的には国際裁判管轄を意味するものであり、現行4条について既に

---

(34)　といっても、個々の規定ごとに見れば、未成年後見にのみ適用される規定と、禁治産後見にのみ適用される規定、両者に適用される規定が混在しているのであるが。

(35)　立法者の意図もそうであった。速記録163頁。

述べたのと同様に、国際民事訴訟法の独自性から、国際私法とは別個に定めるのが適切であると考える。次に②の要件は、現行24条を現行21条の単位法律関係に吸収させれば、被後見人の本国法主義を採用することになるわけであるから、この要件はそのままそこに組み込めばよい。そして③の要件は、被後見人保護を拡大する観点から抵触規定の内容としては必要のないものであって、もし後見人どうしの権限の抵触といった問題が生じた場合には、抵触規定とは別個の手続的観点から調整をはかればよいものと考える。

第5節　親族関係の準拠法について

1　検討事項

　補足説明第13によれば、今回、現行法例の親族関係の規定のうち主な検討対象となったのは、①平成元年改正時に規定を置かなかった事項、②改正後に、その解釈適用に当たって困難が生じていると考えられる事項、③改正後に、改正の基礎となった社会的事情や各国の実質法に変化が生じたと考えられる事項、④改正後に、改正の際に参考とされた諸外国の国際私法立法の動向に変化が生じたと考えられる事項、の4種類とされている。しかし筆者としては、④をどの程度重視すべきか、という点については若干の疑問を抱いている一方で、⑤立法ないし改正当時から問題を抱えていた規定も検討対象に含めるべきだったのではないかと考える。

　以下では、今回の改正では特に取り上げられていない項目も含めて、立法論として検討の必要性が高いと報告者が考えるいくつかの項目について述べることとしたい。

2　婚姻の方式

　現行13条3項ただし書（法案24条3項ただし書に受け継がれている）によれば、当事者の一方が日本人であり、かつ婚姻挙行地が日本である場合に限って、当事者の一方の本国法による方式が認められず、絶対的挙行地法主義（その実は内国法主義）に逆戻りすることとなっている（日本人条項）。この規定は、①戸籍の信頼性を維持するためには、日本人の身分関係を正確に戸籍に反映

することが必要であり、また、②仮にこのような規定がなくても報告的婚姻届が要求される以上、創設的婚姻届を要求しても特に差異はなく、当事者に格別の困難を強いることにはならない[36]という理由から設けられた、との説明がなされている（補足説明第13・1（1））。

しかし、そもそもこの規定は、不均衡婚（跛行婚）の発生を防止し当事者の便宜をはかるという3項本文の立法趣旨[37]との関係で問題があり、また、上記の説明①②にもそれぞれ疑問がある。すなわち、上記説明①について言えば、婚姻の事実が戸籍に反映されないのは、日本人と外国人のカップルが国外で外国人当事者の本国法上の方式または挙行地法上の方式による婚姻を締結する場合、あるいは日本人どうしのカップルが国外で挙行地法上の方式による婚姻を締結した場合にも同様である。

また、ただし書の規定が戸籍制度の信頼性を維持することになるのかどうかも疑問の余地がある。なぜなら、外国法上の方式により既に成立している婚姻について、重ねて日本法上の方式による婚姻を要求すると、同一当事者間で重ねて2回の婚姻を締結することになるため、内外の裁判所でそれぞれ婚姻の成立時点や婚姻の効果などが問題となった場合など、却って法律関係が錯綜し、戸籍制度の信頼性にとっては逆効果となりかねないからである。他方、上記説明②について言えば、日本人条項がなければ報告的婚姻届ですむものが、日本人条項の適用により創設的婚姻届を要求されるという違いを不当に軽視するものであるように思われる。報告的婚姻届と創設的婚姻届とでは、手続的な意味での当事者の負担にはそれほどの違いがないとしても、法的効果は明らかに異なっており、創設的婚姻届を怠ると婚姻の成立を否定されるという不利益を当事者が被ることになるわけであるから、創設的婚姻届を要求することは当事者に格別の困難を強いることになる。さらに、簡易な方式であれば強制してもよいという発想がもしあるとすれば、それは婚姻の方式の持つ文化的・宗教的側面を不当に軽視するものではなかろうか。以上から、たとえ戸籍実務上のメリットを考慮したとしても、現行13条3項ただし書は削除すべきであると考える。

---

(36) 溜池・前掲注16・434頁、南敏文『改正法例の解説』（法曹会・1992）57頁参照。
(37) 出口耕自『基本論点国際私法』（法学書院・2001）113頁。

3　離　婚

　現行16条ただし書（27条ただし書に受け継がれている）によれば、夫婦の一方が日本に常居所を有する日本人であるときは、その離婚は日本法によるものとされている（日本人条項）。この規定は、形式的審査を前提とするわが国の戸籍実務上、現行16条ただし書にいう夫婦の最密接関係地法の認定が困難であるとの理由で新設された。よって、規定上は現行16条本文全体に対する例外規定であるかのように見えなくもないが、その実は三段階目の最密接関係地法に対する例外規定ということになる。

　しかし、①この規定によるときは、他方当事者の国籍や常居所が一切無視され、夫婦に密接な関係を有する地の探求も行われないままで、一方的に日本法が適用されてしまうという点において、内外法を平等に扱うという国際私法の基本理念に反するように思われる（補足説明106頁2（1）(a)）。また、②この規定の適用に際して相手方（日本人でない方の当事者）の離婚意思の確認が不十分になる、との問題点も指摘されている（補足説明106頁2（1）(b)）。ただ、この②の指摘は、実質法レベルの問題を抵触法の議論に持ち込んでいる点で必ずしも適切な批判とは言い切れないように思われる。筆者としては、あくまで①の理由により、現行16条ただし書は削除すべきものと考える。

　なお、法制審議会の議論においては、「ただし書の要件を満たす夫婦の離婚が日本で問題となる場合には、最密接関係地法を個別に検討してみても、それが日本法となることがほとんどである」との意見が出されているようである（補足説明第13・2（3））が、そこまで言えるかは疑問である。また、ただし書のような規定を置かないと夫婦の最密接関係地法の認定に困難を生じるおそれがあるとしても、それへの立法的対応として、ただし書の削除か存続かの二者択一しか考えられないのか、再考の余地があるように思われる。

---

(38)　山田・前掲注16・444頁。
(39)　溜池・前掲注16・461頁。
(40)　溜池・前掲注16・461頁。

4 親子関係

　法例が実親子関係成立の準拠法を嫡出である子（嫡内子）・嫡出でない子（婚外子）・準正の3種類に分けて定めたのは、わが国の民法上の規律との平仄をあわせたものと考えられる（補足説明第13・3・(5)ア(b)）。そして今回の改正でそれらの規定は何ら実質的な改正を受けていない[41]。しかし、国際人権法への配慮や、国際的な法制の調和という観点からすれば、婚外子差別撤廃という世界的潮流を抵触法レベルでも受け止める必要性は高まりつつあるというべきであり、今後、現行17条〜19条（法案28条〜30条）の一本化について、わが国の民法改正の動向に目を奪われることなく、さらなる検討を続けるべきである。

5 嫡出否認の準拠法について

　現行17条（法案28条）が嫡出親子関係の準拠法として選択的連結を採用したことの裏返しとして、父母双方の本国法により嫡出推定を受ける場合には、嫡出否認も父母双方の本国法が認めない限りできない、と通説は解釈している。これは、同条の趣旨は子の利益保護にあり、嫡出親子関係を広く認めることが子の利益に適う、との考え方によるものであろう。確かに同条の解釈論としては、例えば父母双方の本国法上の嫡出推定を受ける子が、母の本国法上の嫡出否認の要件のみを満たしている場合には、父の本国法上の嫡出推定は依然として成立しており、その子は当該夫婦の嫡出子として扱うと解するのが、同条の規定の文言には忠実なのであろう。しかし、例えばイスラム法のように婚姻解消後4年間は嫡出推定が及ぶものとするような立法例すらあり得ることを考えると、一概に親子関係を広く認めることだけが子の福祉に適うとは言い切れないのではなかろうか。また、より根本に遡って考

---

[41] それだけでなく、本来は是正すべき文言の不統一まで法案は引き継いでしまっている。つまり、民法では1942年の改正以来、実子を「嫡出である子」と「嫡出でない子」に区別してきているが、民法789条等では、民法中の他の規定と不統一な「嫡出子」という文言を採用している。そして、その用語不統一をそのまま受け入れたためか、現行19条でも「嫡出子」という文言が採用されているのであるが、法案30条までもがその「嫡出子」を採用している。これは国籍法3条なども含めて「嫡出である子」に統一するか、あるいは別の同一の用語に差し替えるべきではないだろうか。

えれば、そもそも嫡出性という概念は、子がその父母の婚姻から生まれたと言えるかどうかを問題にするものであって、婚姻との関連性が非常に強いことを考えると、嫡出否認あるいは嫡出性の判断全体について、婚姻の効果との連続性を意識した連結政策の採用を検討すべきなのではないだろうか。[42]

6　夫婦共同縁組の準拠法について

　現行20条（法案31条）は夫婦共同縁組につき特段の規定を置いていないが、通説は、父子間と母子間の2つの縁組があるとみて、父子間の縁組の成立は父の本国法に、母子間の縁組の成立は母の本国法によるとしている。そのため、例えば、夫婦の一方の本国法が養子縁組を禁止し、他方が夫婦共同縁組を強制している場合には、原則としてどちらとの間でも養子縁組を成立させることはできないことになる。敢えて共同生活の実態などを重視して夫婦共同縁組を認めるためには、公序則の発動というドラスティックな手法が必要になってくる。[43][44]他方、養子縁組の効果については、養父母双方の本国法を累積適用し、双方がともに認める効果（例えば断絶効）のみを認めるものとされている。[45]しかしそれでは、縁組の成立と効果とで連結政策に一貫性が認められず、また、養父母と養子の三者が一体的な家族関係を構成する点が連結政策に適切に反映されないこととなる。そこで、養父母夫婦に最も密接な関係を有する法（例えば婚姻の効力の準拠法）を夫婦共同縁組の準拠法にするなど、連結政策上の工夫をすべきではなかろうか。[46]

---

(42)　ただしその場合には、本文4（実親子関係の成立に関する抵触規則を3つに分けて規定していることへの疑問）との関係をも考慮する必要があるだろう。
(43)　東京家裁平成7年11月20日審判、評釈として拙稿・ジュリスト1140号（1998）150頁。
(44)　岡垣他・実務家事審判法256頁参照。なお、公序違反の主張が通らなかった例として、東京家裁平成15年3月25日審判、評釈として拙稿・ジュリスト1267号（2004）211頁。
(45)　本浪章市「養子縁組の成立（1）」別冊ジュリスト・渉外判例百選（第3版・1995）147頁。
(46)　溜池・前掲510頁、森田博志「夫婦関係にある者による養子縁組の準拠法と夫婦の一体性の利益」千葉大学法学論集19巻3号（2004）49頁。

第6節　総則規定について

1　検討事項

いわゆる国際私法総論に関する規定について、今回の改正の過程では、極めて断片的ないくつかの規定が取り上げられたのみであり、しかも提案内容も極めて簡潔なものに過ぎなかった。しかし、総則規定の中には根本的な再検討を必要とするものがいくつか見られるように思われる。そこで、今回の改正の過程で特に取り上げられなかったものも含めて、補足説明で何らかの形で触れられている範囲内で、いくつかの規定について以下述べることとしたい。

2　住所地法の決定

中間試案第11・1（補足説明第16・1）では、現行法例中の住所地法を準拠法とする規定が改正により消滅することを前提とした上で、現行29条の規定を削除するものとしている。しかし、現行法の中で住所地法の適用を規定しているのは法例だけではなく、遺言の方式の準拠法に関する法律2条3号や、難民の地位に関する条約12条1項もそうである。しかし、それらの規定の改廃は予定されておらず、また法例の総則規定は法例以外の抵触規則との関係でも適用される場合がある以上、やはり住所地法の決定に関する規定は存続させるべきであるように思われる。

3　反致

現行32条（法案41条にそのまま受け継がれた）の反致規定を存続させるか否かの点については、理論的・政策的観点からの反致否認論（現行32条削除論）と、実務上の利益の観点から現状維持にこだわる反致肯定論（現行32条維持論）との対立という構図が存在するように思われる（補足説明第16・2）。肯定論者は、①跛行的法律関係を部分的にでも防止できる、②（実質法の適用が困難な国につき）実務運用上の支障を回避できる、③ただし書の限定解釈の可能性があるから改正は不要である、といった根拠を提示している。しかしそれ

らに対しては、①跛行的法律関係をどの程度防止できるのか、②外国法適用を回避する手段として反致を利用してよいのか、また、本当にそこまでしなければならないほど適用に困難を生ずる場合がどの程度想定されるのか、③限定解釈の可能性が法改正の回避を正当化できるのか(47)、という疑問が生じる。やはり筆者としては、反致論の抱える理論的問題点を重視する立場から、反致規定の存続には賛成することができない。もし現在の反致規定に相当する何らかの規定を置く切迫した実務的需要があるのであれば、そのような需要には反致で対応するのではなく、国際私法上の一般条項の明文化といった形で対応すべきであるように思われる(48)。

4　重国籍者の本国法

現行28条1項ただし書（法案38条1項ただし書に受け継がれている）の日本国籍優先条項を維持させることには、国際私法の基本的理念である内外法平等の基本理念に反する点からすると、大いに疑問を感じる。補足説明第16・3・(1)では現行規定維持の論拠として戸籍実務上のメリットが挙げられているが、そのような理由から日本国籍以外の国籍を一切考慮しないという結論が必然的に導かれるのか、もう少しきめ細かく検討する必要があるのではなかろうか(49)。

5　不統一法の指定

現行28条3項（法案38条3項に受け継がれている）及び現行31条（法案40条に受け継がれている）の文言上、「其国ノ規則」は本国法を特定するための規則として位置付けられている。その結果、現行14条を適用する事例など、複数当事者についての連結点を組み合わせて準拠法を決定すべき場合には、まず各

---

(47)　限定解釈で対応できるというのは、あくまで現行規定を所与のものとする解釈論レベルでの考察であって、それをそのまま立法論にまで持ち込むことには無理がある。

(48)　この点についても本稿では詳述を避ける。石黒一憲『国際私法』（新世社・1994）202～204頁参照。

(49)　例えば、日本国籍を含む多重国籍者のうち、日本国籍の保持が形式的なものに過ぎないような場合にはただし書の適用を排除する、というような考え方の適否などが検討対象に含まれよう。

当事者の本国法等を(現行28条3項ないし31条を用いて)特定してからその同一性の有無を確認する、という手順を踏むのが文言に忠実な解釈であるということになろう。しかし、そのような規定のあり方は、不統一法国での取り扱いの尊重という観点から考えると疑問であるし、また、諸国の立法例やハーグ諸条約の規定との平仄も合っていない。むしろそれらの規定は、当事者の本国法を特定するための規定から、当該法律関係に適用すべき部分法秩序を指定するための規定へと改めるべきものと考える。

---

(50) 出口・前掲注37・188頁参照。
(51) 拙稿「国際家族法と人際法」中央学院大学法学論叢10巻1号(1996)29頁、特に39頁(1)を参照。
(52) この問題との関係で、1つ述べておきたい点がある。それは、人的不統一法と本国法の同一性の認定についてである。

インド特別婚姻法により婚姻した日本在住のインド人イスラム教徒と同じくキリスト教徒夫婦の離婚について、現行31条の文言に忠実な解釈をすると、インド人イスラム教徒の本国法はインド・イスラム法、インド人キリスト教徒の本国法はインド・キリスト教徒法となり、本国法の同一性がないため、次順位である夫婦の常居所地法(日本法)によることとなる。しかしそれでは、(特別婚姻法上の婚姻については特別婚姻法上の離婚規定を適用するという)インド本国での取り扱いに反することになる。

これに対してわが国では、特別婚姻法がこの場合の同一本国法となる、という解釈が相当の支持を得ているようである。しかし、現行28条3項及び31条が、当事者が所属している法としての本国法を特定するための規定である、という解釈を前提とするならば、そこで本国法として指定される法は、当事者が所属する民族・宗教など何らかの社会集団における部分的法秩序、いわゆるパーソナル・ローを意味するものと解するのが自然であるように思われる。となると、インド特別婚姻法は何れのパーソナル・ローにも属しない人為的な法としての位置付けを意図的に与えられたものであるから、それを当事者の本国法であると解することには無理があるのではないだろうか。(この点で、同じインド人異教徒同士の婚姻の例の中でも、ヒンドゥー婚姻法により婚姻したインド人ヒンドゥー教徒と同じく仏教徒の夫婦の場合には、上記とは事情が異なる。なぜなら、ヒンドゥー婚姻法上、ヒンドゥー教徒の定義には仏教徒も含まれるため、当該夫婦の本国法はともにインド・ヒンドゥー法であると言えるからである。)

また、特別婚姻法上の婚姻は、他の法により婚姻可能な当事者であっても締結ないし登録することができることを考えると、本来客観的であるべき本国法の決定が当事者の意思に左右されるのを認めることになる、という問題が生じる。そのような問題点を抱えている従来の解釈は、立法の不備を補い、不統一法国での取扱いの尊重を重視するための目的的解釈としては辛うじて正当化し得るとしても、実質的な法改正を検討するのであれば、そのような強引な解釈に依存しなくてもよいような規定方法を採用すべきであろう。

第 2 部

人際家族法編

第6章　人際家族法研究序説

第1節　まえがき

　第2次世界大戦後のわが国では人の国際的交流が盛んになってきたが、近年特に注目されるのが、アジア諸国などからの移住労働者の増加である。この現象は、出入国管理との関係で様々な議論を提起しつつあるが、問題はそれだけではない。

　アジアの多くの諸国をはじめ、世界の国々の中には、民族や宗教などによって適用される法（イスラム法など、かかる人的所属を理由として適用される法をパーソナル・ローという）が異なる、いわゆる人的不統一法を抱える国が少なくない。そこで、わが国に在住するそれらの国の国民につき離婚など家族法上の紛争が生じた場合、わが国の裁判所はそれらの法のうちいずれを適用するか、という問題が生じる。特に、複数の当事者が民族や宗教を異にする場合、適用すべき法の決定には相当の困難が伴い得る。このような問題を適切に解決するには、それらの国々の法の現状を十分に把握し、これをわが国での準拠法決定の過程で考慮する必要がある。

　そこで本稿では、上記の問題意識に基づき、諸国における人際法（本稿では家族法の分野を対象とする）の現状と今後の展望につき若干の検討を加えることとする。

　なお、本稿は、国際家族法における人的不統一法の適用に関する研究の一部をなすものであり、筆者が今後の研究を進めるための導入として意図されたものである。

第2節　人際家族法の現状

ここでは、パーソナル・ロー及び人際法の現状を5つの地域的分類に従い概観する。

1　西アジア〜北アフリカのイスラム教圏諸国

この地域に含まれる諸国は、中世以来のイスラムの発展によりイスラム文化圏を構成したが、原則としてイスラム法が適用され、例外として一定の者には自己の服する宗教などの法が適用される、というこれらの国での人際法パターンの原型は、まさにその過程で形成された。以下では、この地域でのパーソナル・ロー及び人際家族法の現状を見る。

（1）　トルコ

トルコでは、イスラムの裁判所（シャリーア裁判所）がイスラム法を適用するのが原則とされてきた。但し、多くの非ムスリムはイスラム教に改宗しない限り自己の民族又は宗教の法に従うものとされてきたが[1]、当事者の一方がムスリムのとき、又は双方が非ムスリムであっても所属宗派が異なるときは、イスラム法が適用された[2]。このようなルールはイスラムの発展に伴って世界各地に伝播され、現在のイスラム諸国における法のありかたの基本的枠組を形成した。その後トルコでは、第1次世界大戦後の改革により西欧的な民法が導入され、人的不統一法状態は一応解消された。

（2）　バルカン諸国

ブルガリアやギリシャなどのバルカン諸国は、オスマン・トルコの衰退に伴い領土の割譲を受けたが、それらの国ではムスリムに司法面での自治を認め、家族法の分野につきカーディ（イスラムの裁判官）の管轄権を認めた。また、婚姻及び離婚の分野については他の宗教裁判所の管轄も認められた[3]。た

（1）　E. Vitta, The Conflict of Personal Laws, 5 Isr. L. Rev. (1970) 173.
（2）　R. D. Kollewijn, Conflicts of Western and Non-Western Law, 4 Int'l L. Q. (1951) 307. その点において、非イスラム法と対等ではなかった。
（3）　夫婦・親子関係については世俗・宗教両裁判所の間で管轄が配分された。

だ、第2次世界大戦後にそれらの法制度は廃止され、わずかにギリシャの婚姻法にその残滓をとどめるばかりとなっている。[4]

（3） シリア

シリア（現在のシリアとレバノンを含む地域）では、1920年以降のフランス委任統治下で宗教裁判所の管轄権の制限が試みられたが、聖職者の反対で失敗した[5]。その後、1930年の命令でシャリーア裁判所以外の宗教裁判所の管轄権が婚姻、離婚、離婚給付、婚約違反の損害賠償、親子関係、未成年者の後見など一定の事項に限定され、また非ムスリム間の身分関係事件の管轄権は民事裁判所に与えられた[5]。他方、宗教裁判所の下した判決がその管轄内で為されたか否かを判断する牴触裁判所が1924年の命令で創設された[6]。

独立後のシリア（レバノンを除く）では、イスラム法を基礎として1953年身分法[7]が制定された。同法は準正、後見、扶養及び相続を含む家族法について規定するが、原則として当事者の所属宗派のいかんに拘わらず適用される[8]。但し、婚姻の締結、婚姻能力、婚姻、夫婦間扶養、婚姻無効、離婚、婚資、監護権といった一定の事項について、当事者双方がユダヤ教徒又はキリスト教徒である場合には各自の宗教の法が適用され、またドゥルーズ教徒については、1953年法の適用対象に含まれるものの、若干の例外が認められるようである[9]。ただ、一方当事者がムスリムであればイスラム法が適用される。

（4） レバノン

レバノンでは、キリスト教とイスラム教との拮抗という国内情勢の影響もあって、シリアのような特定の宗教法を一般法とする立法は行われていないようである。管轄規則としては、当事者が自国民である場合、婚姻、離婚、嫡出性、養子、親権、監護、扶助料、離婚給付、後見、ワクフ（寄進財）、遺

（4） 同国の1914年法律147号につき、K. Wähler, Interreligiöses Kollisionsrecht im Bereich privat-rechtlicher Rechtsbeziehungen (1978) 346 n. 44.
（5） Vitta, supra note 1. at 175.
（6） Vitta, supra note 1. at 176.
（7） Law no. 59 on Personal Status of 17 Sep. 1953, Jo 1953, 4783, 5187. その後1975年に改正されている。K. Lipstein and I. Szászy, Interpersonal Conflict of Laws, Int'l Encychl. Comp. L. vol. 3, (1985) chap. 10, at 13.
（8） 同上307条。Wähler, supra note 4, at 321 n. 3.
（9） Lipstein and Szászy, supra note 7.

言及びムスリムの無遺言相続などに関する事項は、世俗法上の規定がない限り、イスラム教、カトリック、ギリシャ正教、ユダヤ教などの多くの宗派が維持する裁判所の管轄に服し、両当事者が異なる宗派に所属するときは世俗裁判所が管轄権を有する。(10)管轄に関する疑義については控訴裁判所が決定する。(11)(12) 他方、人際法に関する牴触規定としては、婚姻は夫の、相続は被相続人の各所属宗派の法に服するとされるが、(13)一般的にはあまり整備されていないようである。(14)

(5) パレスチナ・イスラエル

パレスチナでは、イギリスの委任統治下の1922年及び1924年に各々公布された法令(15)により、ムスリム間の一定の身分事件(1922年法51条では、婚姻、離婚、扶養、準正、養子縁組などとされていた)はシャリーア裁判所の排他的管轄に服することとされた。(16) 非ムスリムのうちユダヤ教徒及び9つの承認されたキリスト教諸派(東方教会、ラテン教会、シリア教会など)(17)に所属する者は、婚姻、離婚、離婚給付及び遺言の確認といった一定の身分事項については各自の所属宗派の裁判所の排他的管轄権に服し、(18)そこでは当事者の所属宗派の法が適用されたが、(19)他の事項については、すべての当事者がその管轄に服する場合に限って宗教裁判所が管轄権を有し、そうでない場合には民事裁判所が管轄

---

(10) イスラム教5宗派、カトリック6宗派、ギリシャ・オーソドックス・アルメニアン、アッシロ・カルデアン、福音派及びユダヤ教。Lipstein and Szászy, supta note 7.
(11) Lipstein and Szászy, supra note 7, at 15 ; Wähler, supra note 4, at 332.
(12) Lipstein and Szászy, supra note 7, at 16.
(13) Antoine Elias El-Gemayel (ed.), The Lebanese Legal System (1985) 268-269.
(14) 但し若干の立法は見られる。例えば1951年4月2日法14～16条によれば、非ムスリム間の混合婚には、夫となる者が書面で別段の申請をしない限りその者の法を適用する。但し、ユダヤ教徒・キリスト教徒間で締結される民事婚は有効たり得ない。I. Szászy, Le Conflit de Lois Interpersonnel dans les Pays en Voie de Développement, 138 Rec. Cours (1973) 167.
(15) 1922年のPalestine Order-in-Council 及び1924年の Succession Ordinance.
(16) この管轄は当初、外国人たるムスリムにも拡張されていたが、1939年の改正後は世俗裁判所がその本国法を適用することとなった。Vitta, supra note 1. at 176.
(17) Henry E. Baker, The Legal System of Israel (1968) 160.
(18) Palestine Order-in-Council (1922) 51～54条。C. W. Fassberg, Choice of Law Models : The Internal Interreligious Context, Mélanges offers à Raymond Vander Elst (1986) 888 n. 17.
(19) この原則は建国後も維持されている。Fassberg, supra note 18, at 888. かかる原則は判例によって導かれた。ibid, at 888 n. 16.

権を有した[20]。但し、その場合にも当事者の所属宗派の法が適用された[21]。

このような基本的枠組は、1948年に建国されたイスラエルでも基本的に継承されたが、幾つかの点で修正・改善が加えられた。即ち、身分関係に適用されるパーソナル・ローとして、イスラム法、ユダヤ法、承認されたキリスト教諸派の法に加えてドゥルーズ法が認められた[22]。また、宗教法の適用対象である身分の定義から、養子縁組、相続、遺言及び遺贈が除外され、属地的な成文法が制定されたのに加えて[23]、パーソナル・ローの適用範囲を狭める傾向が判例や立法に見られる[24]。他方、従来いかなる宗教裁判所にも管轄権が認められなかった場合や[25]、パーソナル・ローの対象分野ではあるがいずれの宗教法も適用されない場合、当事者が国内のいかなるパーソナル・ロー上の義務も負わない場合など、実質法的正義の観点から問題が生じ得るような場合[26]

---

(20) Vitta, supra note 1. at 176; Fassberg, supra note 18, at 888.

(21) Vitta, supra note 1. at 176. Palestine Order-in-Council (1922) 47条は民事裁判所が身分事件につき当事者のパーソナル・ローを適用する旨を規定し、その場合のパーソナル・ローとは当事者の所属する宗教の法であると解されてきた。

(22) 1957年以降、宗教共同体として承認されている。Baker, supra note 17, at 160.

(23) 養子縁組につき Adoption of Children Law, 1981 (35 L. S. I. 360)、相続につき Inheritance Law (Succession Law), 5725-1965 (19 L. S. I. 58). が制定された。Baker, ibid, at 159; Fassberg, supra note 18, at 888-889 n. 20. それらにより人的な法の牴触の一部は実際上排除されたと言えよう。Fassberg, ibid., at 888-889.

(24) 例えば夫婦財産制は、Spouses (Property Relations) Law, 1973 (27 L. S. I. 313) の制定前から財産法の問題と考えられてきた。Fassberg, supra note 18, at 889. また判例上、父性決定もパーソナル・ローの対象外とされている。P. Shifman, Family Law in Israel: The Struggle between Religious and Secular Law, 24 Isr. L. Rev. (1990) 538, n. 8.

(25) Matters of Dissolution of Marriage (Jurisdiction in Special Cases) Law, 5729-1969・1条は、婚姻の解消につき、どの宗教裁判所の専属管轄にも属さない場合（夫婦双方がユダヤ教、イスラム教、ドゥルーズ教又は前掲注 (10) のキリスト教9派のいずれにも共通して所属しない場合）には、民事裁判所と宗教裁判所のいずれの管轄に服するかを最高裁長官が決定するとしている。また同法2条は、夫婦の一方が上述のうちいずれかの宗派に所属する場合、法務長官又はその代理人が当該宗派の裁判所に対して当該事件の状況を説明し、宗教裁判所が当該事件で離婚、婚姻取消又は婚姻無効の宣言を行うか否かの点についての意見書を求め、これを最高裁長官が熟読してから、事件を宗教裁判所と民事裁判所のいずれに送致するかを裁量で決定するとしている。Fassberg, supra note 18, at 889-890.

(26) Family Law Amendment (Maintenance) Law, 5719-1959 (13 L. S. I. 73) 2条は、扶養義務者たるべき者が前注の宗派のいずれにも所属していない場合、その者は同法に従って配偶者を扶養する義務を負う旨、及び、扶養義務者たるべき者が自己の法により自己又は配偶者の未成年の子に対して扶養義務を負わない場合、その者は同法に従って上述の子を扶養する義務を負う旨を規定する。Fassberg, supra note 18, at 890. ちなみに同法19条は、同法が既存の宗

に、民事裁判所が管轄権を有し、固有の実質法規定を適用できる旨の立法が、若干の法領域において為された[27]。但し、以上に述べた事項とは対照的に、主として婚姻法及び離婚法の分野については、人際法規則の一般的欠缺という状況は依然として続いている[28]。

（6） ヨルダン

ヨルダンでは1952年憲法が3種類の裁判所（通常裁判所、特別裁判所、宗教裁判所）を規定し、そのうち身分関係の管轄権を有するのは原則として宗教裁判所である[29]。ムスリム間の身分関係のうちワクフ、後見、相続、婚姻、離婚及び夫婦財産に関する事項については、シリア、イラク及びレバノンと異なり、当事者の国籍にかかわらずシャリーア裁判所が専属的管轄権を有するが、いずれかの当事者が非ムスリムであるときはシャリーア裁判所に管轄はない[30]。イスラム以外の宗教共同体は、ムスリムが関係する場合にシャリーア裁判所が管轄権を有する事項とほぼ同じ事項（但し相続については能力と方式の点に限られる）につき管轄権を行使できる独自の裁判所を設立できるが、かかる裁判所が存在しない場合には世俗裁判所が管轄権を有する[31]。身分関係については、どの裁判所が管轄権を行使する場合でも当事者の所属宗派の法が適用されるが、一方当事者がムスリムの場合には、シャリーア裁判所でも通常裁判所でもイスラム法が適用される[32]。

　　　教裁判所の管轄を増減するものではないとしている。
(27) Fassberg, supra note 18, at 889-890. その他の統一法として、後見（親とその未成年の子との関係を規律する法を含む）に関する Capacity and Guardianship Law, 1962（16 L. S. I. 106）がある。Shifman, supra note 24, at 538, n. 10.
(28) Fassberg, supra note 18, at 889. 特に問題となるのは、異なる宗派に所属する者同士が婚姻しようとする場合、準拠すべき宗教法がないという事態であるが、これに対してイスラエルの民事裁判所は、一方で宗教婚の排他性という象徴的価値を保持しつつも、他方で宗教的自由の観点から何とかして私的婚姻（private marriage, いかなる宗教婚姻法にも従わない婚姻）を承認し、またいかなる婚姻の方式をも満たさない婚姻類似の関係（事実婚）に対しても、できる限りの法的効力を認めようと努めてきている。Shifman, supra note 24, at 541-542.
(29) L. Welchman, The Development of Islamic Family Law in the Legal System of Jordan, 37 Int'l Comp. L. Q. (1988) 869.
(30) Lipstein and Szászy, supra note 7, at 14.
(31) Lipstein and Szászy, supra note 7, at 14.
(32) 宗教裁判所の場合につき、同国憲法106条。Welchman, supra note 29, at 870. また、通常裁判所の場合につき、Lipstein and Szászy, supra note 7, at 14.

（7） イラク

　イラクでは、1956年のチュニジア身分法に倣った立法として1959年身分法が制定されたが、同法はイラク人の婚姻、離婚、扶養、別居、準正、遺言及び無遺言相続につき、イスラム法の原則に従った規定を置いている。同法は原則としてすべてのイラク人に適用されるが、特別法により特に除外されている者についてはこの限りでないとされ、婚姻・離婚などについて、キリスト教徒及びユダヤ教徒は各々自己の法に従い、またシーア派ムスリムはその固有の法に従うものと解されている。管轄については、1963年以降、ムスリムに対する一般的な管轄権は世俗裁判所に移転したが、身分関係については一方当事者がムスリムの場合依然としてシャリーア裁判所が管轄権を有する。また、他の共同体も婚姻、離婚及び扶養について独自の管轄権を行使することを認められているが、実際にはカトリック、アルメニア正教、シリア正教、ユダヤ教など幾つかの共同体のみがかかる権限を行使しているようである。

（8） エジプト

　エジプトでは、家族法の領域に関してはイスラム法、ユダヤ法及びキリスト教諸派の法が併存しており、また身分関係については、世俗法の適用に服する一部の領域（能力、成年及び親族関係、親権喪失、法定後見など）を除いて、当事者の所属宗派の法が適用される。当事者が異なる宗派に所属する場合に

---

(33) Law no. 188 on personal status of 30 Dec. 1959 (JO no. 280 of 30 Dec.). 制定後数回の改正を経ている。Lipstein and Szászy, supra note 7, at 7.
(34) Lipstein and Szászy, supra note 7, at 13.
(35) 1959年身分法2条1項。J. N. D. Anderson, A Law of Personal Status for Iraq, 9 Int'l Comp. L. Q. (1960) 542. N. 3.
(36) Szászy, supra note 14, at 166.
(37) なお、宗教共同体が管轄権を行使しない場合には世俗裁判所の管轄に服することとなるが、その場合にも、当事者の宗教法の適用及び法の牴触の解決がなされる。
(38) キリスト教諸派のうち、コプト正教、アルメニアン・カトリック及び現地人のプロテスタントはエジプトの立法により承認された法規を有する。その他の諸派の法は、トルコ時代の法令や勅令などに基づいている。Szászy, supra note 14, at 154.
(39) Civil Code of 1948 (Law no. 131 of 16 July 1948, Off. Gaz. no. 108) 29～49条。
(40) Decree-Law no. 118 on the denial of parental powers in certain cases of 30 July 1952.
(41) Decree-Law no. 119 on the protection of the property of incapables of 30 July 1952 (Off. Gaz. No. 118 of 4 Aug. 1952).

は、当事者双方が非ムスリムである場合でも、イスラム法（ハナフィー学派）が一般法として適用される。[42]

（9）　リビア

リビアでは、エジプト民法に倣って制定された1953年民法[43]が能力、未成年、親族関係などの事項を規定しているが、家族法全般については各々の宗教法に委ねられている。[44]中でも中心的な位置を占めるのがムスリムに適用されるイスラム法であるが、同国ではマーリキー学派が支配的である。[45]ムスリムの家族法及び相続法に関する事件についてはシャリーア裁判所が管轄権を行使していたが、1977年の法改正でシャリーア裁判所の管轄は国家の裁判所に移転された。人際法に関する特別法上の規定は存在しない。[46]

（10）　チュニジア

チュニジアでは、イスラム法学における学派間の争いを解決し、あわせて現代的必要に応じるという趣旨で、1956年身分法によってイスラム法を法典化した。[47]同法は、当事者双方がイスラム以外の共通の宗派に所属する場合を除くほか、その所属する宗派に関係なく適用される。[48]

---

(42)　A-W. El-Mikayis, Internationales und Interreligiöses Personen-, Familien-und Erbrecht in der vereinigten Arabischen Republik, 33 RabelsZ (1969) 537; Lipstein and Szászy, supra note 7, at 7. なお、同様の処理を規定する立法例として、クウェートの1984年身分法（law no. 51, 1984）346条がある。O. Elwan, Neues Familien-und Erbrecht in Kuwait, IPRax [1985] 306.

(43)　Libyan Civil Code of 28 Nov. 1953.

(44)　Lipstein and Szászy, supra note 7, at 15.

(45)　T. Mahmood, Legal System in Modern Libya-Reflorescence of Islamic Laws, 18 J. Ind. L. Inst. (1976) 439.

(46)　Szászy, supra note 14, at 174.

(47)　Code on personal status (Code du status personnel) of 13 Aug. 1956, JO 1742. その後数回の改正を経ている。同法につき、J. N. D. Anderson, The Tunisian law of personal status, 7 Int'l Comp. L. Q. (1958) 264-265 参照。

(48)　Lipstein and Szászy, supra note 7, at 7. ちなみに、ムスリム以外の者に適用される身分法としては、1956年7月12日付の非ムスリム及びユダヤ教徒のための身分法がある。Szászy, supra note 14, at 174；黒田美代子訳『チュニジア私的関係法』（中東学叢書3・国際大学中東研究所・1990）3頁を参照。

2　東南アジアのイスラム教圏諸国
(1)　インドネシア

　インドネシアでは、民族や宗教の相違に加えて地域ごとに慣習法形成のありかたが異なるため、他の人的不統一法と比べて特に多くの法体系が併存している。[49]家族法については、全住民を①ヨーロッパ人、②左と同化された者、③現地人及び④左と同化された者に分類し、そのいずれに所属するかによって適用する法が異なるとの考え方が1948年の立法で採用された。混合婚に関しては1896年混合婚規則に規定されたが、[50]この規定の現時点での有効性については、家族法を部分的に統一した1974年新婚姻法[51]との関係で議論がある。即ち新法は、自らの目的との関係で混合婚の定義を異国籍者間の婚姻とすることで、そこから国内的な法の牴触の場合を除外した。[52]そこで、1896年法上の混合婚の定義もそれにより変更され、国内の異なるパーソナル・ローに服する者は混合婚規則を援用できないとの解釈が生じた。[52]他方、新法は自らの目的の範囲内で独自の定義をしただけであり、混合婚規則は依然として国内的な法の牴触の場合に有効であるとの主張も存在し、また1975年に同国最高裁が、新法施行後も新法に合致する限り混合婚が認められるとの見解を示し、実際にも1980年代に入ってから民事婚が認められた例が挙げられている。[53]しかし1980年代後半以降、混合婚は不可能との見解が司法や行政側から[54]

---

(49) ジャカルタ大学講師・ヒマワン氏によると、インドネシアには19の異なる慣習法（アダット・ロー）が併存する。澤木敬郎「アジア・西太平洋諸国の家族法」（LAWASIAマニア大会報告）海外商事法務106巻（1971）31～37頁。

(50) Regeling op de zoogenaamde gemengde huwelijken, Staatsblad van Nederlandsch-Indië 1898, No. 158. ゴー・ギョク・ション／伊藤正己・堀部政男訳「インドネシア婚姻法」宮崎孝治郎編・新比較婚姻法Ⅴ（1965）1498頁。Gouwgiogsiong, The marriage laws of Indonesia with special reference to mixed marriages, 28 RabelsZ（1964）721 参照。

(51) Law no. 1 on marriage（Undang-Undang Republik Indonesia teutang Perkawinen）of 2 Jan. 1974（LN 1974 no. 1）. 石井米雄監修・土屋健治・加藤剛・深見純生編『インドネシアの事典』（同朋舎・1991）179頁「婚姻法」（山田道隆）、S. Pompe and J. M. Otto, Some Comments on Recent Developments in the Indonesian Marriage Law with Particular Respect to the Rights of Women, 23 VerfRÜ（1990）417.

(52) J. S. Katz and R. S. Katz, The New Indonesian Marriage Law: a Mirror of Indonesia's Political, Cultural, and Legal Systems, 23 Am. J. Comp. L.（1975）680.

(53) ibid.

(54) Pompe and Otto, supra note 51, at 421 n. 30（前半）.

出されており、また同国最高裁は近時、民事婚に関する法令は無効との判断を下した。ただ、この点については最高裁内部にも批判があり、まだ決着はついていないと言えよう。

(2) マレーシア、シンガポール

英国は1826年の第2憲章でペナン司法裁判所の管轄を植民地全域に拡大し、イングランド法の適用をその全域に拡張した。そこで問題となるのが同法の適用範囲だが、初期の立法者や裁判官は、華僑、ムスリム、ヒンドゥ、キリスト教徒、パルシー及びユダヤ教徒については、本人の所属する宗教的・民族的伝統に従った処理を行っていた。しかし第2憲章制定後の判例は、一般的政策にかかるイングランド法は、法廷地の状況に照らして適用可能な限り一定の修正を加えて適用され、現地法にとって容認し難いほどの修正を要する場合にその適用を否定する、と判断するに至った。ただ、より具体的な適用範囲の画定基準は必ずしも十分に示されてはいなかったようである。

これらの地域では今世紀を通じて、イングランド法導入以前からの慣習法がイングランド法に代替されたが、ムスリム、ヒンドゥ、ユダヤ教徒、シーク教徒、キリスト教徒及び華僑に対するパーソナル・ローの適用は引き続き

(55) 1986年の地裁判例は、婚姻の登録が不可能である点を理由に混合婚を実際上不可能と判断した。1987年、関係大臣が会合を開き、混合婚は不可能との結論を出した。Pompe and Otto, supra note 51, at 421 n. 30（後半）.

(56) その趣旨は、①1974年婚姻法は異なる宗派に所属する者の間での婚姻につき規定していない、②同法66条によれば混合婚規則が適用されるようにも思われるが、③わが国が民事婚制度を放棄した以上その適用はない、というものであった。Pompe and Otto, supra note 51, at 418 n. 20. 他方でこの判例は、1986年の判例を覆し、ムスリムの女性と非ムスリムの男性がKUA（イスラム婚姻局）で婚姻登録を拒否された後に民事登録所へ登録申請した場合には、女性がイスラムを棄教したものと見做すべきであり、従って民事登録所での婚姻締結には法律上何らの障害もないと判断した。但し実際にはこの判例後も同様の状況下での婚姻登録はできないとの報告もある。Popme and Otto, supra note 51, at 421 n. 30（後半）

(57) Pompe and Otto, supra note 51, at 421 n. 30（後半）

(58) シンガポールは人口の75％が中国系であり、仏教ないし道教が多数派を占めるものと思われるが、歴史上の沿革や分類上の便宜などを考慮して、敢えてここで扱う。

(59) T. A. Manring, National Integration and Legal Systems: Malaysia, 10 Malaya L. Rev. (1968) 35, 39.

(60) M. Freedman, Chinese Family Law in Singapore: The Route of Custom, in: J. N. D. Anderson (ed.), Family Law in Asia and Africa (1968) 50.

(61) Manring, supra note 59, at 35-36, 38.

(62) Ibid., at 38 ff. 参照。

認められてきた。その後、シンガポールでは1961年に女性憲章が、マレーシアでは1976年に新婚姻・離婚法が制定され、家族法の部分的統一が達成されたが、いずれにおいてもムスリムは適用対象外とされた。従って、インドネシアと同様に法の統一は不完全であり、人的な法の牴触は相変わらず不可避であるが、人際法のルールは未だ不確定かつ未発達な状態にある。

3　1と2を除くアジア・アフリカの旧植民地諸国

（1）　一般的沿革

　主として17世紀以降、アジア・アフリカの諸地域に進出しあるいはそれらを侵略したヨーロッパ諸国は、まず沿岸に点々と植民地を獲得し、その後次第に内陸へとその範囲を拡大していったが、それに伴って、植民者と現地人との間で法の牴触が生じた。

　初期の植民者が現地法に対してとった態度は、それらの完全な無視又は法としての不承認であった。このような態度は、17世紀以降、オランダやイングランド（後の英国）がアジア・アフリカの植民地経営に進出した初期にもある程度は共通に見られた。しかしその後、両国ではこのような態度に変化が生じ、後には家族法など一定の法分野において現地法を原則的には自国法と対等なものと認め、その効力を承認するようになった。

（2）　インド

　インドは、国家が統一民法典制定のために努力すべきことを1950年憲法44条で規定したが、この目標はまだごく部分的にしか達成されていない。家族法の領域においては、ヒンドウ法（但し、インド法上、ヒンドウの定義は若干複雑

---

(63)　L. W. Kum, Family Law in Singapore (1990) 8ff.; Lipstein and Szászy, supra note 7, at 11. なお、中国慣習法の適用を認めたわが国の判例として、東京家審昭和49年12月27日・家裁月報27巻10号（1974）71頁がある。

(64)　Women's Charter 1961. その後1967年女性憲章（改正）法による改正を経ている。法務省民事局『外国身分関係法規集（V）』（1986）186頁以下、Kum, ibid.

(65)　Law Reform (Marriage and Divorce) Act, 1976. その後1980年の改正を経ている。Lipstein and Szászy, supra note 7, at 11. N. 111. なお、同法の適用を認めたわが国の判例として、東京家審昭和58年4月25日・判例時報1123号（1983）105頁がある。

(66)　R. Daw, Some Problems of Conflict of Laws in West Malaysia and Singapore Family Law, in : 14 Malaya L. Rev. (1972) 208.

(67)　Kollewijn, supra note 2, at 325.

であることに注意する必要がある⁽⁶⁸⁾)、イスラム法、キリスト教徒法、パルシー法及び世俗法が併存するが⁽⁶⁹⁾、各宗教法は、法典及び判例の両方向から、イングランド法上の正義・衡平及び良心の原則による修正を受けつつある。他方、若干の法領域では、例えば子の福祉を最優先の法理として採用した1890年後見法⁽⁷⁰⁾などのように、当事者の所属宗派などに拘わらず適用される統一法が制定されている。

人際法に関しては、一般的な明文の牴触規定は存在せず、立法や判例などによって様々な形で処理されている。その法源としては、第1に実質法中の個別的な牴触規定が、また第2に一般的な牴触規定が挙げられよう。第1のものとしては、1939年ムスリム婚姻解消法⁽⁷¹⁾、1955年ヒンドウ婚姻法⁽⁷²⁾、1869年インド離婚法⁽⁷³⁾、1866年改宗者婚姻解消法⁽⁷⁴⁾、1936年パルシー婚姻・離婚法⁽⁷⁵⁾、1954年特別婚姻法⁽⁷⁶⁾などがある。第2のものとしては、前述の1781年法以来継承されてきた被告法主義と、17世紀以来多くの法令などで採用されてきた正

---

(68) D. S. Pearl, Interpersonal conflict of laws in India, Pakistan and Bangladesh (1981), at 48-49.

(69) 1954年時点での概要につき、神谷笑子「インド婚姻・離婚法」比較法研究18巻 (1959) 43～47頁参照。

(70) Pearl, supra note 68, at 75-76.

(71) Act 8 of 1939. 同法はイスラム法により婚姻した妻の離婚請求権を認めるが、その4条は、ムスリムたる妻が棄教又は改宗しても、そのこと自体により婚姻は解消されない旨規定する。その場合、改宗後の妻は同法に規定する離婚原因があれば離婚の訴えを提起することができる。Pearl, supra note 68, at 62-63.

(72) Act 25 of 1955. 同法はヒンドウ教徒の婚姻につき規定するが、その13条は、夫婦の一方がヒンドウから改宗した場合、他方はそれを理由として離婚請求できる旨規定する。同法については Pearl, supra note 68, at 66-67.

(73) Act 6 of 1869. その10条は、夫がキリスト教から改宗し、他の女性と婚姻した場合、妻は離婚請求できる旨を規定する。また、その2条によれば、キリスト教徒でない妻も上の原因に基づいて離婚請求ができる。Pearl, supra note 68, at 68.

(74) Act 21 of 1866. 同法は、ヒンドウ教からキリスト教に改宗した者は同法の定める離婚原因（6ケ月以上の遺棄）に基づいて離婚請求できる旨を規定する。なお、同法はパキスタンでは1969年に廃止されている。Pearl, supra note 68, at 59.

(75) Act 3 of 1866. その32条 (j) は、夫婦の一方がパルシーでなくなった場合、他方はそのみを理由に離婚を請求できる旨を規定する。Pearl, supra note 68, at 68. N. 20.

(76) Act 43 of 1954. 同法は当事者の所属する宗派を問わず適用され、民事婚の挙行、宗教婚の登録及びその解消につき規定する。Pearl, supra note 68, at 68-69. 他方、その19条によれば、同法による婚姻はいかなるパーソナル・ロー上の相続権にも影響を与えない。ただしこの規定はヒンドウには適用されない。Pearl, supra note 68, at 69-70.

義・衡平及び良心の原則があり、これらの法理は法令中に適切な規則を見出せない場合に依拠される⁽⁷⁷⁾。但し、その後者は多くの場合に援用されたが⁽⁷⁸⁾、前者は多くの場合に不適切な結果をもたらすこともあって、実際上あまり用いられていないと言われる。即ち、被告法主義を適用することが適切でないと考えた場合、判例はその射程距離を個別的に限定することによって不正義を防いでいる。例えば、被告の一方がムスリムであり、他方がヒンドウである場合に、イスラム法を適用することは被告法主義によって正当化されないとする判例がある⁽⁷⁹⁾。その他、不文の法源として、既得権（特に夫婦の一方が改宗した場合の婚姻解消の可否をめぐる判例において援用された）⁽⁸⁰⁾、公序⁽⁸¹⁾、国際私法の類推（法性決定及び連結点確定との関係で問題とされる）⁽⁸²⁾⁽⁸³⁾及び属人法に内在する規則がある。

(3) パキスタン

第2次世界大戦後、インドとともに英国から独立したパキスタンでは、独立後の法令によって部分的な改正が行われていることを除いては、独立前のインドで施行されていた法令の効力が基本的には引き続き認められている⁽⁸⁴⁾。但し、同国ではイスラムを国家の指導理念としていることとの関係で、ムス

---

(77) Pearl, supra note 68, at 79.
(78) Pearl, supra note 68, at 85.
(79) Mahomed Beg Amin Beg v. Narayan Meghaji Patil, 1916 I. L. R. 40 Bom 358, at 368; Pearl, supra note 68, at 83; T. S. Rama Rao, Conflict of Laws in India, 23 RabelsZ (1958) 263.
(80) 例えばRakeya Bibi v. Anil Kumar Mukherji（ヒンドウ夫婦のうち妻がイスラムに改宗し、夫に改宗を勧めたが拒否された後、改宗により婚姻は解消したとの確認を求めた事件。判旨は婚姻がヒンドウ法により挙行され、また改宗したのが原告であることを重視してイスラム法の適用を拒否し、妻の訴えを斥けた。D. S. Pearl, A Textbook on Muslim Personal Law (1987) 31.); Sayeda Khatoon v. M. Obadiah（ユダヤ教徒夫婦の夫が妻を遺棄し、その後ムスリムに改宗した妻が婚姻の終了確認を求めた事件。判旨は婚姻がユダヤ法により挙行されたことを重視してイスラム法の適用を拒否し、婚姻は存続しているとした。ibid., at 31-32.）などがある。Pearl, supra note 68, at 92.
(81) Pearl, supra note 68, at 93. は「インド及びパキスタンの公序もまた人際法の重要な法源であることは否定できない」とするが、それに続く若干の説明からは、それがインドにおいていかに用いられてきたのかは必ずしも明らかでない。
(82) これが問題となった判例として、Robaba Khanum v. Khodadad Boman Irani, I. L. R. [1948] Bom. 223がある。Pearl, supra note 68, at 95.
(83) Pearl, supra note 68, at 96.
(84) Lipstein and Szászy, supra note 7, at 9.

リムの財産を非ムスリムが相続する権利を認めた1850年カースト無能力排除法のパキスタンでの廃止に見られるような、法制度のイスラム化（イスラム法の役割拡大と非イスラム的法令の削除）が推進されている[85]。他方、イスラム家族法内部での改革も、部分的にではあるが進められている[86]。人際法に関しては、一般的に適用される成文法は特に制定されておらず、インドと同様に複雑な状況を示している。加えて、法制度のイスラム化推進が絡んでいるため、同国の人際法はかなり不透明な状態にあるように思われる。

（4） スリランカ

スリランカは、インド・アーリアン系のシンハラ族（多数派）、インド・ドラヴィダ系のタミール族、アラブ系のムーア族、マレー系及び欧州混血バーガーから成る複合民族社会であり[87]、それに対応して宗教的にも仏教（シンハラ）、ヒンドゥ教（タミール）、イスラム教（ムーア）、キリスト教（バーガー及び他の宗教からの改宗者）と多様である。かかる複雑な構造が家族法にも影響している上、在来の民族が特定の地域に共同体を形成し、またコロンボを中心とした沿岸州で西欧法の導入が特に進んだ、という固有の事情も存在する。そのため同国では、キャンディ地方のシンハラ族（低地シンハラ族と対比される）に適用されるキャンディ家族法（具体的には Kyandyan Marriage and Divorce Act 1956など）、ジャフナのタミール族に適用されるテサワラメー（固有慣習法、具体的には Jaffna Matrimonial Rights and Inheritance Ordinance 1956 など）などの、特定の民族により構成される地域共同体の慣習法[88]（民族の慣習法であると同時に地域慣習法でもある）と、イスラム法及びローマ＝オランダ法[89]とが並存し、「法律の宝庫」[90]に相応しい複雑な様相を呈している。

---

(85) Pearl, supra note 68, at 152 ; Pearl, supra note 80, at 37, 211.
(86) その代表としては、親族・相続法の若干の点につき従来のイスラム法を改革した1961年ムスリム家族法令（Muslim Family Laws Ordinance）が挙げられる。
(87) 二宮書店『各国要覧1991』24頁。
(88) 湯浅道男「スリランカ家族法の特色」法学研究（愛知学院大学論叢）31巻55頁（以下（①）とする）、同「スリランカにおける家族法」宗教法創刊号（1983）151頁（以下（②）とする）。
(89) その影響下で成立した家族法としては、Marriage Registration Ordinance 1956, Matrimonial Rights and Inheritance Ordinance 1956, Married Women's Property Ordinance 1956. などがある。湯浅・前掲注88（①）54頁、同・前掲注88（②）155～156頁。

これらの間の牴触を解決する人際法は必ずしも明らかでない。上述のローマ=オランダ法は同国家族法の一般法であると主張される⁽⁹¹⁾が、同法の定着に努力したオランダの植民地政策の影響力がコロンボを中心とする沿岸州に限られたことから、その適用範囲もこの地方に限られる結果となっている⁽⁹²⁾。但し、地域慣習法の適用を受けている人々についても、地域慣習法に規定のない事項については同法が適用されるという⁽⁹³⁾。その他の各々の法については、各地域・各宗派に所属する者に適用されるとの原則が存在するが、改宗や混合的身分行為の処理については明らかでない。

（5） アフリカの旧植民地諸国⁽⁹⁴⁾

（a） 一般的特徴　多くのアフリカ諸国では、植民地化以前からの現地慣習法と植民地化の過程で導入された西欧法とが併存している。また一部の国では、それらに加えてイスラム法⁽⁹⁵⁾、ヒンドゥ法⁽⁹⁶⁾、キリスト教法⁽⁹⁷⁾なども併存する。司法制度を見ても、西欧法と共に導入された民事裁判所と並んで、現地慣習法を適用する原住民裁判所や宗教裁判所が一定の機能を果たしている例が見られる⁽⁹⁸⁾。なお、若干の国では家族法統一の動きがみられる⁽⁹⁹⁾。

人際法規則については、旧英国領の多くの諸国では正義・衡平及び良心の

---

(90) 湯浅・前掲注88（①）53頁、同・前掲注88（②）154頁、タムバイヤ（H. W. Tambiah）『セイロン法の諸原則』（Principles of Ceylon Law）229頁。
(91) 湯浅・前掲注88（①）54頁、同・前掲注88（②）156頁。
(92) その人的適用範囲を明確に示す文献は見出せなかったが、西欧文化を受容しキリスト教に改宗した者や、シンハラ族のうちコロンボ周辺など低地に住む低地シンハラ族については、ローマ=オランダ法が適用されたのではないかと推測できなくもない。湯浅・前掲注88（①）54～55頁、59頁、同・前掲注88（②）156頁。ちなみに、かかる状況はオランダ支配時代に形成されたが、その後同国を植民地化した英国もかかる状況を継承した。
(93) 湯浅・前掲注88（①）52～53頁、同・前掲注88（②）154頁。
(94) ここでは、他に示した文献のほか、A. Allott, New Essays in African Law (1970) 9–14 に依拠した。
(95) アフリカ西部（ガンビア、ガーナ、シエラレオネ）及び東部（ケニア、タンザニア）の一部の諸国には、法典化されたイスラム家族法が存在する。Lipstein and Szászy, supra note 7, at 19.
(96) インド系移民の多いケニアでは、ヒンドゥの婚姻法（Hindu Marriage and Divorce Ordinance）が法典化されている。ibid.
(97) Lipstein and Szászy, supra note 7, at 19. n. 202.
(98) ibid, 19–20.
(99) このような例は旧フランス領の若干の国で特にみられる。ibid, at 20. n. 204.

原則又は非違反原則が牴触法上の一般法理として導入されている。ただ、当事者による準拠法選択などの他の牴触法的技術もこれと併用されており、その形態は国によって様々である。また、親子関係につき子の福祉の理念を牴触法上重視する立法例も見られる。

　(b) ガーナ　　ガーナには、多くの部族が各々有する慣習法と、英国が導入したイングランド法が併存する。これらの間の牴触を解決する人際法規則はまず1960年の裁判所法に規定された。同法は、(ⅰ) transaction につき当事者に共通するパーソナル・ロー又は当事者が明示的・黙示的に選択した法の適用を、(ⅱ) 動産の相続につき被相続人の法の適用を、(ⅲ) 特に規定がないときは西欧法の適用を各々規定した。その後、1971年の裁判所法は、transaction には当事者が明示的・黙示的に選択した法を、相続につき当事者のパーソナル・ローが同一であればその法を適用し、そのいずれにも該当しない場合には両当事者のパーソナル・ローを正義・衡平及び良心に従って累積的に適用すると規定した一方で、上の (ⅱ)(ⅲ) は採用しなかった。

　(c) ナイジェリア　　ナイジェリアには、継受されたイングランド法、その流れをくむ自国の立法及び複雑な慣習法が併存している。これらの間での法の牴触のうち、慣習法の適用範囲については、高等裁判所に関するナイジェリアの国内法によれば、当事者全員が現地人又はその子孫である場合、及び、一方当事者のみが現地人である場合でも、イングランド法など他の法の適用がいずれかの当事者に重大な不正義をもたらす場合には、慣習法が適

---

(100)　1960年6月29日法律。Ghana Gaz. Acts 1960/61 C. A. 9.; Lipstein and Szászy, supra note 7, at 22.
(101)　"transaction" は「取引」とも訳せるが、より広く身分行為をも含む概念として捉えることができるようである。Allott, supra note 94, at 215 ff.
(102)　Act no. 372 of 1971.; Lipstein and Szászy, supra note 7, at 22-23.
(103)　ナイジェリアには250もの部族があると言われる（小倉充夫『現代アフリカの悩み』（日本放送出版協会・1986）39頁）が、このことも同国の法体系の複雑さを連想させる。
(104)　H. Boparai, The customary and statutory law of marriage in Nigeria, 46 RabelsZ (1982) 531.
(105)　具体的には、Laws of the Federation of Nigeria and Lagos 1958, C. 80, s. 27; Laws of the Eastern Region 1955, C. 61, s. 20; Laws of the Northern Region 1963, C. 49, s. 34; Laws of the Western Region 1959, C. 44, s. 12. これらをあわせて High Court Laws of the Nigerian States とも言う。

用される。但し後者の場合、裁判官は慣習法適用に関して裁量権を有する[106]。他方、慣習法間の牴触については、当事者の明示的・黙示的な意思に従って準拠法を決定する[107]。また、慣習法の適用は、それが正義・衡平及び良心の原則に違反せず、現存の法令に直接・間接に違反せず、かつ公序に反しない場合にのみ認められる[108]。

(d) ケニア　ケニアには、その歴史的沿革のために、原住民のほか白人・インド人・アラブ人などが居住しており（市民権を取得している者も多いという[109])、それに対応して法制度も複雑な様相を呈している。即ち、同国の法源としては、憲法、法律（ケニア議会の立法、東アフリカ評議会の立法、裁判所法のスケジュールに引用された個別の英国立法及びインド議会の立法のうち一定のものを含む)、下位立法、コモンロー、エクイティ、イングランドで有効な一般法典並びにアフリカ慣習法がある[110]。これらのうち、コモンロー、エクイティ及びイングランドで有効な一般法典は、ケニア及びその住民の状況がその適用を許容し、かつ事情に応じて必要な制限を加えた上でのみ適用され、アフリカ慣習法については、婚姻、離婚、扶養、身分関係、相続などにつき、当事者の一方がそれに服し又は影響を受け、当該慣習法が正義・道徳に違反せず、かつそれが成文法と矛盾しない場合にのみ裁判所はそれに従うものとされている[111]。

---

(106) Boparai, supra note 104, at 542-543. この点に関して、独立以前の判例には、当事者の一方がナイジェリア原住民でない場合には慣習法は適用できないとするものがある。即ち、① Savage v. Macfoy, (1909) 1 Renner's Gold Coast Reports 504. 及び② Fonseca v. Passman, [1958] W. R. N. L. R. 41. では、同国原住民でない夫（①ではシエラレオネ出身のアフリカ人、②では同国在住のポルトガル人）の無遺言死亡後、その者と慣習法上の婚姻を締結した原住民の女性が相続権を主張したが、両判決は、原住民でない者は慣習法上の婚姻を締結できないとの理由でこれを斥けた。しかし、その結論に問題があることや、北ナイジェリアでは独立後の布告でこの原則が修正を受けたことから、前者の判例は最早先例性を有しないとの見解も見られる。Boparai, supra note 104, at 543-544.

(107) 従って、イグビラ (Igbirra) 族たるムスリム間での離婚は、当事者がイグビラの慣習法のみが適用されると考えていたときは同法による。Mariyama v. Sadiku Ejo, [1961] N. R. N. L. R. 81.

(108) D. Asiedu-Akrofi, Judicial Recognition and Adoption of Customary Law in Nigeria, 37 Am. J. Comp. L. (1989) 578.

(109) 伊谷純一郎・小田英郎・川田順造・田中二郎・米山俊直監修『アフリカを知る事典』（平凡社・1989）128頁「住民、社会」（赤坂　賢)。

(110) T. Jackson, The Law of Kenya-an introduction (2nd. ed. 1978) 4 ff.

(e) ジンバブエ　ジンバブエには、継受されたコモン・ローと多くの慣習法が併存しているが、それらの牴触については1969年アフリカ法及び部族裁判所法に明文規定がある。⁽¹¹²⁾

　同法3条は、コモン・ローと慣習法との牴触に関して規定する。⁽¹¹³⁾同条によると、アフリカ人の間では、誘惑、姦通、子の監護及び後見、アフリカ人の死亡に因る財産の移転のうち遺言によらないもの（但し一定の場合には財産管理法69条が適用される）、個人の登記を経ていない土地に対する権利、婚姻の約因、又は慣習法の下で挙行されるアフリカ人間での婚姻（既にアフリカ人婚姻法により挙式されたか否かを問わない）といった一定の事項につき、正義に反しない限り慣習法が適用されるが、それ以外の事項には、原則としてジンバブエ法（コモン・ロー）が適用される。⁽¹¹⁴⁾適用し得る明文規定が存在しない場合には、正義・衡平及び良心の原則を適用する。以上のすべてに拘らず、子の監護については子の福祉を最優先させる。

　他方、同法4条は、慣習法間の牴触に関する規定である。⁽¹¹⁵⁾同条によると、この場合には当事者が合意し又は合意したと推定される法を適用する。かかる合意が認められない場合には、請求原因事実が発生した地の法により、その地の慣習法が不存在又は確定不能の場合には、正義・衡平及び良心の原則を適用する。

4　南ヨーロッパのカトリック圏諸国——イタリア

　イタリアでは、近代における婚姻還俗運動の過程で婚姻事項に関する教皇権力が排除され、1865年、イタリア統一後最初に成立した民法典では、形式

---

(111)　但し、それに続いてこうある。"(The High Court and subordinate courts) shall decide all such cases according to substancial justice without undue regard to technicalities of procedure and without undue delay." ibid, at 19-20.

(112)　African Law and Tribal Courts Act 1969, Art. 3 ff.; T. W. Bennett, Conflict of laws-The application of customary law and the common law in Zimbabwe, 30 Int'l Comp. L. Q. (1981) 69.

(113)　ibid. at 72-88.

(114)　但し、取引能力や訴訟能力について、問題となる権利義務の存否や内容が慣習法の内容に依存する場合には、かかる権利義務については慣習法による。

(115)　Bennett, supra note 112, at 88-90.

上強制的民事婚制度が導入された。(116)しかし1929年２月、ムッソリーニ政府と法王庁がラテラノ協定を締結し、その一部をなす政教条約（コンコルダート）で、カトリック教会法によって成立した婚姻にも、身分登録簿への登録により民事婚と同一の効果を認めることとしたことにより、家族法をめぐる世界的な流れに逆行する二元的婚姻制度が成立した。(117)この制度は1942年民法でも受容され、また1948年の現行イタリア憲法もその７条でラテラノ協定・政教条約を再確認している。(118)なお、このような教会婚姻法の復活は、以前にはポルトガル（1940年政教条約）(119)やスペイン（1953年政教条約）(120)にも見られ、また現在でもコロンビアに見られる。(121)

かかる二元的婚姻制度は、主として政教条約の規定と憲法上の規定（特に諸宗派の平等と信仰の自由）との牴触の問題をめぐって多くの議論を呼んだ。(122)またその後、1970年の離婚制度の導入(123)や1975年の家族法大改正(124)などが象徴するように、家族の規範が変化するに連れて、カトリック的家族観に由来する諸規定の除去が進んできた。(125)このような社会的動向を受けて、1967年、下院が政府に対して条約見直しを法王庁に提案するよう要請したのを契機に、政教条約の改正問題が議論されるに至った。そして、長期間の交渉の後、1984年(126)

---

(116) 但しその実質的内容はほとんどカトリック婚姻教理に一致し、離婚も認められなかった。松浦千誉「イタリア離婚法の改正について」家裁月報41巻６号（1989）４頁。
(117) 松浦・前掲注116・３頁、Vitta, supra note 1, at 186.
(118) 松浦・前掲注116・３頁、G. L. Certoma, The Italian legal system（1985）119.
(119) 澤木敬郎「国際私法における人際法上の若干の問題」立教法学14巻（1975）62頁参照。これに合わせて、同国民法1790条も同様の規定を設けていたが、1975年のDecreto-Ley No. 261／75によりこの規定は廃止された。Wähler, supra note 4, at 345. N. 41.
(120) 同条約を受けたスペイン民法42条につき澤木・同上63頁。但し、1981年の法律はかかる二重の制度を廃止した。Lipstein and Szászy, supra note 7, at 12.
(121) 奥山恭子「現代ラテンアメリカ家族法」川井健・利谷信義・三木妙子・久貴忠彦・野田愛子・泉久雄編『講座現代家族法第１巻』（日本評論社・1991）228～229頁参照。
(122) 国家評議会や破棄院が度々政教条約は憲法に優越するとしたにも拘わらず、憲法裁判所はコンコルダートの違憲性を否定してきた。Certoma, supra note 118, at 119.
(123) 1970年12月１日法律898号（婚姻解消の諸場合の規律）。同法については、小池隆一・松浦千誉「イタリア新離婚法」法学研究44巻６号（1971）参照。
(124) この改正は、家父長的な家族制度から脱却し、家族法における両性の平等と子の福祉を推進するためのものであった。
(125) 松浦・前掲注116・４頁。
(126) 松浦・前掲注116・17頁（注（１））。

に新しいコンコルダートが締結された[127]。

以上の経緯を経て、イタリアでは現在も民事婚姻法[128]とカトリック教会婚姻法[129]が併存しており、教会法上の婚姻にも民事法上の効果が認められる。民事法上の婚姻に関しては国家の、教会法上の婚姻については教会の裁判所が各々管轄権を有するが、宗教婚を民事登録するためには民事法上の要件の具備が必要であり、また教会法上の婚姻無効判決は民事法上外国判決と同様に承認手続の対象となる[130]。教会法上の婚姻に対して民法上の離婚判決は認められないが、婚姻の民法上の効果を終了させることができる[131]。

5　4を除く一部のキリスト教圏諸国
(1)　オーストラリア[132]

オーストラリアへの植民が始まった18世紀後半までの英国の植民地政策の基本は、原住民の主権の尊重であった[133]。しかしオーストラリアに関しては、新たに発見された非居住地の英国への帰属と考えられたため、アボリジニー[134]

---

(127) 同年2月18日、マダマ宮殿で、政教条約の改正を含む合意がイタリア・ローマ法王庁間で締結された。その後新コンコルダートは、イタリア議会の承認を得て、これを施行する1985年法律121号が3月25日に成立した。松浦・前掲注116・17〜18頁（注（1））。

(128) 婚姻については民法に、婚姻の解消については1987年3月6日の法律74号（婚姻解消の諸場合の規律に関する新規定。松浦・前掲注116・6頁以下参照。）に規定がある。

(129) 1983年教会法典。同法については、P. H. Neuhaus, Der Neue Codex Iuris Canonici in privatrechtlicher Sicht, 47 RabelsZ (1983) 502.

(130) Certoma, supra note 118, at 123.

(131) 1987年離婚法2条、松浦・前掲注116・20頁。

(132) ちなみに、ここでオーストラリアの原住民アボリジニーの家族関係につき簡単に触れておくこととする。彼らの社会には、父系家族を中心とする血縁集団ホルド（horde）から成る部族が多数存在する。各部族には固有の慣習法が存在するが、それらは宗教的な性格も有しており、また部族内の選ばれた数人の者のみがその内容を把握しているようである。婚姻をめぐる法規範は特に複雑を極めるが、概して男系中心主義的であり、一夫多妻も見られる。

(133) C. McLachlan, The recognition of Aboriginal customary law : pluralism beyond the colonial paradigm–A review article, 37 Int'l Comp. L. Q. (1988) 378.

(134) この考え方は Cooper v. Stuart (1889) 14 App. Cas. 286, 291. に示されている。McLachlan, ibid, at 383. その背後には、当時アボリジニーの人口が少なく散在しており、文化的にも多様で、各々の社会が中央集権的な体制を持っていなかったという事情もあったであろう。加えて、アボリジニー慣習法の特徴である秘密性・宗教性・差別性・刑罰の残虐性などの影響も考えられる。Problems of giving effect to Aboriginal customary laws, 54 Austr. L. J. (1980) 112.

の主権もその慣習法の効力も承認されず、彼らは英国人と同様にイングランド法に服するものとされた。⁽¹³⁵⁾

　このような政策に対する批判は、19世紀以来、主として刑罰法規の分野について存在していたが⁽¹³⁶⁾、今世紀後半には、政府の同化政策から自決政策への転向に呼応して、自らの人種的アイデンティティーと伝統的生活様式を保持するアボリジニーの権利という観点から、その慣習法の効力を承認する動きが生じてきた⁽¹³⁷⁾。その特徴は、慣習法の適用を法的な権利として全面的に承認するのではなく、裁判官の裁量に依存する形で一定分野ごとに承認の可否が検討された点にある（機能的承認）。このような考え方は、1977年の法務総裁からの諮問に対するオーストラリア法改革委員会の答申（1986年）にも示されている⁽¹³⁸⁾。さらに近年では、アボリジニー慣習法の承認にとどまらず、多文化的国家における家族法のありかたという方向に議論が進みつつある⁽¹⁴⁰⁾。

（2）フィリピン

　フィリピンでは、少数者たるイスラム教徒の要望に応じて、1977年の大統領令1083号により、各民族文化共同体の慣習や伝統を政策形成及び実行に際して考慮する観点から、フィリピン・ムスリム・パーソナル・ロー法典を制定・公布した⁽¹⁴¹⁾。同法は、イスラム法の一定の範囲（親族法・相続法・手続法な

---

(135)　J. Crawford, The Australian Law Reform Commission's Reference on the Recognition of Aboriginal Customary Law, 17 VerfRÜ (1984) 146.

(136)　1837年、英国下院のアボリジニー委員会は、英国法違反を理由にアボリジニーを重く罰するのは不合理であると述べている。Crawford, supra note 135, at 147.

(137)　その過程では、主に刑事法や財産法につき議論されたが、伝統的婚姻の承認や子の監護、死亡による財産分配などの問題も議論の対象となった。例えば、Crawford, supra note 135, at 162-175.

(138)　1977年、法務総裁はオーストラリア法改革委員会に対し、同国裁判所でのアボリジニー部族法適用の是非につき諮問した。諮問では特に刑事法領域が明示的な対象とされたが、婚姻法についても諮問の対象外ではないとする者が多いようである。そのような考え方をとると思われる文献としては、Crawford, supra note 135, at 135 ; A. Dickey, Family Law (2nd ed. 1990) 154 がある。

(139)　The Recognition of Aboriginal Customary Laws, para. 209.; cf. McLachlan, supra note 133, at 373.

(140)　E. Evatt, Multiculturalism and Family Law, Summary of Discussion Paper No 46 1991, 5 Austr. J. Fam. L. (1991) 86-92 などを参照。

(141)　J. D. Rasul and I. Ghazali, Commentaries and Jurisprudence on the Muslim Code of the Philippines (1984 ed.) 48.

ど）に国法としての効力を認めた点で特徴的である。なお、同法はムスリムのみに適用されるが、同法の適用範囲内で同法と一般法とが牴触する場合には同法が優先的に適用され、また同法と特別法が牴触する場合には、前者の障害とならないよう後者をリベラルに解釈するものと定められている。[142]

第3節　人際家族法の課題

以下では、これまでに述べた人際家族法の現状を前提として、それが現在どのような展開を見せつつあるのか、その際にいかなる課題が生じるのか、という点につき、若干の考察を試みることとする。

1　法制度の近代化と伝統回帰

イスラム諸国では、イスラム教の社会的性格の影響もあって、現在でも法制度の中にイスラム教が大きく影響しているが、第2次世界大戦後、国際的な人権尊重の潮流の中で、一部のイスラム国家でも、婚姻・離婚法などの分野を中心に、家族法の部分的改正が行われた。[143] これはあくまでイスラム法の枠内におけるものではあるが、伝統的なイスラム法に対して積極的なアプローチを試みるものとして評価できよう。

これに対して、特に近年、幾つかの国では伝統的なイスラムの立場から法制度をイスラム化する動きがみられる。例えば、パキスタンでは1980年に連邦シャリーア裁判所が設置されたが[144]、これはいわばイスラムの憲法裁判所であり、法令の規定がイスラムの教義に反しないか否かをチェックする機関と

---

(142) 同法3条。Rasul and Ghazali, supra note 141, at 53.
(143) その代表例であるタラークの改革につき、拙稿「タラークの改革」マイダーン（国際大学中東研究所）25号（1992）10頁参照。
(144) この改革は同国憲法の改正により実現された。改正後の203条D第1項は次のように規定する。「（連邦シャリーア）裁判所は、（自らの発意により、又は）パキスタン連邦ないし地方政府の市民からの訴に基づき、あらゆる法又はその規定が……聖クルアーン及び聖なる預言者のスンナに示されたイスラムの戒律に反しているか否かの問題を審査し決定する。」この決定は高等裁判所その他の下級裁判所を拘束するが、最高裁判所に上告できる。なお、この改革につき、R. H. Gilani, A note on islamic family law and islamization in Pakistan, in Islamic Family Law (C. Mallat and J. Connors ed. 1990) 342ff. 参照。

して設けられたものである。そして実際にも、この制度を用いて法令の無効を宣言する判決が登場している。その例として、1981年の連邦シャリーア裁判所判決がある。本件の原告は、1872年のパンジャブ法典第5条が1948年3月16日以前に相続された土地の譲渡について慣習法の介入を認めるのは、クルアーン及びスンナの戒律に反し無効である、と主張したが、連邦シャリーア裁判所は、パンジャブの慣習法は男系相続を定めるが、これは女性の相続権を認めるイスラム法と矛盾するものであり、従ってクルアーンやスンナに反し無効であると判断した。被告は上訴したが、最高裁はこれを斥けている。この他にも、伝統的イスラム法の側からの動きとして、エジプトの1979年法44号が導入したタラークの妻への通知義務規定に対する同国最高裁判所の違憲判決（1985年）などがある。

このようなイスラム法の改革動向には、①法的な正義の観念に基づく宗教法の改革及び②伝統的なイスラム教やイスラム社会の擁護という2つの要素が絡んでいる。現代のイスラム諸国では、この両者の要請が相剋しながら、各国の置かれた様々な状況に応じて法改革が進められつつあると言えよう。

以上に述べた例に代表される一連の動向は、イスラム法適用の拡大によってイスラム法や他のパーソナル・ローに影響を与えると同時に、法適用の境界に変更をもたらすという意味で、人際法に対しても影響を与えていくものとして把握できる。

例えば、上述したパキスタンの事例は、一定の事項につき慣習法の適用を認める牴触規則の違法性を宣言したケースとして把握することもできるという意味で、法のイスラム化が人際法に影響を及ぼす例としての意義をも有すると言えよう。このような、イスラム法適用の拡大による人際法への影響は、今後、法のイスラム化を推進する他の国々でも見られ得るものである。その意味で、このような動向には、人際法研究の立場からも注目する必要があろう。

---

(145) Muhammad Ishaq v. Federation of Pakistan. 1981年5月19日判決。
(146) Shariat Appeal no. 16 of 1981.
(147) タラークの通知が妻に到達しない限り、タラークは法的効果を生じないとする。

2 実質法の統一

人的不統一法国の多くが、各々のパーソナル・ローの枠組みを基本的には維持しつつ法改革を進めているのに対して、一部の国々ではさらに一歩踏み込んで、実質法の統一に着手している。そして、その際に課題となるのが、国内の民族・宗教などの状況と統一法との間での折り合いをどのようにしてうまくつけていくか、という点である。

例えば、既述のようにチュニジアでは、1956年の身分法典によりイスラム法に基づく統一的身分法を制定した。これは、国民の97％がアラブ人であり、イスラム教が国教として尊重されていること、及び非ムスリムに適用される身分法を別に施行していたことがその要因として考えられよう。これに対して、やはりイスラム教国であるスーダンでは、1983年の大統領命令でシャリーアがスーダン法の唯一の指導力である旨が宣言され、人民議会の承認を得た。[148] しかし、これは同国南部を中心とする黒人勢力の反発を招き、大規模な内戦を経て1985年4月の軍事クーデター(ヌメイリ大統領の追放)に至っている。しかしその後も NIF (National Islamic Front) はイスラム化推進を唱え(それが非ムスリムの利益にもなるとも主張した)、1988年に連合政府に参加してからも非ムスリム勢力に対する妥協の姿勢を見せなかった。その後、ムスリムのリーダーが SPLM (Sudan People's Liberation Movement, 南部の利害を代表する)との協議を開始するなどの動きも見られたが、1986年以降首相を勤めた Sadiq al-Mahdi の強硬な姿勢は事態を悪化させ、ついに1989年6月30日、再度のクーデターを招いてしまった。[149] これは、国民の25％を占め、原始宗教やキリスト教を信仰する南部の黒人勢力への配慮を欠く性急なイスラム化が招いた結果とも言えるように思われる。

これらの例とは異なる法統一の第2のパターンとして、一部のパーソナル・ローをその射程外とする留保つきの法統一がある。その代表例は、既に触れたインドネシア、マレーシア及びシンガポールである。これらの国々で

---

(148) スーダン法の1985年までの動向については、C. Fluehr-Lobban, Islamic law and society in the Sudan (1987) 278-282 参照。

(149) ヌメイリ大統領によるイスラム化政策から1989年のクーデターに至る状況を分析したものとして、G. R. Warburg, The Sharia in Sudan, in : J. O. Voll (ed.), Sudan : State and Society in Crisis (1991) 90-107 がある。

は、家族法の部分的統一を達成するため、各々成文法（インドネシア1974年新婚姻法、マレーシア1976年法改革法及びシンガポール1961年女性憲章）が制定されたが、イスラム法は統一の対象から除かれている。これは、各国内でのイスラム勢力がシャリーア遵守の立場からこれと異なる法への服従に強く抵抗したためだが、このようなイスラム勢力の抵抗は、今後しばらくの間、法統一運動にとって最大の障害となろう。また、このようなイスラムの態度は、上述のパキスタン判例の考え方を参考にする限り、統一法とイスラム法との適用範囲の確定に際しても問題を生ぜしめる可能性がある。いずれにせよ、この点については今後の展開を見守る必要があろう。

　法統一の第3のパターンとしては、当事者の所属する民族や宗派などに関係なく適用を受けられるもうひとつの選択肢を用意する、という形での「統一法」が考えられる。この例としてはインドの1954年特別婚姻法を挙げるのが適切であろう。同法は当事者の所属する宗派に関係なく適用され得るものであり、同法の前身である1872年特別婚姻法(150)に比べて適用範囲が広くなっている点で、もう一つの選択肢として利用しやすくなっているのが特徴である。また、同法は渉外離婚事件において一種の渉外実質法として適用されているとの分析も為されており(151)、牴触法の観点からも注目に値する立法である。

　なお、戦後のインドに代表されるような家族法分野での法典化の動きは、直接的には各パーソナル・ローの整備として把握できるものであるが、他面においてはそれらも、共通する改革理念の存在によって、法の実質的な統一

---

(150) Special Marriage Act 1872. 同法は、婚姻当事者のいずれもがキリスト教、ユダヤ教、イスラム教、パルシー教、仏教、シーク教、ジェイン教のいずれかを宗旨としていることを宣言しない者に対してのみ適用された。その後1923年の修正により、ヒンドウ教、仏教、シーク教、ジェイン教のいずれかを宣言した当事者間では適用されるようになったが、それでもヒンドウ教を宣言した者とヒンドウ教、仏教、シーク教、ジェイン教のいずれかを宣言しなかった者との間での婚姻には適用されなかった。従って同法は実際上、特定の宗派に属する一部の者にしか適用されなかった。黒木三郎「インド新婚姻法の性格」法経論集17、18、19合併号（1956）348～349頁。そのため、キリスト教徒やユダヤ教徒やイスラム教徒が同法による婚姻をするためには棄教する必要があった。そこで、そもそも婚姻のためだけにする棄教が有効か、といった疑問が生じることとなった。この点については、Pearl, supra note 80, at 52参照。

(151) P. Diwan, Private international law: Indian and English（1988）292. ここで引用された判例は、Christopher Neelkantam v. Annie Neelkantam, 1959 Raj. 133.

への歩みとして評価できる側面をも有していると言えよう。ただ、「実質的な」歩みにすぎない以上、依然として人際法レベルでの処理が重要な位置を占めることに変わりはない。

3 少数原住民・移民の利益保護

　これまでに挙げた例は、伝統的に属人的な適用を受ける複数のパーソナル・ローが併存していた国々でのものであるが、近年では、もはや人的な法の不統一が存在しない、いわゆる先進諸国の一部でも、パーソナル・ローをめぐる新たな動きが出てきている。

　その代表例が、前述したオーストラリアのアボリジニー慣習法承認問題である。同国法務総裁が1977年に法改革委員会に対してアボリジニー慣習法の承認問題につき諮問したのに対して、同委員会は1986年に報告書を提出したが、その内容は、法制度全般との関係でのアボリジニーへの正義の保障という観点と、慣習法の承認が法的・文化的多様性への応答としての局面を有する点を踏まえて、特定的ないし機能的承認という方向性を打ち出したものであった。これは、一方で慣習法自体の変化に対応すると共に、他方ではアボリジニーの生活形態の多様性にも対応するものである。

　その後法務総裁は、同国の家族法、刑法及び契約法が多民族・多文化社会に適合しているか否か、という点につき法改革委員会に諮問を行い、委員会は現在答申のための作業を続けている。[152]

　今や同国におけるアボリジニー慣習法承認の問題は、文化的多様性を法制度の上でいかに反映させるか、という、よりスケールの大きな問題に昇華されつつある、と言うことができるように思われる。

　もうひとつ、欧米におけるパーソナル・ローの新たな展開の例として挙げたいのが、イギリス国内のムスリム・コミュニティーによるイスラム法承認の要求である。[153] そもそもイギリスには、従来からイギリス連邦内のイスラム教が有力な国々からの移民が多数存在していたが、1970年代になって英国・

---

(152) Evatt, supra note 140, at 86–92.
(153) S. Poulter, The claim to a separate islamic system of personal law for British muslims, in Islamic family law (Chibli Mallat & Jane Connors ed. 1990) 147–166 参照。

エール・ムスリム組織連合（UMO）は、多くの決議によりイスラム家族法の公的な承認を求めるに至っている。現時点ではこのような主張が認められるとは考え難く、むしろ彼らの側がイギリス法の柔軟さを認識し、それをうまく使いこなしていくことを考えるしかないであろう。従って、そこには法の人的牴触が生じる余地はまず考えられない。ただ、今後の課題ではあるが、彼らのような異文化社会からの移民の声を法制度全体の中でいかにして、どの程度反映させることができているか、また今後できるのか、という点は、法の属地性を原則とする欧米諸国や日本でも、重要な課題となり得るものであると言えよう。

さらに近年では、カナダ・エスキモー（イヌイット）による自治要求の問題が注目を浴びつつある。1991年12月16日にカナダ政府（シドン・インディアン北方開発相）が発表したところによれば、同国政府はイヌイット代表者との交渉の結果、①同国北部のノースウエスト準州を分割し、東部の約200万平方キロメートルをイヌイットの管理下に置く、②その地域内での自由な狩猟・漁労を認める、③イヌイットは（①の）うち35万平方キロメートルを専有し、政府は14年間にわたってイヌイットに総額約5億2千万米ドル（利子込みで約10億米ドル）の補償金を支払う、その代わりに④イヌイットは従来主張してきたノースウエスト準州全体への領土権主張を取り下げる、などの合意に達した。同相によれば、分割が正式に認められればイヌイット管理地域は準州同様の扱いを受け、ノースウエスト準州の残りの部分は名称を変更するとの見通しであるという。

ちなみに、わが国でも今後ますます問題となるであろう移住労働者の保護については、1990年12月の国連総会で「すべての移住労働者とその家族の権利保護に関する条約」が採択されたが、そこには次のような条項がある。

---

(154) その要因としては、彼らにとっての伝統的慣習や信仰・道徳や法原理の重要性、商事や刑事におけるイスラム法の後退に起因するイスラム家族法の世界的保護の重要性、彼らのパーソナル・ローへの親近感、彼らの宗教的自由に対する主張、西欧法に対する嫌悪感などが挙げられよう。Poulter, supra note 153, at 147-148.
(155) 朝日新聞1991年12月18日朝刊記事。
(156) その後の報道によれば、準州の分割に必要な住民投票でもこの提案は多数の賛成を得たとのことである。
(157) 同条約の概観については、江橋　崇「移住労働者保護条約の意味するもの」法学セミナー

第31条
　1　締約国は、移住労働者とその家族の文化的独自性の尊重を確保する措置をとるとともに、その者たちが出身国との文化的なつながりを維持することを妨げてはならない。
　2　締約国は、この努力を助長し、促進させる適切な措置をとる。

　この規定がパーソナル・ローの承認との関係でいかなる意味を持ち得るのか、という点については、現段階ではまだ何とも言えない。しかし、上で述べたオーストラリアやイギリスの例を念頭に置くと、今後この規定は、移住労働者の服する固有法に対する（わが国を含めた）受入国側の対応に何らかの影響を与え得るものであるように思われる。

4　人際法の分離・明確化

　伝統的には実質法たる各々のパーソナル・ローの中に埋没してきた人際法であるが、戦後に至ってその実質法からの分離と成文化の例が現れた。例えば、前述したジンバブエの1969年アフリカ法及び部族裁判所法はその代表例である。同法は、コモン・ローと多くの慣習法との牴触を、正義・衡平及び良心の原則、子の福祉、当事者自治、請求原因事実発生地法主義などを用いて処理しており、それらの規定をプロパー・ローの探究という観点から解釈している。この外、やはり前述したナイジェリアの高等裁判所に関する法律は、継受されたイギリス法、イギリス法の流れをくむ自国の立法及び複雑な慣習法の間での牴触を、正義の観点や当事者自治により処理している。

　これらのような立法例はアジア・アフリカの旧植民地諸国では多く見られるものであるが、特にそれらの中でも複雑なパーソナル・ロー体系を有するものの場合を考えると、このような実質法と一定の距離を有する概念を通して法の人的牴触を処理する方法論は、今後の方向性として注目に値するものと言えよう。

　442号（1991）58～63頁。また31条については、岡本雅享「移住労働者保護条約と家族生活の保護」同上70～71頁参照。

5 今後の課題

 以上、パーソナル・ロー及び人際法の今後の展開として4つの方向性を呈示したわけだが、このような進展が現実に行われる過程では、様々な困難の生じることが予想される。ここでは本稿のしめくくりとして、その点につき若干述べておきたい。

 まず、法(実質法及び牴触法)の近代化を進めるに当たっては、伝統的規範を尊重する勢力からの抵抗が当然のように予想される。特に、イスラム教徒の西欧的法システム、さらには西欧世界全体に対する不信感や嫌悪感は、それらが必ずしも説得力ある内容を構成するものとは限らないとしても、パーソナル・ローや人際法を考える上で決して軽視できない問題である[158]。このような問題は、実質法(家族法)の中に埋没している人際法規定の分離・明確化においても、また、程度の差こそあれ多くの国々で進められつつある実質法統一の動きについても、それらが多くの場合西欧的な法概念を利用しつつ行われてきたことを考慮すると、やはり問題となり得る。

 他方、一部のイスラム諸国で実際に生じつつある伝統回帰の傾向については、上に述べたのとは逆に、それが世界的な潮流である人権保護の要請との牴触という問題を孕んでいる点が注目される。これは、各民族や宗教共同体の伝統的価値観の尊重という観点においては、オーストラリアにおけるアボリジニー慣習法の承認問題や、イギリスのムスリム社会からのイスラム家族法承認要求にも通じる側面を有している。

 この問題を考える際に念頭に置くべきなのは、①宗教、民族などの共同体、②国家、③国際社会という3つの「利害関係者」の間での利害調整である。その各々が①グループ内での伝統の尊重、②国家の安定、憲法上の人権保護、③国際的私法交通の安全と円滑、国際的な人権保護という要請に応じつつも、相互の関係の中で自らの価値観にどの程度固執するのか、また他者の価値観をどこまで許容するのか、という点は、ある程度技術的性格が強く

---

[158] 例えば、英国のムスリム社会がイスラム家族法の公的承認を求める背景のひとつは、彼らが、白人社会の特徴であり法政策の中で故意に助長されていると考える様々な「邪悪」から、より道徳的レベルが高いと彼らが考えるイスラム法によって彼ら自身を守りたいという点にある。Poulter, supra note 153, at 148.

実質法に引きずられる傾向の弱い国際私法に比べて、実質法上の価値観に比較的影響され易い人際法の分野においては、一層問題になるものと思われる。

　筆者としては、今後も以上の点に注目しつつ、人際家族法の研究をさらに進める必要があるものと考える。

第7章　人際家族法の動向

第1節　まえがき

　筆者は既に、人的に適用範囲が決定される法（パーソナル・ロー）及び人際法の現状を家族法分野につき概観し分析する論考を公表している[1]（以下「序説」とする）が、筆者の不勉強のため不十分な内容にとどまってしまった箇所が少なくない。この研究の一応の完成には（たとえそれが可能であるとしても）まだまだ長期間を要するものと思われるが、今回、「序説」の執筆後に入手した資料などをもとに、「序説」に対する若干の補充も含めて、人際家族法の現状報告の第2弾を公表することとする。

第2節　人際家族法の現状・つづき

1　地域別整理の確認と追加

　「序説」では、人際家族法の現状を5つの地域に分けて概観したが、その後の研究成果をも踏まえて考え直してみると、以下のような地域分類ができるように思われる（ただし、資料不足のため、筆者による推測も含めての分類である点をご容赦願いたい）。

（1）イスラム諸国
　　①南アジア～北アフリカ……パキスタン・アラブ諸国など
　　②東南アジアの一部……インドネシア・マレーシアなど
（2）（1）を除くアジア・アフリカ諸国
　　①旧イギリス領諸国の多く……インド・ガーナ・ケニア・ジンバブエなど

---

(1)　拙稿「人際家族法研究序説」中央学院大学総合科学研究所紀要9巻2号（1994）103頁以下。

②旧フランス領諸国など……マリ・セネガル・ブルキナファソ・タンザニアなど
（3） カトリック諸国の一部
①イタリア・コロンビア
②フィリピン
③南米諸国の一部……メキシコなど
（4） プロテスタント諸国の一部
①オーストラリア・ニュージーランド
②イギリス
（5） 社会主義国の一部……中国

以下では、上記の分類に従って、人際家族法の現状につき「序説」に対する若干の補足を行う。

2 アジア・アフリカ諸国
（1） シリア
シリアでは、1961年裁判所法が非イスラム教徒のための宗教裁判所の設置を認めたとのことだが、その詳細についてはまだ文献を入手できていない。
（2） エジプト
エジプトでは、1979年法44号が離婚登録義務、離婚の妻への通知義務、夫の複婚の制限などを規定したことが保守派の激しい反発を招き、ついには、それを公布した大統領令の手続の違憲性を理由としてではあるが、最高裁判所は同法を違憲とする判決を下した。しかしその後、同法とあまり変わらない内容を含む法律が1985年に公布されている。同法がエジプトでどのように

（2） 鈴木輝二「発展途上社会主義国の法9　シリア」国際商事法務12巻11号（1984）819頁参照。
（3） 身分法の諸法令の一部の改正に関する1979年法第44号。真田芳憲・松村明「エジプト・アラブ共和国のムスリム身分法について」比較法雑誌24巻4号（1991）140頁、142頁以下。
（4） エジプト憲法147条に基づき、国民議会の休会中に大統領令の形で公布された。真田・松村、前掲注3・142〜143頁。
（5） 真田・松村、前掲注3・143頁。
（6） 身分法の諸法令の一部の規定の改正に関する1985年法令第100号。真田・松村、前掲注3・127頁以下。

受け入れられるか（あるいは再び拒絶されるか）を見守るのが今後の課題と言えよう。

　（3）　アルジェリア

リビアで1977年に行われた、シャリーア裁判所の管轄の国家裁判所への移転と同様の動きがアルジェリアでも見られる。[7]

　（4）　アラブ首長国連邦

イスラム法が一般法として適用されているようであるが、詳細についてはまだ文献を入手できていない。ただ、国内に居住していたヒンドゥー教徒を被相続人とする相続について、ヒンドゥー法によるとの下級審判決を覆し、イスラム法によると判断したシャリーア控訴院判決が存在するようである。[8]

　（5）　スリランカ[9]……参考文献の追加がある。

　（6）　アフリカの旧植民地諸国

①一般的特徴……旧フランス領諸国などに家族法統一の動きが見られる。[10]

②ガーナ・ケニア……相続について、ガーナでは1985年に[11]、ケニアでは1972年に[12]それぞれ統一法が制定されたようである。

③ザンビア……多数の慣習法（73にものぼるという）が一般法（イギリスからの移入法）と併存し、土地・不法行為・契約・婚姻・相続などに適用されてきた。両当事者がアフリカ原住民である場合のみならず、一方がアフリカ原住民で他方がそうでない場合にも、正義の観点から慣習法の適用が要求される場合には慣習法が適用される。また、婚姻については、当事者が一般法と固有法の何れかによる婚姻を選択でき、選択した法が離婚などに適用される。[13]

（7）　鈴木輝二「発展途上社会主義国の法10　アルジェリア」国際商事法務12巻12号（1984）895頁。

（8）　Afridi & Angell, UAE : Recent Developments, 9 Arab L. Q. (1994) 203.

（9）　スリランカの家族法については、「序説」及び以下に示すものの他に、R. K. W. Goonesekere（河本喜彦訳）「スリランカの家族法（1）〜（3）（未完）」戸籍時報288号（1982）10頁、290号（1982）10頁、293号（1982）42頁も参照されたい。

（10）　Chuma N. Himoga, Family law reform and the integration of the laws of succession in Zambia, 24 Verfassung und Recht in Übersee 341 n. 9.; Hilde Nuytinck, Les principes du nouveau droit de la famille au Burkina Fasso, 806 PENANT (1991) 258.

（11）　Himoga, supra note 10.

（12）　Himoga, supra note 10, at 340ff. なお、同法は1987年になってようやく施行されるに至った。

その後1989年になって、同国では相続法の改革と統合を意図して2つの重要な法律が制定されたが、何れの意図も中途半端な形でしか達成されていない、との指摘がなされている。

④その他……マラウイでは、慣習家族法、アジア家族法、コモン・ローを基礎とする家族法などが併存している。

セネガルでは、1972年に統一家族法を公布したが、事実上はイスラム法が生き残っている、との指摘がある。

3 キリスト教諸国
(1) オーストラリア

オーストラリアでは、1986年のオーストラリア法改革委員会答申にも示されているように、アボリジニー慣習法につき機能的承認を認める議論が生じ、さらに近年では、アボリジニー慣習法の承認問題などにとどまらず、多文化的国家における家族法のありかたという方向に議論が進みつつあるが、慣習法の承認とは反対の方向に議論が進みつつあるように思われなくもない。

(2) ニュージーランド

ニュージーランドでは、人口のおよそ9割をヨーロッパ系移民（及びその子孫）が占めるものの、1割ほどをポリネシア系原住民であるマオリ族が占

---

(13) Himoga, supra note 10, at 342ff.
(14) The Intestate Succession Act (ISA) 及び The Wills and Administraion of Testate Estates Act (WATEA).
(15) ISA は無遺言相続に適用されるが、慣習法に基づいて取得された土地や、同法施行以前に一般法が適用されていた場合には適用されない。Himoga, supra note 10, at 348ff. 他方、WATEA は遺言相続に適用されるが、一般法のみを統合するものであり、やはり慣習法との併存状態は続いている。Himoga, supra note 10, at 350ff.
(16) Garton Sandifolo Kamchedzera, Malawi: Improving Family Welfare? 32-2 University of Louisville Journal of Family Law (1993-94) 369-376.
(17) Amsaton Sowsidibe, Senegal's evolving family law, id. 421-429.
(18) 1992年に出された法改革委員会の最終報告では、現行法は十分弾力的であって（アボリジニー慣習法承認のための）改正の必要はない、との結論が示されている。この点は今までに述べたのと別の意味で興味深い。Patrick Parkinson, Multiculturalism and the regulation of marital status in Australia（1994年第8回国際家族法学会世界会議報告、未公刊）14頁参照。
(19) マオリ語ではアオテアロア（Aotearoa）という。同国については、Bill Atkin and Graeme Austin, Cross-cultural Challenges to Family Law in Aotearoa/New Zealand（1994年第8回国際家族法学会世界会議報告、未公刊）に依拠した。

めている。両者の関係については、1840年にイギリス駐在官とマオリ首長約50人との間で締結されたワイタンギ条約（te Tiriti o Waitangi/the Treaty of Waitangi）[20]が重要な位置を占めているが、家族法との関係で近年その重要性が再認識されつつある。

マオリ慣習法の承認については、明文で慣習を尊重する趣旨の規定を設ける立法例が家族法の分野に存在するものの[21]、多くの場合には、個々のケースにおける裁判官の裁量権行使に依存する傾向があるようである[22]。

（3）　中南米諸国

カトリック教会法を受け入れたコロンビアのような例外[23]を除いて、中南米諸国の家族法は一般的に統一されており[24]、しかもその際のモデルとしては、ナポレオン民法などが用いられているようである。

しかし、それらの法は（特に農村部の）民衆にはあまり浸透しておらず、各地（各部族？）の慣習法（固有法には限られないが）がより尊重されている、との分析がある[25]。各国の具体的事情については現在のところあまりに情報不足であるが、わが国の戸籍先例にも、この点に関係のありそうなものが見られる[26]。

4　社会主義国──中国[27]

中国では、1949年の社会主義革命の精神を家族法の面でも表明した1950年

---

(20)　Atkin and Austin, supra note 19, at 2.
(21)　Children, Youg Persons and Their Families Act 1989.; Atkin and Austin, supra note 19, at 5ff.
(22)　Atkin and Austin, supra note 19, at 7-8.
(23)　他にそのような国があるか否かは、資料不足のため現時点では不明である。ただ、コロンビア以外にも教会婚に民事的効力を認める国は存在するようである。Hector Cornejo Chavez, Derecho familiar peruano (1987) 64.
(24)　従って固有法は現在の法制度にほとんど影響を与えていないと言われる。中川和彦・矢谷通朗編『ラテンアメリカ諸国の法制度』（アジア経済研究所・1988）参照。
(25)　K. L. カースト、K. S. ローゼン（塙浩訳）「ラテンアメリカの法的諸制度の歴史的発展」摂南法学11号（1994）151～153頁。
(26)　「ペルー国ウアチョ司教区発行の婚姻証明書の取扱いについて」民事月報49巻3号（1994）87頁。1959年にペルーで宗教上の婚姻をした日本人につき、同国法上の婚姻の成立を否定した。
(27)　中国少数民族の婚姻法については、野村好弘「中国民法通則施行後の状況とチベットの婚姻法」ジュリスト922号（1988）43頁、清河雅孝「中国少数民族の婚姻規定の諸問題」産大法学23巻2号（1989）22頁、同「中国少数民族の婚姻規定」同上（1989）123頁、西村幸次郎

婚姻法を受け継いで、1980年に現行の婚姻法が制定されている。同法は原則として中国全土に統一的な婚姻法を導入しているが、36条において、民族自治地方（自治州、自治県、自治区）は、現地民族の婚姻・家庭の具体的情況を総合して、弾力的または補足的規定を制定することができるものと規定している。この規定を受けて、いくつかの民族自治地方では実際にその種の規定が制定され、1980年婚姻法の内容を確認する規定と並んで、少数民族に関する若干の例外規定が設けられている。[28]

これらの弾力的・補足的規定の中には、少数民族と漢民族との法律関係についての若干の人際法規則も含まれている。[29] 少数民族と漢民族との関係に限って考えても、それらは必ずしも十分なものとは言い難いが、これらの規定の性質上、明確な規定のない場合には1980年婚姻法が適用されるものと解することは可能である。[30]

しかし、これらの規定には問題点が少なくない。まず、そもそもこの種の規定が制定されていない少数民族も多く、かといって、それらの人々に婚姻法や中央の政策を無条件で押しつけることには疑問がある。次に、補足規定

「中国少数民族の婚姻慣習と法」阪大法学42巻2・3号（1992）165頁。

(28) 婚姻法の内容を確認する規定の例としては、「新疆ウイグル自治区中華人民共和国婚姻法施行の補充規定」3条ないし5条（近親婚の禁止・再婚の自由・売買婚の禁止を確認）、「寧夏回族自治区中華人民共和国婚姻法施行の補充規定」5条（再婚の自由を確認）、「涼山彝族自治州中華人民共和国婚姻法施行に関する規定」3条2文（売買婚の禁止を確認）・4条（再婚の自由を確認）がある。その他、婚姻法の規定を補う規定も見られる。他方、婚姻法の内容を変更する例外規定の例としては、「新疆ウイグル自治区中華人民共和国婚姻法施行の補充規定」2条（婚姻適齢を変更）・9条（産児制限の免除）、「チベット自治区中華人民共和国婚姻法施行の例外規定に関する条例」1条（婚姻適齢を変更）・2条（一夫多妻や一妻多夫に関する経過規定）、「寧夏回族自治区中華人民共和国婚姻法施行の補充規定」2条（婚姻適齢を変更）・3条（近親婚の禁止に関する経過規定）、「内モンゴル自治区中華人民共和国婚姻法施行の補充規定」3条（婚姻適齢の変更）・6条（産児制限の免除）、「涼山彝族自治州中華人民共和国婚姻法施行に関する規定」5条1文（婚姻適齢を変更）がある。これらの規定については、清河・前掲注27・125頁以下に和訳が掲げられているので、参照されたい。

(29) その例として、「新疆ウイグル自治区中華人民共和国婚姻法施行の補充規定」10条（適用範囲）、「寧夏回族自治区中華人民共和国婚姻法施行の補充規定」7条（適用範囲）、「内モンゴル自治区中華人民共和国婚姻法施行の補充規定」3条2項（婚姻適齢）・5条（子の所属）・6条2項（産児制限）、「涼山彝族自治州中華人民共和国婚姻法施行に関する規定」12条（適用範囲）がある。これらの規定については、清河・前掲注27・125頁以下に和訳が掲げられているので、参照されたい。

(30) 清河・前掲注27・24頁。

の制定されている場合でも、異なる民族自治地方に属する異なる少数民族間の関係については明らかとは言えない。さらに、規定の適用関係自体は明確な場合でも、法令用語の定義（例えば、「本自治区内の（者）」とは「本自治区内に居住する（者）」という意味か、それとも「本自治区内に本籍を有する（者）」という意味か、など）が必ずしも明確でないため、解釈上の疑義からは自由でない。これらの問題点を考えると、今後中国では、少数民族の慣習を尊重するとの立場を崩さない限り、人際家族法規則の一層の整備が望まれるものと言えよう。

第3節　人際家族法の課題・補足

1　家族法統一のパターンについて

「序説」で示したこの点に関する分析には不十分な点があった。第1と第2のパターンの部分を以下のように修正する。

第1のパターンは、家族法の例外なき統一である。例えば、前に述べたようにトルコでは、イスラム家族法にかえて西欧的な家族法を導入することによって、家族法の人的不統一状態の解消にとりあえず成功している。ただ、その詳細についての検討は、筆者にとって今後の課題である。これに対して、例外なき統一がうまくいかない例も見受けられる。例えばスーダンでは、1983年の大統領命令でシャリーアがスーダン法の唯一の指導力である旨が宣言され、人民議会の承認を得た。しかし、これは同国南部を中心とする黒人勢力の反発を招き、大規模な内戦を経て1985年4月の軍事クーデター（ヌメイリ大統領追放）に至っている。しかしその後も NIF（National Islamic

---

(31)　以上のような問題点を指摘するものとして、清河・前掲注27・24頁注（1）・注（4）、28頁注（4）参照。

(32)　清河・前掲注27・32頁参照。

(33)　「序説」では、まず、イスラム国家における法の統一の成功例と失敗例を対比し、例外なき統一がもたらし得る事態の例として紹介した後に、それ（特に失敗例）との対比において、統一が比較的成功している例を紹介することを意図した。しかし、むしろ本稿のように、（家族）法統一のパターンとしてどのようなものがあるかを順次紹介していく方が理解しやすいのではないか、と考えるに至った。また、アフリカや南米についての若干の分析を補充したいとも考えた。そこで以下（本文）のように修正することとした次第である。

Front）はイスラム化推進を唱え（それが非ムスリムの利益にもなるとも主張した）、1988年に連合政府に参加してからも非ムスリム勢力に対する妥協の姿勢を見せなかった。その後、ムスリムのリーダーが SPLM（Sudan People's Liberation Movement, 南部の利害を代表する）との協議を開始するなどの動きも見られたが、1986年以降首相を勤めた Sadiq al-Mahdi の強硬な姿勢は事態を悪化させ、ついに1989年6月30日、再度のクーデターを招いてしまった。これは、国民の25％を占め、原始宗教やキリスト教を信仰する南部の黒人勢力への配慮を欠く性急なイスラム化が招いた結果とも言えるように思われる。その他にも、前述したように、アフリカや中南米にある旧フランス・スペイン領の国々では家族法統一の動きがあるが、それは必ずしも民衆に浸透しておらず、統一法以前からの宗教法や慣習法が引き続き行われている、との指摘がある。スーダンの場合のような「熱い」抵抗ではなく、言ってみれば「冷たい」抵抗とでもいえそうな状況であるが、これもまた（圧倒的でない）多数者からの押しつけが必ずしも成功しない例として考えることができようか。

　これらの例とは異なる法統一の第2のパターンとして、一部のパーソナル・ローをその射程外とする留保つきの法統一がある。例えば、既述のようにチュニジアでは、1956年の身分法典によりイスラム法に基づく統一的身分法を制定している。同国では、国民の97％がアラブ人であり、イスラム教が国教として尊重されているが、非ムスリムに適用される身分法を別に施行している点が注目される。[34]また、同様のパターンでの統一法の例として、やはり既に触れたインドネシア、マレーシア及びシンガポールがある。これらの国々では、家族法の部分的統一を達成するため、各々成文法（インドネシア1974年新婚姻法、マレーシア1976年法改革法及びシンガポール1961年女性憲章）が制定されたが、イスラム法は統一の対象から除かれている。これは、各国内での

---

(34) チュニジアにつき岡本善八「人的不統一法国に属する者の本国法」渉外判例百選（第3版・1995）17頁は、「1956年8月13日に家族法が制定され、1957年9月27日法により家族法は宗教の区別なくすべてのチュニジア人に適用されるため人際法は存在しない」とする。しかし、黒田美代子訳『チュニジア私的関係法』3頁では、1956年8月13日付法律は1956年7月12日付の「非ムスリムおよびユダヤ教徒のための私的関係法……に基づき」制定されるものとしており、本稿は後者に依拠している。ただ、後者の正確な意味次第ではこの部分を修正する必要が出て来よう。今後の検討課題としたい。

イスラム勢力がシャリーア遵守の立場からこれと異なる法への服従に強く抵抗したためだが、このようなイスラム勢力の抵抗は、今後しばらくの間、法統一運動にとっては最大の障害となろう（といっても、本稿は家族法の統一自体を常に正しいものとする前提に立っているわけではない）。また、このようなイスラムの態度は、上述のパキスタン判例の考え方を参考にする限り、統一法とイスラム法との適用範囲の確定に際しても問題を生ぜしめる可能性がある。ただ、この点については今後の展開を見守る必要があろう。

2 カナダ・イヌイットの自治

1991年12月16日にカナダ政府（シドン・インディアン北方開発相＝当時）が発表したところによれば、同国政府は同年11月、イヌイット代表者との交渉の結果として、①同国北部のノースウエスト準州を分割し、東部のおよそ200万平方キロメートルをイヌイットの管理下に置く、②その地域内での自由な狩猟・漁労を認める、③イヌイットは（①のうち）35万平方キロメートルを専有し、政府は14年間にわたってイヌイットに総額約5億8千万カナダ・ドルの補償金を支払う、その代わりに④イヌイットは従来主張してきたノースウエスト準州全体への領土権主張を取り下げる、などの合意に達した。その後、準州分割に必要な住民投票（92年11月に実施）でもこの提案は多数（69％）の賛成により承認され、翌年5月にはマルルーニ首相とイヌイット代表者が合意文書に正式調印したという。[35] イヌイット自治州の誕生が人際法の面でどのような問題を提起するかは今後の課題だが、筆者としては十分に注意したいところである。

3 人際家族法の類型化

「序説」で示した分析と、本稿で示した若干の資料などを総合して考えると、世界における人際家族法の現状は、およそ以下のように類型化できるのではないか、との印象を受ける。これは、人際法の内容が不明な国を新たに研究対象とする際の予備知識になるという研究上の実益を有するのみなら

---

[35] 現代用語の基礎知識1995・230頁。なお「先住民土地請求協定」ジュリスト1028号195頁（1993）にはこの問題をめぐる経緯が要領よくまとめられている。

ず、より精密な資料収集などの手順を経れば、渉外家事紛争における当事者の属人法の確定（法例31条の適用）(36)において、関係国の人際法規則が不明の場合の処理といった実務上の問題にも何らかの形で役立つこともあろう。

（1） イスラム諸国
　①南アジア～北アフリカ（イスラム法の優位が認められる国々）……パキスタン・アラブ諸国など
　②東南アジアの一部（イスラム法と他法との併存が見られる国々）……インドネシア・マレーシアなど
（2） （1）を除くアジア・アフリカ諸国
　①旧イギリス領諸国の多く（コモンローと固有法の併存が見られる国々）……インド・ガーナ・ケニア・ジンバブエなど
　②旧フランス領諸国など（家族法の統一が図られている国々）……マリ・セネガル・ブルキナファソ・タンザニアなど）
（3） カトリック諸国の一部
　①イタリア・コロンビア（世俗法と教会法の併存が見られる国々）
　②フィリピン（国家法とイスラム法の併存が見られる国々）
　③南米諸国の一部（統一法と事実上の慣習とが乖離している国々）……メキシコなど
（4） プロテスタント諸国の一部
　①オーストラリア・ニュージーランド（原住民の慣習法の承認が問題となっている国々）
　②イギリス（イスラム教徒移民が固有法の承認を求めた）
（5） 社会主義国の一部……中国（少数民族につき統一法の例外が認められている国）

---

(36) 属人法概念については、1989年改正後の法例の諸規定との関係で若干の疑問があるが、本稿の射程を外れるので立ち入らないことにする。

第8章　人際家族法研究の課題

第1節　はじめに

　近年、東南アジア諸国を中心とするアジア・アフリカ諸国からのわが国への入国者が増加するにつれて、それらの国の人々を当事者とする家族法上の紛争（離婚など）も増加しつつある。その最終的な解決のためには、多くの場合、国際私法を通じて当該外国の法律を適用することが必要となるため、アジア・アフリカ諸国の家族法についての研究を深める必要性はますます高まりつつある。
　ところが、わが国におけるこれまでの比較法ないし外国法研究は、どちらかというと欧米の法律に重点を置いたものであったように思われる。それは、わが国の法制度の多くが基本的には欧米諸国の法の継受という形で、あるいはそれらをお手本として参照しながら成立してきており、法解釈学上の必要性ないし有益性との関係もあって、どうしても欧米諸国の法を重視せざるを得なかった、という事情によるものであろう。しかし、上述のような実務上の必要性をも考えあわせると、これからの比較法研究においては、アジア・アフリカ諸国の法制度の研究をますます充実させていく必要があるというべきである。
　ところで、アジア・アフリカ諸国の家族法を研究するとき、ひとつの問題に遭遇する。それは、これらの地域の多くの国では、同じ国の中でも、民族や宗教などによって適用される家族法が異なっており（そのような、特定の属性を有する者に適用される法をパーソナル・ローといい、同じ国の中に複数のパーソナル・ローが併存する国を人的不統一法国という）、その何れを適用するかを確認しないと、当該外国人につきわが国で適用すべき法が判明しない、という点である。従って、これらの地域の国々の家族法を正しく知るためには、パーソ

ナル・ローや人際法（パーソナル・ロー間の抵触を解決する抵触規則）を研究することが必要となる。

筆者は既に、家族法の領域における人際法（人際家族法）の現状と課題につき若干の検討を行ったが、人際法研究をすすめるためには、従来のこの領域での研究を回顧することも必要かつ有益である。そこで本稿では、第1に、従来の人際法研究の状況と今後の課題について、第2に、国際私法学における人際法への取り組みについて、それぞれ筆者なりにささやかな整理と考察を試みることとする。

第2節　従来の人際法研究について

筆者は人際法研究にとって、①法制史的視点、②総論的視点、③比較法的視点の3つが重要であると考える。何故なら、まず第1に、国際私法と比べて人際法は、各々のパーソナル・ローの体系をなす実質法（本稿では家族法）との結びつきが強く、従って人際法の存在形式や内容は、それら実質法の背後にある、様々な民族・宗教共同体の歴史的経験や現在の状況と密接な関係を有している。従って、それらを踏まえずに人際法の理解を深めることはできない。また第2に、人際法は技術的にも、他の抵触法（国際私法や時際法）と比べて独自の性格を有するため、総論的な考察を加えることでその性格を把握することが不可欠である。

そこで、従来の人際法研究で上記の視点がいかに盛り込まれてきたかを概観する。

1　法制史的視点

人際法の現状に直接つながるものとして、近世以降のヨーロッパ列強の植民地での法の抵触が挙げられる。それらの地域については、植民地経営との関係もあって、それら植民地の宗主国で従来から研究が行われてきた。中でも、西欧法と非西欧法との抵触について論じた研究の代表としては、「人際

---

(1)　拙稿「人際家族法研究序説」『中央学院大学総合科学研究所紀要』9巻2号（1994）103頁以下。

法の父」と呼ばれる R. D. Kollewijn の Conflict of Western and Non-western Law がある。ここでは、西欧が非西欧社会の社会規範に遭遇し、それらを全体として西欧法と対等な地位を有する法として認知するに至るまでの歴史的経緯を、抵触法学の観点から、イギリス・フランス及びオランダの各植民地につき検討している。結論部分がいささか単純かつ曖昧ではあるものの、非西欧法の無視から尊重へと変化したイギリス・オランダの態度と、自国法の優位に固執したフランスの態度が明確に対比されている点は興味深い。

人際法の沿革については、この他にも、人際法の体系的研究（E. Vitta, The Conflict of Personal Laws [4] 及び澤木敏郎「国際私法における人際法上の若干の問題」[5]）の中で扱われている。前者では、中世から現代に至る人際法の沿革を4つの歴史的局面につき概説している。何れも人際法の沿革にとって重要であり、筆者の「人際法の4つの波」[6] の考え方にも通ずる所がある。他方、後者では3つの地域的分類に基づいて人際法の沿革が検討されている。その分類も、人際法の歴史的沿革の整理に有益な視点を提供するものである。ただ、両者について残念なのは、公表された時期が何れも1970年代であることもあって、人際法研究にとって重要と思われる1980年代以後の人際法上の新たな展開についての検討を期待できない点である。

---

(2) 例えば、英国法とアフリカの英国植民地における慣習法との抵触について論じたものとして、W. C. E. Daniels, The interaction of English law with customary law in west Africa, 13 International and Comparative Law Quarterly (1964) 574-616; G. R. Woodman, The peculiar policy of recognition of Indigenous laws in British coionial Africa. A preliminary discussion, 22 Verfassung und Recht in Übersee (1989) 273-284.
(3) 4 International Law Quarterly (1951) 307-325.
(4) 5 Israel Law Review (1970) 170-187.
(5) 『立教法学』14巻 (1975) 43～77頁、特に48～64頁。
(6) 筆者は、①民族大移動（4世紀）後のヨーロッパにおける現地民族との間での法の抵触、②イスラム帝国の世界的発展（14世紀以降）に伴って生じた法の人的抵触、③ヨーロッパ諸国の世界的植民地獲得競争（特に17世紀～20世紀）に伴って生じた植民地における法の人的抵触、及び④現代（20世紀後半）の諸国家において生じつつある多数派民族（ないし宗教）と少数派民族（ないし宗教）との間での法の人的抵触の4つを、「人際法の4つの波」として把握している。現在のところ、これは人際法の歴史的沿革を整理するための概念として個人的に考えているに過ぎないが、これが道具概念としていかなる意義を持ち得るのか、今後も引き続き検討していきたい。

他方で、地域的研究ではあるが歴史的沿革をも踏まえているものとして、D. S. Pearl の Interpersonal Conflict of Laws in India, Pakistan and Bangladesh (1981) がある。[7]

本書では、インド亜大陸の人際法を研究する前提として人際法の歴史的展開につき詳細な検討を加え、また、「パーソナル・ローの未来」と題する単独の章（第10章）を設けて、インド亜大陸各国でのパーソナル・ローの展望につき若干の検討を加え、インドにおけるパーソナル・ロー統一へ向けての動きと、パキスタン及びバングラデシュにおける法制度のイスラム化傾向を指摘している。

2 総論的視点

人際法には、その発想や解釈技術の面で、国際私法などの他の抵触法とは異なる独特な側面がある。そこで、人際法の正確な理解のためには、そのような人際法の性質をよく理解しなければならない。

そのような言わば「人際法総論」的な視点は、大きく分けて（1）人際法と他の抵触法との関係（異同、類推の可否、相互関係）、（2）人際法の解釈・適用に関する諸問題に分けられる。（1）に関する研究は、従来から国際私法との関係で行われてきた。主な論文としては、Szászy, Interpersonal conflict of laws;[8] Szászy, Le Conflit de lois interpersonnel dans les pays en development[9] 及び A. M. Tier, The relationship between conflict of personal laws and private international law[10] がある。（2）に関しては、まずこれに関わる論点全般を論じたものとして、前掲の E. Vitta, The conflict of personal laws;[11] 同じく前掲の I. Szaszy, Le conflit de lois interpersonnel dans les pays en development; K. Wähler, Interreligiöses Kollisionsrecht im Bereich[12]

---

(7) 同書は、特定地域のパーソナル・ロー及び人際法に関する従来の研究としては最も詳細なものと言えよう。
(8) Multitudo Legum ius Unum (Festschrift für W. Wengler zu seinem 65. Geburtstag) Band II. (1973) at 795.
(9) 138 Recueil de Cours (1973) 113–117.
(10) 18 Journal of Indian Law Institute (1976) 241–278.
(11) supra note 4.
(12) supra note 9.

privat rechtlicher Rechtsbeziehungen 及び K. Lipstein and I. Szaszy, Interpersonal Conflict of Laws がある。また、（2）の中でも大きな論点の一つである民族的・宗教的帰属の問題については、上に挙げた論文を含めて多くの論文が何らかの形で触れているが、中でも専らその問題を論じたものとしては、P. Shifman, Religious affiliation in Israeli interreligious law; J. D. M. Derrett, Hindu̇: a definition wanted for the purpose of applying a personal law; P. C. Bedwa, Conversion of a non-muslim into Islam and interpersonal law conflicts with special reference to material relations; B. Akzin, Who is a Jew? A Hard Case, Shalit v. Minister of Interior et al; S. Ginossar, Who is a Jew : A Better Law? がある。

3 比較法的視点

これまでに公表されてきた人際法研究の中で最も大きな比重を占めるのは、比較法的視点を取り入れた研究である。そこには、大きく分けて地域研究（特定地域の人際法について論ずるもの）と狭義の比較法的研究（特定の地域に限定せず、比較法的に論ずるもの）とがある。前者としては、各地域や各国の人際法につき数多くの研究が公表されているものの、それらの多くは、実質法などの研究の中で付随的に人際法にも言及しているに過ぎない。ただ、中には一定の比較的広い地域を対象として域内比較を盛り込んだ比較法的研究を行うものもあり、今後この種の研究が進展することを大いに期待したいところである（勿論筆者自身も精進しなければならないことは言うまでもない）。

---

(13) Carl Heymanns Verlag KG, 1978.
(14) International Encyclopedia of Comparative Law vol. 3, (1985) chap. 10.
(15) 澤木・前掲注5・64頁以下は「人際法上の若干の問題」と題されているが、そこで主として論じられているのは、準拠法が人的不統一法であり得ることを考慮した上で、国際私法の解釈において再考すべき点はないか、ということであり、人際法自体の解釈・適用ではない。従って、この論文をここでの列挙に加えるのはあまり適切でないように思われる。
(16) 15 Israel Law Review, (1980) 1-48.
(17) 70 Zeitschrift für vergleichende Rechtswissenschaft (1968) 110-128.
(18) 17 Journal of Indian Law Institute (1975) 410-432.
(19) 5 Israel Law Review (1970) 259-263.
(20) 5 Israel Law Review (1970) 264-267.
(21) Pearl, supra note 7 (本文に注意); W. C. E. Daniels, supra note 2.

他方、後者としては、何れも既に紹介したところのSzászy, Le conflit de lois interpersonnel dans les pays en development;[22] Wähler, Interreligiöses Kollisionsrecht im Bereich privatrecht-licher Rechtsbeziehungen[23]及びLipstein and Szaszy, Interpersonal Conflict of Laws[24]がある。それぞれが異なる論述スタイル（Szászyは地域ごとの人際法の状況の検討、Wählerは宗教間法とその国家による取り扱いの検討、Lipstein and Szászyは管轄規則と人際法規則との関係を基準とする分類に基づいた論述）を採る点で興味深いが、人際法の歴史的沿革、現状把握、及び将来の展望の三者を結合した考察を狙う筆者としては、Szászyの採用した論述方法が最も馴染みやすいように感じられる。他方、Wählerの著書は、現在のところ人際法関係の単独の研究書として筆者の知るものの中では最もボリュームのある労作であり、高い評価に値するが、特に近年、西欧型社会における少数原住民や移住労働者のパーソナル・ローの適用問題が人際法研究にとって重大な関心事となってきていることに鑑みると、研究の対象を宗教間私法に限定した同書は、人際法全般の研究という立場から見る限り、研究対象の選定の面で若干不満な点が残るように思われる。また、Lipstein and Szászyの研究は、体系的な人際法研究として比較的新しいものである点で大いに参考になるが、比較法的検討の総括に相当する部分が見当たらず、またアメリカ・オーストラリア・フィリピンなどでの動向をフォローしていない点は残念である。

第3節　課題と展望

以上に紹介してきた諸々の研究の存在を踏まえた上で考えてみると、従来の人際法研究には以下のような課題が残されているように思われる。

1　人際法の今後の展開に対する認識
第1に、人際法が今後どのような展開を見せるのか、という点に関する認

---

(22)　supra note 9.
(23)　supra note 13.
(24)　supra note 14.

識において、従来の研究の中には若干偏りをみせているものがあるように思われる。というのは、従来の研究を見ていると、人的不統一法あるいは人際法は今後消滅する方向へ進む、という筆者の認識が何らかの形で表明されているのに出会うことが少なくないからである。その代表的な例としては、例えば以下のような指摘がある。

> 「第2次世界大戦が終了し、アフリカやアジアの旧植民地が解放されて以来、人際法の数は減少しつつあるのを認めることができる。というのは、新興諸国家はヨーロッパのモデルに従って、伝統的・宗教的・氏族的な彼らの伝統的法制度を現代的な法制度へと統一し変更しようと努めているからである。[25]」

このような認識は、アジア・アフリカの旧植民地諸国のうち一定の部分については、ある程度正しいものと言えよう。但し、それらの国での状況は、人際法の現代的展開の一部に過ぎない。後に述べるように、多くのイスラム諸国では、法制度全体のイスラム化（非西欧化）を進める動きが見られる。また、国内のマイノリティーに対して彼らによる慣習法の遵守を一定程度認める（多数者の従う法制度を強制しない）動きも若干の国々では存在する。そのような動向をも含めて全体的に観察しない限り、現代における人際法の総体的把握に到達することはできないのである。

2　国際私法の解釈論への人際法研究の応用

第2に、人際法研究の成果を国際私法の解釈論に応用する試みが現在のところ十分には為されていない、という点が気にかかる。各国の国際私法上、人的不統一法の指定に関しては、幾つかのハーグ条約及びわが国を含めた一部の国の国際私法典で明文の規定が設けられているが、その解釈についてはまだ必ずしも明確な基準が打ち立てられているとは言い難い。しかし、例えばわが国でも、人的不統一法を抱える国々からの入国者の増加に伴って彼らを当事者とする家族法上の紛争も増加することが予想される。その点に鑑みると、パーソナル・ローや人際法にわが国の国際私法解釈学がどう対処していくのか、という点をより具体的な形で示していく必要は今後一層高まるよ

---

(25)　Szászy, supra note 9（本文に注意), at 108.

うに思われる。

3 小括

従って、今後の人際法研究においては、上に述べた2つの点を踏まえた上で、いかにして総合的な研究の進展をはかるか、が大きな課題となるであろう。

第4節　国際私法学における人際法

国際私法学ないしその関連領域の研究としては、従来、人際法に対して2つのアプローチが為されてきた。そのひとつは、国際私法と人際法の関係、あるいは国際私法における人的不統一法の指定に関する研究であり、もうひとつは、国際私法との関係を離れたパーソナル・ロー及び人際法プロパーの研究である。ここでは前者について述べる。

1 主要国での状況

従来、国際私法学の分野では、多くの場合、人際法はそれ自体としては体系的な研究の対象とされてこなかった。これを主要国の国際私法体系書を中心として概観すると、以下のようになる。

イギリスでは、多くの国際私法学者が人際法を国際私法の体系に含めて扱わなかったが、その根拠としては、国際私法の扱う対象は渉外的要素を含むものに限る[26]、あるいは、国際私法は法の地域的な抵触を扱う分野である[27]、との理由が主張されてきた。[28]

---

(26) Bartholomew, Private Interpersonal Law, 1 International Comparative Law Quarterly (1952) 325-326;澤木・前掲注5・66頁〜67頁参照。なお、これに対する例外としてはウォルフが挙げられる。彼は国際私法の機能を、「同時に効力を有する複数の法制度のうち、所与の事実に対してどれが適用され得るかを決定すること」と定義し、人際法（彼自身の命名によればPrivate Interpersonal Law）をも国際私法の領域に含めて考察した。Wolff, Private International Law (2nd ed. 1950) 5-6.

(27) C. G. Cheshire, Private International Law (3rd ed. 1948); R. H. Graveson, The Conflict of Laws 3 (7th ed. 1974).

(28) Cheshire, supra note 27; Graveson, supra note 27.

ドイツでは、第2次世界大戦前から国際私法の体系書に人際法に関する記述が見られたが、大方は時際法や準国際私法と並ぶ抵触法の一種としての紹介にとどまっていた。第2次世界大戦後になると、準拠法指定における法の分立（Rechtsspaltung）に言及した国際私法体系書が登場し、その後次第に人的不統一法の国際私法上の処理を扱った体系書も現れつつある。1986年の民法施行法改正では不統一法一般の指定に関する明文規定（4条3項）が設けられたが、その具体的な解釈基準として明確なものが呈示されるに至っている、とまでは言い難いのが現状のようである。

フランスでは、1920年代頃までの国際私法体系書には人際法への言及は見られなかった（但しアルマンジョンは体系間法の中に人際法を含めて論じている）が、1930年代になると、フランス本国の法とアフリカ植民地の法との間での抵触を意味する"conflit intercolonial"に関する記述が登場する。但し、そこでは現地法に対する本国法の優位の原則が適用されたため、今日言われるような人際法の適用ないし考慮とは状況を異にする。その後、第2次世界大戦後の1949年になってようやく、国際私法体系書の中に人際法に相当する"conflits interethniques"が独立の項目として登場し、さらに1960年代以降は、"conflits interpersonnels"や"conflits inercommunautaire"の用語が用いられている。しかし、近年では人的不統一法の取り扱いにつき論ずるものも登場しているとは言え、まだ問題意識を表明しているにとどまり、人際法的処理の明確な基準を示す段階に至っているとまでは言い難い。

2　わが国での状況

わが国では、戦前の国際私法学は人的不統一法を殆ど扱わなかったが、

---

(29)　以下本稿では、「ドイツ」とは、第2次世界大戦後の東西ドイツ分裂からそれらの統一までの間については、西ドイツ（ドイツ連邦共和国）を指すものとする。
(30)　例えば、G. Kegel. Internationales Privatrecht (1960).
(31)　K. Firsching, Einführung in das internationale Privatrecht (2. volling neube arbeitete Auf 1. 1981); G. Kegel, Internationales Privatrecht (6. neubearbeitete Auf 1. 1987) など。
(32)　H. Batiffol, Traité Elémentaire de Droit International Privé (1949) 282.
(33)　ただ、跡部定次郎『国際私法上巻第2』(1923) 371頁〜372頁は準国際私法の問題とあわせてではあるが人際法にも触れ、準拠法所属国の国内法によるとの見解を示している。同様の見解が戦後の通説となって1989年の法例改正にまで至った。

1950年代以降においては多くの体系書がこれに何らかの形で言及している[34]。しかし、判例解説等の中で人的不統一法の指定について論ずるものはある程度存在するものの、真正面から人際法一般に取り組んだ研究はごくわずかしか存在しない[35]。

3 検　討

このように、比較的近年に至るまで人際法に関する体系的な研究が国際私法の分野で、あるいは国際私法研究者の手によってあまり行われてこなかった上、現在でも不十分な状態にとどまっている（と筆者には思われる）要因としては、上のイギリスの部分で述べた人際法と国際私法との理論的関係、即ち人際法と国際私法との相違という点も考えられなくはない。しかし、そのような理由づけは、人際法を国際私法の関連領域としてその研究対象に含めることも排除する根拠としては不十分であると言わざるを得ない。のみならず、そのような理論的根拠により人際法を国際私法から排除してきたイギリスで、国内のムスリムによるイスラム家族法の承認要求が新たな学問的関心を呼びおこしつつあること[36]や、幾つかのハーグ条約で人的不統一法の指定に関して設けられた明文規定と、それに呼応するようにドイツや日本などの国際私法典で新設された規定に表明されているこの問題への関心の高まり（の前兆？）を考えあわせると、むしろ従来の研究の沈滞は、人際法に対する正当な問題意識の欠如ないし不足によるものであったように思われる[37]。

確かに、従来のように人的不統一法国法の指定に関して「当該国の人際法に委ねればよい」という単純な処理方法のみを呈示する限りでは、国際私法

---

(34)　とはいっても、平成元年の法例改正をフォローする若干の文献以外の文献のうち大部分は、人際法を国際私法の関連領域として簡単に紹介しているに過ぎないか、又はせいぜい準拠法の解釈・適用の問題として片づけているかのいずれかである。

(35)　人際法に関して様々な観点から論じた（その意味で本格的な）わが国の論文として筆者が今までに確認したのは、澤木・前掲注5のみである。なお、論文以外に人際法を扱った文献としては、岡本善八「人際法」別冊ジュリスト87号・渉外判例百選（第二版）(1986) 20頁、鳥居敦子「不統一法国法の指定」『演習国際私法』（新版・1992) 34頁などがある。

(36)　このような西欧文化地域での異教徒（異民族）慣習法の承認問題としては、イギリスの例以外にも、オーストラリアのアボリジニー慣習法承認問題がある。拙稿・前掲注1・116頁参照。

(37)　澤木・前掲注5・67頁。

学において敢えて人際法にまで踏み込む必要はなかったとも言えなくはない。しかし、諸国の国際私法やハーグ国際私法条約において、人的不統一法の指定につき密接関連法の指定という形で直接指定を採用する傾向が生じつつあることを考えると、もはや従来のように人際法を国際私法から切り離すだけでは済まされないように思われる。今後は、国際私法学の側からも、人際法に対する関心を深めていく必要があるのではなかろうか。

第5節 おわりに

　以上、筆者がこれまでに収集した文献をもとに、従来の人際法研究とその課題について述べてきたが、ここでひとつ注意すべき点があるので付言する。人際法研究にとっては、他の法分野に比べて格段に、資料や文献の収集・分析作業が困難を極める。その原因を思いつくままに述べれば、従来の研究における①使用言語の多さ、②研究領域の広さ、③(38)(②とも関係するが)アプローチや方法論の多様さなどが挙げられよう。従って本稿も、思わぬところで過去の重要な研究を見落としているのではないかと不安である。とりあえず、現時点でのまとめとして考えていただきたい。

---

(38) 筆者はこれまでのところ、自己の語学力との関係で、日・英2ケ国語を中心に、独・仏・中を含めた5ケ国語の範囲内でしか文献探索を行えていない。KollewijnやVittaなど主要な研究者の業績のフォローや、イスラム諸国での法のあり方の把握が、人際法研究にとっていかに重要であるかを考えると、あと数カ国語の習得を目指すことが望まれると言えよう。

第9章　インド・インドネシア人際家族法の沿革

第1節　はじめに

　外国人を当事者とする家族法上の紛争が生じた場合、西欧のいわゆる大陸諸国では、当事者の本国の法律を適用する、との考え方が近代以降とられてきた（本国法主義）。この方面でドイツにならった日本でも、「法例」という名の法律で（例外つきではあるが）本国法主義を採用している。

　ところが、一国の中で人種・宗教などにより異なる法律が行われている場合（人的不統一法）には、その何れを適用するかを決めない限り、当然紛争の解決はできない。例えば、ムスリムたるインド人の夫がクリスチャンたるインド人の妻をタラーク離婚したと主張している場合、もし夫の法（イスラム法）が適用されればタラークは有効となるが、妻の法が適用されればタラークは無効となる。

　このような場合に、何れの法を適用するかを決定する規範を「人際法」(interpersonal law) という。筆者は特に、家族法分野に限って「人際家族法」と呼んでいる。

　人際家族法の研究は、主として英仏などの欧州諸国で行われてきたが、近年では旧植民地諸国でも比較的盛んに行われている。日本でも、これまでに若干の研究は見られるが、実務上の必要性に迫られることが少なかったせいもあってか、あまり盛んとは言えない。しかし近年では、アジアなどの人的不統一法を抱える地域からの入国者が増加し、人際法の知識が実務的に必要とされる機会も多くなりつつある。かくいう筆者も、ある判例評釈（「日本人・パキスタン人間の離婚及び親権者指定の準拠法」ジュリスト1048号111頁（1994））をきっかけにしてこの点に気づき、人際家族法の研究を始めた次第である。

　筆者は既に、世界各国の人際家族法の現状を概観する拙稿を公表している[1]

が、そこでは紙数の関係もあって、立法や判例などの沿革については詳しく触れなかった。しかし、日本と比較的縁が深く、かつ特に複雑な沿革を有するインド及びインドネシアに関しては、そのような点についても検討を加える必要性が高いように思われる。

そこで本稿では、両国に対象を絞って、人際家族法の沿革を概観し、今後の研究の参考に供することとする。

第2節　インド

1　序

英国によるアジアでの植民地獲得の初期においては、植民地では原則として非キリスト教徒原住民の法を尊重すべきであるとされていたが[2]、カルビン事件判決[3]（1608）によって、「被征服国がキリスト教徒の国である場合には、英国国王が自己の欲するところに従って法を変更しない限り現地の法が引き続き効力を有するが、被征服国が非キリスト教徒の国である場合には、神の法に反するその法は制服の事実それ自身により（ipso facto）廃棄される」という区別が行われた[4]。

2　17〜18世紀

このような政策の下、インドでは、1661年にボンベイ島がmarriage treatyによりポルトガルからイングランド（チャールズⅡ世）へ譲渡された直後の時期には、ボンベイ総督（Governor）及び評議会（Council）は理論上あら

---

(1) 「人際家族法研究序説」中央学院大学総合科学研究所紀要9巻2号（1994）103頁。なお、本稿のうち第2次大戦後を扱った部分は、上記の一部と内容的に重複するが、本稿の構成上止むを得ないので、ご了承願いたい。

(2) R. D. Kollewijn, Conflicts of Western and Non-Western Law, 4 International Law Quarterly (1951) 307, at 309.

(3) Calvin's Case, 7 Rep. 17 ; Kollewijn, supra note 2, at 309.

(4) Kollewijn, supra note 2, at 309-310. つまり、キリスト教を信仰しない国の法はそれ自体が当然にキリスト教の原理に反している、と一般的に評価されたのである。なお、この区別は、「被征服国の法は征服者が変更しない限り効力を有する」とした1744年のキャンベル事件判決（133 Campbell v. Hall, I Cowp. 204 ; 20 St. Tr. 239 ; Kollewijn, supra note 2, at 310.）によって廃棄された。

ゆる場合にイングランド法を適用することとなっていた[5]。1668年にボンベイをイングランドから租借した東インド会社は、同年の憲章において、理性に合致し、イングランド法に反せず、かつ可能な限りその同意を得られるような法を制定するよう求められていたが、それに応じて同社は、ボンベイに民商事に関する管轄権を有する司法裁判所 (Court of Judicature) を設置し、かつ陪審制を実施するための法律を制定した[6]。しかしそこで規定された司法裁判所が実際に設置されたのは1672年であり、それまでの数年間、評議会は会社の法にもイングランド法にも必ずしも拘束されなかったようである[7]。

1672年に司法裁判所が設立されてからは、そこでは東インド会社の制定した法が全体として適用され、そこに規定がない場合にはイングランド法が適用された。他方、この時期にはカースト裁判所(パンチャヤート)も承認された。同裁判所は原住民に対し、当事者が事件をカースト裁判所での仲裁に付することに同意した場合に管轄権を有した[8]。その後司法裁判所は1683年のKeigwin の反乱により一時閉鎖され、数年後に設置された海事裁判所では衡平・良心のルール及び商慣習が適用されたが[9]、1689年のムガール軍による侵略を経て1718年の布告により再建された司法裁判所では、同年の布告により民刑事の領域で法・衡平及び良心の原則に従って裁判が行われた[10]。1726年になると、ジョージⅠ世の憲章に基づいてボンベイの司法裁判所に代わって市

---

(5) 1661年の譲渡により、ポルトガル法の適用及びポルトガル裁判所は廃止された、とする判例もある (Advocate-General v. Richmond [1845])。しかし実際には、総督や評議会は、非イングランド系住民の間での紛争には(以前の宗主国の法たる)ポルトガル法を適用した可能性もある、との推測もある。D. S. Pearl, A Textbook on Muslim Personal Law (1987) 21-22. なお、同書における英国領インド時代の法制史については、その内容が D. S. Pearl, Interpersonal conflict of laws in India, Pakistan and Bangladesh (1981) 第3章の内容と多く重複するので、以後、両者が共に触れる点については後者の引用を省略する。
(6) Pearl, supra note 5 (1987), at 22.
(7) Pearl, supra note 5 (1987), at 22.
(8) Pearl, supra note 5 (1987), at 23. なお、その後1718年の布告では、司法裁判所がカースト裁判所からの控訴事件を扱うものとされた。これは、イングランド法の継受にとっても、イングランド法の影響の下で形成されてきたインド特有のアングロ・ムハマッダン法の発展にとっても、大きな意味を持つように思われる。ibid, at 24.
(9) 当時の裁判官がライデン出身の Dr. St. John であったこともあって、海事裁判所ではローマン法の適用が推進された、との議論もある。Pearl, supra note 5 (1987), at 23.
(10) 但し裁判官は、カーストの慣習や common right、英国の政策及び確立された法などにも正当な考慮を払うよう求められた。Pearl, supra note 5 (1987), at 23.

長裁判所（Mayor's Court）が設置され、それと同時に（同意章により）他の２つの統轄市（presidency town）であるマドラスとカルカッタにも市長裁判所が設置されたが、同憲章は同時にイングランド法の命令的な（authoritative）導入を初めて規定した。(11) かかる導入は原住民に対する管轄権の有無という問題を生ぜしめたが、これに対して東インド会社は、「英国臣民が当事者に含まれない場合には、原則として当事者自身の慣習に基づき、当事者間で選んだ裁判官（justices）により、又はその他当事者が適切と考える方法により解決すべきであるが、当事者がイングランド法によることを選んだ場合及び当事者の一方があくまでもそれに固執した場合には本憲章に従う」との原則を打ち出した。(12) この原則は1753年の憲章に受け継がれ、そこでは、両当事者が原住民である場合、双方がその管轄に服しない限り市長裁判所は管轄を有しないとされた。(13)

　原住民のパーソナル・ローを存続させるか否か、またいかなる範囲でその存続を認めるか、という問題は、1765年に東インド会社がベンガル及びビハール（統轄市以外の地域という意味での「村落」（Mofussil）に含まれる）における徴税権及び司法権をムガール帝国から取得して以後、再び提起された。原住民にも英国法を導入すべしとの主張(14)もあったが、当時の総督ウォーレン・ヘースティングはこれを拒否し、相続・婚姻・カースト及び他の宗教的慣例や制度につきヒンドゥ及びムスリムはその固有の法に従うとの構想を1772年に打ち出し、(15) この構想は1772年の第２規則（Regulation II of 1772）に組み込まれた。(16)

---

(11) Pearl, supra note 5 (1987), at 24. これは結果的に、17世紀後半のインドでの法の適用をめぐるボンベイ行政官（イングランド法への回帰を欲した）、ロンドンの東インド会社役員（レターによる直接統治を欲した）及び Dr. St. John（ローマ法の適用拡大を欲した）間の struggle に終止符を打つものであった。Pearl, ibid ; T. S. Rama Rao, Conflict of Laws in India, 23 Rabel's Zeitschrift (1958) 259. その際、大陸法的なニュアンスの感じられた "justice, equity and good conscience" の法理は放棄され、代わりに "justice and right" の法理が導入された。しかしこの両者の間にそれほど違いはなかったとも指摘されている。Pearl, supra note 5 (1981), at 83-84.

(12) Peal, supra note 5 (1987), at 25.

(13) ibid. ただ、原住民の間ではカースト裁判所より市長裁判所がより多く利用されたようである。ibid.

(14) 東インド会社の Alexander Dow 中佐は、「原住民をその固有の法の下に置くことは無政府状態と混乱をもたらす」「イングランド法を導入することが支配者の利益に適う」と主張した。Rama Rao, supra note 11, at 260.

この宗教及びパーソナル・ローに対する中立的態度は、その後の英国のインド統治を通じて受け継がれることになる。村落裁判所（Mofussil Dewannee Adaulut）での法の適用につき1781年の規則は、正義・衡平及び良心（Justice, Equity and Good Conscience）の法理に従う旨を規定した。他方、1773年に市長裁判所に代わって設立された最高裁判所（Supreme Court）は、1781年の法律でカルカッタのインド人住民全てに対する管轄権を取得したが、相続・契約などの領域でムスリム及びヒンドウは各自の法に従うものとされた。ムスリム及びヒンドウの双方が当事者である場合の準拠法については、村落裁判所では正義・衡平及び良心の原則が適用される一方、最高裁判所では1781年法により被告法主義が導入された。最高裁判所はその後マドラス（1801年）とボンベイ（1823年）にも設置されたが、その後も被告法主義は維持された。

3 19世紀

以上のような経緯を経て、英国による支配がインド全域に及ぶに至った19世紀前半までに、インドでは3つの統轄市における国王（女王）裁判所及び村落部における東インド会社の裁判所という二重の司法組織が整備されたわけだが、そのいずれにおいても、ヒンドウ及びムスリムは各自の法に従うことを認められた。但し、前者においてはその背後に1726年の憲章で導入され

---

(15) ibid.
(16) 27条。ibid：Pearl, supra note 5（1987），at 25. またこの時期には、ヒンドウ法やムスリム法の適用が問題となった場合に、各々の専門家が裁判所に対してその性質につき教示する権限を認められた。Ibid. at 25-26.
(17) 特に、1856年の暴動においてヒンドウ及びムスリムの宗教的感情の強さが示されてからはそうであった。Rama Rao, supra note 11, at 260.
(18) 第60条。Pearl, supra note 5（1987），at 26.
(19) 同裁判所は東インド会社の機関ではなく、英国国王に属する。このような司法制度の改革は、後の英国による直接統治（1858年以降）へとつながるものであった。
(20) Pearl, supra note 5（1987），at 26.
(21) 第17条。ibid. これにより、Supreme Court設置以来の、管轄・準拠法につき何ら規定のない不安定な状態はある程度解消された。
(22) Pearl, supra note 5（1987），at 27.
(23) 被告法主義を定める規定は、同年の憲章から1827年のBombay Regulation 26条、1915年のGovernment of India Act 112条、1935年のGovernment of India Act 223条と継承され、インド憲法（1950）225条でその効力が認められた。Pearl, supra note 5（1981），at 80-81；Rama Rao, supra note 11, at 261-262.

たコモン・ローが一般法として存在したのに対して、後者においてはかかるlex lociは存在せず、その間隙は1781年の規則で導入された「正義・衡平及び良心」の原則によって埋められた点が異なる。[24]

その後、1856年に東インド会社の裁判所が廃止されてその権限が国王に移り、1861年のインド高等裁判所法（Indian High Courts Act）により高等裁判所が設置された頃までには、家族法やカースト慣例に関してヒンドゥ及びムスリムは各自の法に従うとの立場が確立された。[25]他方、ムスリム及びヒンドゥ以外のパーソナル・ローの取り扱いについては、法委員会（Law Commission）の設置を規定した1833年の憲章はインド人の権利、感情及び特有の慣例に十分な考慮を払うよう指示していたが、最初の法委員会は1840年の著名な報告書（lex loci report）において、すべての非ムスリム及び非ヒンドゥに対するイングランド実質法の適用を提案した。但し、同書に基づいて起草された1841年の法案は、ムスリム及びヒンドゥを適用対象から除外し、非キリスト教徒は婚姻・離婚及び養子縁組につき各自の法を維持した上で、イングランド法はそれらの者の状況に合致する限度でのみ適用されると定めた。しかし同案は全体としては受け入れられず、改宗による相続権の喪失を規定する法の適用禁止が1850年のカースト無能力排除法（Cast Disabilities Removal Act）で導入されたにとどまった。[26]

その後法委員会は、法の統一に向けての提案を行い、それを基礎にして19世紀中に刑事法、契約法などの分野で多くの統一法が制定されたが、親族・相続の分野では国民の宗教感情への配慮からヒンドゥ、ムスリムなどが多くの場合統一法の射程外に置かれ、ムスリムとヒンドゥが1772年と1781年の規則で定められた範囲で各自の法に従うとの原則は維持された。この原則は基本的には現在まで維持されている。[27]

---

(24) Rama Rao, supra note 11, at 260-261.
(25) Pearl, supra note 5 (1987), at 27.
(26) ibid.
(27) 注23参照。

4　第2次世界大戦後

第2次世界大戦後に独立したインドは、国家が統一民法典制定のために努力すべきことを1950年憲法44条で規定したが、この目標はまだごく部分的にしか達成されていない。家族法の領域においては、ヒンドウ法、イスラム法、キリスト教徒法、パルシー法及び世俗法が併存するが、各宗教法は、法典及び判例の両方向から、イングランド法上の正義・衡平及び良心の原則による修正を受けつつある。他方、若干の法領域では、当事者の宗教等に拘らず適用される統一法が制定されている。[30]

人際法に関しては、一般的な明文の牴触規定は存在せず、立法や判例などによって様々な形で処理されている。その立法上の法源としては、第1に実質法中に個別的な牴触規定があり、また第2に一般的な牴触規定が存在する。第1のものとしては、1939年ムスリム婚姻解消法（Dissolution of Muslim Marriages Act）[31]、1955年ヒンドウ婚姻法（Hindu Marriage Act）[32]、1869年インド離婚法（Indian Divorce Act）[33]、1866年改宗者婚姻解消法（Converts' Marriage Dissolution Act）[34]、

---

(28) インドのパーソナル・ロー上、ヒンドウの定義は若干複雑である。1955年ヒンドウ婚姻法2条によれば、ヒンドウとは、①Virashaivi, Lingayat 及び Brahmo, Prarthana Arya Samaj の信者を含むヒンドウ教徒、②仏教徒、ジャイナ教徒及びシーク教徒、並びに③同法が成立しなかったなら同法に規定する事項につきヒンドウ法ないし慣例に従わなかったであろうと思われる者を除いて、ムスリム、キリスト教徒、パルシー又はユダヤ教徒でない者であって、同法の適用範囲内に住所（domicile）を有するその他の者を指すとされる。Pearl, supra note 5 (1981), at 48-49.

(29) 1954年特別婚姻法が制定された時点での各婚姻法の概要については、神谷笑子「インド婚姻・離婚法」比較法研究18巻（1959）43〜47頁を参照。

(30) その例としては、子の福祉を最優先の法理として採用した1890年後見法（Guardians and Wards Act, Act 8 of 1890, Pearl, supra note 5 (1981), at 75-76.）がある。

(31) Act 8 of 1939. 同法はイスラム法により婚姻した妻の離婚請求権を認めるが、その4条は、ムスリムたる妻が棄教又は改宗しても、そのこと自体により婚姻は解消されない旨規定する。その場合、改宗後の妻は同法に規定する離婚原因があれば離婚の訴えを提起することができる。Pearl, supra note 5 (1981), at 62-63.

(32) Act 25 of 1955. 同法はヒンドウ教徒の婚姻につき規定するが、その13条は、夫婦の一方がヒンドウから改宗した場合、他方はそれを理由として離婚請求できる旨規定する。同法については Pearl, supra note 5 (1981), at 66-67.

(33) Act 6 of 1869. その10条は、夫がキリスト教から改宗し、他の女性と結婚した場合、妻は離婚請求できる旨を規定する。また、その2条によれば、キリスト教徒でない妻も上の原因に基づいて離婚請求ができる。Pearl, supra note 5 (1981), at 68.

(34) Act 21 of 1866. 同法は、ヒンドウ教からキリスト教に改宗した者は同法の定める離婚原因（6ヶ月以上の遺棄）に基づいて離婚請求できる旨を規定する。なお、同法はパキスタンでは

1936年パルシー婚姻・離婚法（Parsi Marriage and Divorce Act）[35]、1954年特別婚姻法（Special Marriage Act）[36]などがある。第2のものとしては、前述の1781年法以来継承されてきた被告法主義と、17世紀以来多くの法令などで採用されてきた正義・衡平及び良心の原則があり、これらの法理は法令中に依るべき個別の規則を見出せない場合に依拠される[37]。但し、正義・衡平及び良心の原則は多くの場合に援用されたが[38]、被告法主義は多くの場合に不適切な結果をもたらすこともあって、実際上あまり用いられなかったと言われる[39]。その他、不文の法源として、既得権（特に夫婦の一方が改宗した場合の婚姻解消の可否をめぐる判例において援用された）[40]、公序[41]、国際私法の類推（法性決定及び連結点確定との関係で問題とされる）[42]及び属人法に内在する規則がある[43]。

1969年に廃止されている。Pearl, supra note 5 (1981), at 59.
(35) Act 3 of 1866. その32条（j）は、夫婦の一方がパルシーでなくなった場合、他方はそれのみを理由に離婚を請求できる旨を規定する。Pearl, supra note 5 (1981), at 68. N. 20.
(36) Act 43 of 1954. 同法は当事者の所属する宗教を問わず適用され、民事婚の挙行及び宗教婚の登録につき規定する。同法により挙行又は登録された婚姻は、同法により解消することができる。Pearl, supra note 5 (1981), at 68-69. 他方、その19条によれば、同法による婚姻はいかなるパーソナル・ロー上の相続権にも影響を与えない。ただしこの規定はヒンドゥには適用されない。ibid, at 69-70.
(37) Pearl, supra note 5 (1981), at 79.
(38) Pearl, supra note 5 (1981), at 85.
(39) 被告法主義を適用することが適切でないと考えた場合、判例はその射程距離を個別的に限定することによって不正義を防いだ。例えば、被告の一方がムスリムであり、他方がヒンドゥである場合に、イスラム法を適用することは被告法主義によって正当化されないとする判例として、Mahomed Beg Amin Beg v. Narayan Meghaji Patil, 1961 I. L. R. 40 Bom 358, at 368. がある。Pearl, supra note 5 (1981), at 83；Rama Rao, supra note 11, at 263.
(40) 例えばRakeya Bibi v. Anil Kumar Mukherji（ヒンドゥ夫婦のうち妻がイスラムに改宗し、夫に改宗を勧めたが拒否された後、改宗により婚姻は解消したとの確認を求めた事件。判旨は婚姻がヒンドゥ法により挙行され、また改宗したのが原告であることを重視してイスラム法の適用を拒否し、妻の訴えを斥けた。Pearl, supra note 5 (1987), at 31.）、Sayeda Khatoon v. M. Obadiah（ユダヤ教徒夫婦のうち夫が妻を遺棄し、その後ムスリムに改宗した妻が改宗による婚姻の終了確認を認めた事件。判旨は婚姻がユダヤ法により挙行されたことを重視してイスラム法の適用を拒否し、婚姻は存続しているとした。ibid, at 31-32.）などがある。Pearl, supra note 5 (1981), at 92.
(41) Pearl, supra note 5 (1981), at 93. は「インド及びパキスタンの公序もまた人際法の重要な法源であることは否定できない」とするが、それに続く若干の説明からは、それがインドでいかに用いられてきたのかが明らかにされていないように思われる。
(42) これが問題となった判例として、Robaba Khanum v. Khodadad Boman Irani, I. L. R. [1948] Bom. 223, Pearl, supra note 5 (1981), at 95.
(43) ibid, at 96.

第3節　インドネシア

1　序

　西アジア～北アフリカにおいて支配的勢力であるムスリムは、東南アジアでも総人口の約半数を占める域内最大の宗教勢力であるが、東南アジアのイスラム化を示す確実な歴史資料は13世紀末の『東方見聞録』まで遡るとされている。その後15世紀にかけて徐々にイスラム化は進行したが、中国勢力の後退とイスラム商人の他地域からの進出に伴い、また土着権力者の政治的配慮・経済的打算なども絡まって、15世紀以降本格化した。
　このようにしてイスラム化された東南アジアではあるが、イスラム到来以前から存在する独自の文化はイスラム化の過程でも捨て去られることはなく、イスラムと非イスラムとの複合的な文化が形成されてきた。このことは、東南アジアにおける法の状況にも影響を与え、イスラム法と多様な現地慣習法（慣習を表すアラビア語から「アダット」又は「アダット・ロー」と呼ばれる）とが併存する状況が続いてきた。そして、ヨーロッパ列強による植民地化に伴い、そこにヨーロッパの法体系が加わり、複雑な様相を呈するに至ったのである。
　以下では、東南アジアのイスラム諸国におけるパーソナル・ロー及び人際家族法のパターンを代表するインドネシアについて、パーソナル・ロー及

---

(44) 石井米雄監修・土屋健治・加藤　剛・深見純生編『インドネシアの事典』(1991) 64頁「イスラム化」(深見純生)。また、イスラムの東南アジア到来を13世紀末とする文献（石井米雄・高谷好一・前田成文・土屋健治・池端雪浦監修『東南アジアを知る事典』(1986) 17～20頁「イスラム」(中村光男)、特に17頁）や、14世紀とする文献 (M. Cammack, Islamic Law in Indonesia's New Order, 38 Internationa and Comparative Law Quarterly, (1989) 53-73) もある。

(45) 石井監修・同上 (1991) 64～65頁、石井他監修・同上 (1986) 17～18頁 (1986)。

(46) インドネシア、マレーシア、シンガポールといった東南アジアのイスラム諸国におけるパーソナル・ロー及び人際法の展開は、①多様な現地慣習法の発達、②イスラムの発展とイスラム法の浸透、③ヨーロッパ列強による植民地化を通しての西欧法の伝来、④法の近代化と統一を指向する独立後の法改革運動、の4つの時期を経てきている。そして、④においてイスラム法が法統一のネックとなっている点もこれらの諸国に共通の問題であると言える。そこで、これらの国のうち最も文献が揃っているインドネシアを代表格として、これに特に注目することとしたのである。

人際家族法の沿革を概観する。

2　19世紀以前

インドネシアでは、オランダによる植民地支配の初期にはオランダ法が全面的に導入され、すべての者に適用された[47]。しかし、ジャワでは少なくとも[48]16世紀頃から、地方のモスクの首席行政官（penghulu, chief administer）が家族法や相続法に関して決定を行っており、オランダの植民地政府も1835年の王令[49]で、penghuluが「婚姻、相続及び関連事項に関するジャワ人間のすべての紛争」について決定を下す権限を承認した[50]。但し、その執行は別個の民事裁判所の管轄に服するものとされた。その後、1870年の判例は、民事裁判所はイスラム裁判所の管轄につき判断する権限はなく、ただその招集が正当に行われたか否かを審査できるだけであるとした上で、イスラム裁判所の設立に関する規則は何ら存在せず、恒常的なムスリムが3人いれば何時でも裁判所を構成できるとした[51]。しかしこの判例はオランダの司法当局内部に混乱を呼び、1882年の王令で現在のような形態のイスラム裁判所が正式に設立される直接の原因となった[52]。

その後、1887年にバタビアで開催されたオランダ東インド法律家協会の会議において、西欧法と現地法との平等や、ヨーロッパ人とインドネシア人又は中国人との婚姻には夫の法を適用する旨などが決定され、これが後の1896年混合婚規則[53]に継承された[54]。その根底にある発想は、フランスでのそれとは[55]

---

(47) 具体的には、1619年にオランダが現在のジャカルタにあたる地域を占領し、バタビアと改名してインドネシア支配の中心と定めてから暫くの間を念頭に置いている。

(48) 但し、Kollewijn, supra note 2, at 309. には、後に中部ジャワの諸王から条約によって譲り受けられた地域では、オランダ法はオランダ人にのみ適用され、現地人は固有法の適用を受けた、との記述がある。

(49) Cammack, supra note 44, at 55.

(50) Rayal Decree of 1835, no. 58. Cammack, supra note 44, n. 16.

(51) Cammack, supra note 44, at 55.

(52) ibid. 命令によれば、イスラム裁判所は民事裁判所の所在地に設けられ、その土地管轄も対応する民事裁判所のそれと同一とされた。なお、このイスラム裁判所創設は、主としてイスラム法の適用を制限する意図を以て為されたものと理解されている。その背景にあるのは、オランダ政府のイスラム法に対する敵対的な態度であると言われる。

(53) E. Vitta, The Conflict of Personal Laws, 5 Israel Law Review. (1970) 173, at 180.

(54) Regeling op de zoogenaamde gemengde huwelijken, Staatsblad van Nederlandsch-

異なって、法の適用を受ける者と関係を考えずに、一律に現地法より西欧法の方が優れているとは言えない、というものであった。かかる発想は、それが現実的なオランダ法全面適用の困難という事情を伴うものであったとしても、人際法におけるひとつの発想の転換として評価できるように思われる。

3 20世紀

その後、1925年のオランダ領東インド憲法（the Indische Staatsregeling）[57]は全住民を①ヨーロッパ人（Europeanen）[58]、②現地人（Inlanders）及び③外国東洋人（Vreemde Oosterlingen）[59]に分類したが、原則として①はオランダ法に、[60]②は原則として現地法に、そして③は原則として各々の固有の法に服するものとされた。[61]そして、②及び③のうち中国人やキリスト教徒たる原住民に関しては、幾つかの別個の法令が制定された。[62]また、これらの者は他のグループ

Indië 1898, No. 158. ゴー・ギョク・ション／伊藤正己・堀部政男訳「インドネシア婚姻法」宮崎孝治郎編・新比較婚姻法Ⅴ（1965）498頁。同規則1条の定めるところによれば、混合婚（Mixed Marriage）とは、インドネシアにおいて異なる法に服する者の間で締結される婚姻を言う。Gouwgiogsiong, The marriage laws of Indonesia with special reference to mixed marriages, 28 Rabelz Zeitschrift（1964）721.

(55) フランス植民地では、現地法が不明だったり、その内容がフランス法と牴触する場合に、フランス法を優先して適用する傾向があった。Vitta, supra note 53, at 180.

(56) この点に関連して、これはスリランカに関するコメントであるが、オランダが東インド会社を用いて西欧法の導入を図った際、家族法の領域については固有法を尊重する方針を採用するに至ったのは、固有法（＝地域慣習法・宗教共同体の法）の強固さを認識したからであろう、との分析が為されている。湯浅道男「スリランカ家族法の特色」法学研究（愛知学院大学論叢）14巻1・2号54頁。

(57) 1854年政府法（Regelings Reglement）を承継したもの。

(58) 法の適用との関係では、ここにはインドネシア居住のヨーロッパ人（オランダ人、ドイツ人、イタリア人、英国人、米国人、オーストラリア人、南アフリカ人）とその子孫のみならず、日本人、タイ人、トルコ人及びそれらの子孫も含まれた。Gouwgiogsiong, supra note 54, at 713.

(59) ①及び②に含まれないすべての人々を含む。これを構成する主要なグループは、中国人、アラブ人、英領インド人であった。J. S. Katz and R. S. Katz, The New Indonesian Marriage Law: a Mirror of Indonesia's Political, Cultural, and Legal Systems, 23 American Journal of Comparative Law（1975）654. N. 7.

(60) なお、19世紀後半以後については、オランダ法に倣った立法がなされた。例えば、1848年民法典、1866年刑法典など。

(61) Gouwgiogsiong, supra note 54, at 712 ; Katz and Katz, supura note 59, at 654.

(62) Katz and Katz, supra note 59, at 654. n. 10.

第9章　インド・インドネシア人際家族法の沿革　　179

に自らを同化させることにより各自の法の適用を免れることができた。さらに、第2次世界大戦を経てインドネシア独立（1945年）後の1948年の立法では、かかる例外的措置をも含み込む形で、全住民の分類は①ヨーロッパ人、②ヨーロッパ人と同化された者、③現地人及び④現地人と同化された者の4分類へと変更された。

　戦後のインドネシアにおけるパーソナル・ロー改革の動きとして最も重要なのは、家族法統一への動向である。かかる圧力は今世紀初めから次第に高まってきていたが、1945年憲法が両性平等を規定したのを契機に婚姻法改革運動はさらに高まり、独立以来数多くの法改正案が提示された。この運動はイスラム勢力との対立を生ぜしめ、その抵抗により家族法の全面的改革は達成されなかった。しかし、立法や判例などによる部分的な改革（つぎはぎ改革）は徐々に進められてきた。そんな中、政府は1973年に大幅な法の統一をはかる新婚姻法案を議会に提出した。イスラム勢力はこれに猛反対し、結局政府側が譲歩して、イスラム法に反すると主張された幾つかの部分を変更、削除又は留保した上で法案は可決され、1974年新婚姻法として成立した。このような沿革を見る限り、新法はイスラム法に対してかなり妥協的ではある。しかしそれでも、部分的には家族法の統一を達成し、女性の地位を向上させた点で新法の意義は決して小さくないと言えよう。ただ、新法は人際法

---

(63) なお、戦時中の1942年に日本が公布した法律（ジャワJava及びマズラMaduraに適用された）では、占領前の政府機関や法令は日本の軍法に反しない限り当分の間適法かつ有効である旨が規定された。
(64) 同年の同国憲法はその経過規定で、現存する政府機関及び規則は本憲法に従って新たなものができるまでの間、引き続き直接的効力を有する旨を規定した。
(65) Gouwgiogsiong, supra note 54, at 712 n. 7.
(66) 特に、女性解放運動との関係でイスラム家族法の改革が焦点となっていた。
(67) かかる運動の高まりの背景には、国家統一の観点から婚姻法の統一を指向する勢力が改革に賛同したという事情が存在した。
(68) その具体的内容については、Katz and Katz, supra note 59, at 658-660. 参照。
(69) 特に、婚姻登録の成立要件化、離婚・重婚の際の民事裁判所の許可、異教徒間婚姻の容認、養子・婚約者の地位、準正に関する各規定に批判が集まった。Katz and Katz, supra note 59, at 661-662.
(70) Law no. 1 on marriage (Undang-Undang Republik Indonesia teutang Perkawinen) of 2 Jan. 1974 (LN 1974 no. 1). 石井監修・前掲注44・179頁「婚姻法」（山田道隆）、S. Pompe and J. M. Otto, Some Comments on Recent Developments in the Indonesian Marriage Law with Particular Respect to the Rights of Women, 23 Verfassung und Recht Übersee (1990) 417.

との関係で問題のある規定を含んでいるため、1896年混合婚規則の効力との関係で問題を孕んでいた（この点については次で触れる）。

4 第2次世界大戦後

戦後のインドネシアでも、人種、民族、宗教などの相違に加えて地域ごとに慣習法（アダット・ロー）形成のありかたが異なるため[72]、他の人的不統一法国と比べても特に多くの法体系が併存している。家族法の適用については、先に述べたグルーピングの考え方が継承されており、当事者がそのいずれに属するかによって準拠法が異なる。混合婚に関しては1896年混合婚規則に規定が置かれたが[73]、この規定が現在でも効力を有するか否かの点については、イスラム法以外の家族法の部分的統一を達成した上述の1974年新婚姻法の施行との関係で議論がある。即ち新法は、自らの目的との関係で、混合婚の定義を「国籍の相違のため異なる法に服する者の間での婚姻」に改めることにより、そこから国内的な法の牴触の場合を除外した[74]。そこで、1896年法上の混合婚の定義もそれによって変更され、国内の異なるパーソナル・ローに服する者はもはや混合婚規則を援用できない、との解釈が生じた[75]。他方、新法は自らの目的の範囲内でのみ独自の定義をしただけであり、混合婚規則は依然として国内的な法の牴触の場合にも効力を有している、との主張も存在し[76]、また、1975年に同国最高裁が新法施行後も同法に合致する限り混合婚規則は適用され、混合婚は認められるとの見解を示しているし、実際にも1980年代に入ってから民事婚が認められた例も挙げられている[77]。しかし、1980年

---

(71) ちなみに、新法が施行されて4年ほどたった時点で、新法はインドネシア社会に多大の影響を与えることに成功している、との分析が為されている。J. S. Katz and R. S. Katz, Legislating social change in a developing country: The new Indonesian marriage law revisited, 26 American Journal of Comparative Law (1978) 309.

(72) ジャカルタ大学講師・ヒマワン氏によると、インドネシアには19の異なる種類のアダット・ローが併存する。澤木敬郎「アジア・西太平洋諸国の家族法」（LAWASIAマニラ大会報告）海外商事法務106巻（1971）31～37頁。

(73) 注54参照。

(74) Katz and Katz, supra note 59, at 680.

(75) ibid.

(76) ibid.

(77) Pompe and Otto, supra note 70, at 421 n. 30（前半）。

代後半以降、混合婚は不可能という見解が司法や行政側から出されており、(78)
また同国最高裁は近時、民事婚に関する法令は無効との判断を下した。(79)ただ、かかる態度に対して最高裁自体の内部からも批判が出ているようであり、この点に関しては未だに決着はついていないと言えよう。(80)

第4節　小　括

　以上、インドとインドネシアにおける人際家族法の沿革を見てきたが、両国の間には、共通点と相違点とがあることがわかる。
　両国に共通する点としては、民族的・宗教的な多様性を背景に、複雑な家族法の人的不統一という状況をかかえている点、政府の努力にもかかわらず家族法の統一がなかなか進まない点、明確で統一的な人際家族法規則が整備されていない点などがある。
　他方、相違点としては、まず、部分的ながらも進展している家族法統一の程度に差がある。即ちインドでは、各パーソナル・ローの内部で法典化が進んでいるものの、パーソナル・ロー間の統一はほとんど進展していない。(81)これに対してインドネシアでは、1974年法の制定により、イスラム法を除く家族法が一定の事項につき統一された。これは、両国における各民族・宗教集団の家族法統一に対する態度の違いなど、様々な要因が影響しているものと思われる。(82)また、インドでは多くの立法や判例において、一般的な人際法規

---

(78) 1986年のある地裁判例は、婚姻の登録が不可能であることを理由に混合婚を実際上不可能であると判断した。1987年、関係大臣（内務、法務、宗教問題担当）は会合を開き、混合婚は不可能であるとの結論を出した。Pompe and Otto, supra note 70, at 421 n. 30（後半）.
(79) その趣旨は、①1974年婚姻法は異なる宗教に所属する者の間での婚姻につき規定していない、②同法66条によれば混合婚規則が適用されるようにも思われるが、③わが国が民事婚制度を放棄した以上その適用はない、というものであった。Pompe and Otto, supra note 70, at 418 n. 20. 他方でこの判例は、1986年の判例を覆し、ムスリムの女性と非ムスリムの男性がKUA（イスラム婚姻局）で婚姻登録を拒否された後に民事登録所へ登録申請した場合には、女性がイスラムを棄教したものと看做すべきであり、従って民事登録所での婚姻締結には法律上何らの障害もないと判断した。但し実際にはこの判例後も同様の状況下での婚姻登録はできないとの報告もある。Pompe and Otto, supra note 70, at 421 n. 30（後半）.
(80) Pompe and Otto, supra note 70, at 421 n. 30（後半）.
(81) ただ、ヒンドゥ家族法はヒンドゥ教以外の一部の宗教の信者にも適用され、その範囲内では家族法が統一されたと言えなくもない。

則として旧宗主国たるイギリス（イングランド）の法を導入してきた伝統があるが、インドネシアについては、オランダ法が人際法規則として導入された例は、植民初期や1896年混合婚規則などに見られるに過ぎない。

　両国にとっての今後の課題としては、家族法又は人際家族法規則の単純化ないし統一をどの程度進展させることができるか、という点があげられよう。特に、家族法全体の統一（その適否自体が問題たり得るが、たとえ適切であるとしても）が実際上困難な実情に鑑みると、人際家族法ルールの整備の重要性は疑問の余地のないものと言えよう。

---

(82) その詳細な検討は今後の課題である。

第10章　国際家族法と人際法

第1節　はじめに

　渉外的な家事事件においては、当事者間の法律関係について適用される法（準拠法）の決定というプロセスが不可欠となってくる。国内法が統一されている国は一国が一法域をなしているから、準拠法所属国を特定すれば準拠法は必然的に確定する。しかし、国内法が統一されていない場合には、その先にもう一段階、特定の法を指定するための作業を行う必要が出てくる（「国際私法上の指定」ないし「準拠法の特定」と言われるプロセスである）。その際に用いられる準拠法が、地域的不統一法（国内の各々の州その他の法域ごとに法が異なる）を抱える国については準国際私法、人的不統一法(1)（当事者の所属する民族や宗教などによって法が異なる）を抱える国については人際法(2)と呼ばれるものである。

　筆者は既に、家族法領域で人的不統一法を抱える国々における家族法や人際法の現状及び今後の課題について若干の考察を公表している(3)。もちろん、人際法の研究自体も筆者にとってのライフワーク（とすることを予定している領域）であるが、その論文の冒頭でも述べたように、人際法の研究は、わが国における人的不統一法の適用に関する研究の一部として行っているものでもある。

　この領域は先行研究が豊富とは言えず、筆者も手探り状態で研究の方向を

（1）　但し異論がある。澤木敬郎・道垣内正人『国際私法入門』（第4版・有斐閣・1996）47頁参照。
（2）　澤木・道垣内、前掲注1は、何故かこの点については異論を唱えていない。
（3）　拙稿「人際家族法研究序説」中央学院大学総合科学研究所紀要9巻2号（1994）103頁以下（以下「注3①」とする）、拙稿「人際家族法の動向」中央学院大学総合科学研究所研究年報5号（1996）125頁以下（以下「注3②」とする）。なお、本稿は①を執筆した際に同時平行的に執筆した論考に最小限度の加筆などを行った上で公表するものであり、最新の文献については必ずしもフォローできていない。その後の動向については別途考察を行う予定である。

模索しつつあるのが現状であるが、ひとまず現時点までの間に到達した部分をまとめ、今後の研究のヒントとしたいと考える。

第2節　国際私法と人際法

1　人際法と国際私法との関係

人的な法の牴触を包含するパーソナル・ロー[(4)]の体系が成立する段階では、そこには領土的基礎を持つ権力主体は存在しないか、あるいはそれほどの支配力を行使していないことが多い。パーソナル・ローの体系は地域的限定を伴わず、一定の人的集団（民族・部族・宗教など）に所属する者全体に適用される規範として成立するわけである。

しかし、近代以降の国際社会においては、法制度は原則的に国家を基本的な単位として成り立っており、その場合、国家がひとつの法域をなしているか否かはともかくとして、国家（又は地方政府）がその領土的主権の及ぶ範囲内での（牴触法を含む）立法権限を排他的に掌握している。従って、一定の民族・部族・宗教などに属する者が、その国籍を問わず一括して服するような属人的な法制度（例えばイスラム法のうち一定の学派に属するものなど）であっても、国家主権の範囲を越えてその管轄をのばすことはできない。そのため、人際法は国際私法との関係ではあたかも準国際私法と同様に、国内的牴触規則として機能することになる[(5)]。

2　国際家族法における人的不統一法の指定——問題提起

ここでは、以下で検討を行う国際家族法上の人的不統一法の指定との関係で、議論の対象としたい若干の問題点を挙げておく。

（1）　準拠法所属国の規則とは

従来から、不統一法の指定に際しては、準拠法所属国の規則（国内牴触規則）に従ってより具体的な準拠法を決定するというのが一般的な考え方であ

（4）　特定の人種・民族・宗教などに所属する者について適用される法を指す。拙稿・前掲注3①・104頁参照。
（5）　澤木敬郎「国際私法における人際法上の若干の問題」立教法学14号（1975）66頁〜67頁参照。

った。ただ、そこで問題となるのが、この場合の「準拠法所属国の規則」とはどのようなものを指すのか、あるいはそれを準拠法の決定に際してどのように用いるのか、という点である。一部のハーグ条約やわが国の国際私法では、当事者の属人法（本国法など）を確定するために準拠法所属国の規則を参照する、という規定の仕方が探られている。しかし他方、多くの諸外国では、一定の法律関係に適用される法の確定手段として準拠法所属国の規則を用いる旨が規定されている。果たしてこの両者は「規則」の捉え方として同じなのであろうか。もし異なるとすれば、いかなる点においてであろうか。そして、その何れがより適切な規定方法と言えるのであろうか。

（2） 密接関連性の判断

密接関連性の原則は、スタチュートの理論を克服する過程で19世紀に提唱された「法律関係の本拠の法を探究する」考え方を基礎に置くものであり、特に近年では牴触規則の硬直性を緩和する一般条項として利用する試みが実定国際私法レベルで行われ始めているが、本稿との関係で重要なのは、不統一法の指定に関するドイツ国際私法4条3項、日本の法例28条3項、同31条、扶養の義務の準拠法に関する法律7条など、準拠法所属国に国内牴触規則（準国際私法ないし人際法）が存在しない場合に密接関連法を指定する旨の規定である。これらの規定を人的不統一法の指定に適用したとき、密接関連性の判断をどのように行うべきであろうか。地域的不統一法の場合については、当事者の本源住所、出生地、生育地、常居所、最後の常居所などが補助的な要素として挙げられてきているが、人的不統一法の場合にもそれらに相当するようなものが存在するのであろうか。

（3） 属人法の共通性ないし同一性の判断

旧来の国際私法では、複数の人間が当事者となる法律関係（婚姻の締結、婚姻の効果、離婚、認知、準正、養子縁組、親子関係、扶養など）には、一定の基準により何れかの者の属する法のみを適用したり、両者の属する法を重ねたり配分したりするのが一般的であった。しかし、国際私法の領域における両性平等の実現という理念の下で、両者が共通に属する法を選択するという準拠法

（6） 例えば、スイスの国際私法14条、日本の法例28条1項、29条2項など。

指定方法が次第に多く用いられるようになってきた。そこで問題となるのが、人的不統一法の適用が問題となる場合の属人法の共通性ないし同一性の有無の決定という点である。

例えば、ムスリムたるインド人甲とキリスト教徒たる同国人乙が婚姻し、1954年特別婚姻法の規定によりこれを登録したとする。両者の間での離婚がわが国で問題となった場合、その準拠法は何法か。この問題を考える場合に重要なポイントとなるのが、甲乙の本国法（法例16条、14条）が同一であるか否か、という点である。特に上の設例のように、当事者の民族・宗教に関係なく適用される統一法が存在する場合には、それを適用するのが適切であるように思われるのだが、そのような結論をいかにして導くか、という問題が生じることになる。

以下、これらの問題を特に意識しつつ、国際家族法における人的不統一法の指定に関する諸外国、ハーグ条約及びわが国での状況につき検討する。

第3節　国際家族法における人的不統一法の指定[7]

国際家族法において、人的不統一法の指定はどのように行うべきなのであろうか。以下では、第2節末尾で掲げた問題意識を念頭に置いて、まず諸外国の国際私法及びハーグ条約における人的不統一法の取扱いにつき概観し、それらを簡単にまとめてから、わが国の国際私法における人的不統一法の取扱いの変遷と現状を見た後で、上述の問題点について筆者なりの見解を示すこととする。

1　諸外国での取扱い
（1）概　要

人的不統一法の指定、あるいは人的・場所的を問わず国内的な不統一法一般の指定に関する諸国国際私法の規定の多くは、筆者の知る限り、その規定のしかたに基づいて大きく二つの種類に分けることができる。

（7）　本節で紹介する各国の立法例については、以下に適宜掲げる他の資料のほか、笠原俊宏編『国際私法立法総覧』（冨山房・1989）によった。

その第一は、準拠法所属国の規則に委ねる旨のみを規定するものである。この分類に属する立法例としては、①アルジェリア民法典（1975年／同年施行）23条[8]、エジプト・アラブ共和国民法典（1948年）26条[9]、クウェイト・渉外的要素を有する法関係の規律のための法律（1961年／同年施行）71条[10]、ヨルダン民法典（1976年／1977年施行）27条[11]などのイスラム諸国における諸立法、②スペイン民法典（1889年／1974年デクレにより改正／同年施行）12条5項[12]、ポーランド国際私法（1965年／1966年施行）5条[13]、ポルトガル民法典（1966年／1967年施行）20条3項[14]など1960年代から70年代にかけて一部のヨーロッパ諸国で行わ

---

(8) 同条は以下のように規定する。「前諸規定がいくつかの法体系が存在する国の法へ送致するときは、適用すべき体系は同国の国内法によって決定される。」
(9) 同条は以下のように規定する。「前数条の規定により数個の法秩序を有する国の法律を適用すべき場合において、そのいずれを適用すべきかは、その国の国内法によってこれを定める。」
(10) 同条は以下のように規定する。「複数の法秩序が存する一定の国の法が適用されるべきことが、本章に含まれた条項の規定から生じるときは、それらの法秩序のうちいずれが適用されるべきであるかは、その国の国内法が決定する。」
(11) 同条は以下のように規定する。「前条項がいくつかの法体系が並存する国の法へ送致するときは、適用すべき体系は同国の国内法によって決定される。」
(12) 同項は以下のように規定する。「牴触規定が、異なる法体系が併存する国の立法を指定するときは、それらのうち適用されるものの確定はこの国の立法に従ってなされる。」同項に触れたものとして、B. M. Cremades und A. Maceda, Das neue spanische Internationale Privatrecht, 21 Recht der Int'len Wirschaft（1975）376 及び B. von Hoffmann und A. Ortiz-Arce, Das neue spanische Internationale Privatrecht, 39 RabelsZ（1975）657 がある。なお後者は、単一の準国際私法又は人際法が存在しないときの連結については未解決であるとしており、ドイツやわが国などで採用されている「間接指定＋直接指定」という二段階連結につながる問題意識が表明されている。
(13) 同条は以下のように規定する。「適用される法律の国の領土上に多数の法秩序が行なわれているときは、適用すべき法秩序はその国の法律がこれを定める。」同条に触れたものとして、S. Szer, La nouvelle loi polonaise sur le droit international privé, 93 Clunet（1966）350；J. Rajski, The new polish private international law, 1965, 15 Int'l Comp. L. Q.（1966）462；A. Uschakow, Das neue polnische Gesetz über das Internationale Privatrecht, 10 Recht in Ost und West（1966）202-203；松岡博「ポーランド新国際私法」阪大法学61号（1967）42頁がある。なお、1961年草案における同趣旨の規定（3条）は、溜池良夫「1961年ポーランド国際私法草案」法学論叢71巻6号（1963）75頁に紹介されている。
(14) 同項は以下のように規定する。「管轄権を有する立法が領域的に統一的法秩序を構成するが、その法秩序上、異なる種類の人に対して異なる規則体系が施行されているときは、常に、体系の牴触についてその立法によって規定されているところに従う。」同項に触れたものとして、P. H. Neuhaus und H. Rau, Das internationale Privatrecht im neuen portugiesischen Zivilgesetzbuch, 32 RabelsZ（1968）505, 514 がある。

れた立法及び③その他の立法、例えばタイ・仏暦2481年国際私法（1938年）6条5項がある。

　第二は、準拠法所属国の規則＋密接関連法の二段階方式を採るものである。この分類に属する立法例としては、①オーストリア・国際私法に関する連邦法（国際私法典）（1978年／1979年施行）5条3項、スウェーデン・婚姻及び後見に係わる一定の国際的法律関係に関する法律（1904年／1973年改正／1974年施行）7章1条、ドイツ（旧西ドイツ）民法施行法（1986年改正／同年施行）4条3項、旧ユーゴスラビア・一定関係の範囲における外国規定との法律牴触の解決に関する法律（1982年／1983年施行）10条など、1970年代から1980年代に

---

(15)　なお、成文国際私法の整備は進んでいないが、人際法の取り扱いにつき比較的議論の盛んなフランスにつき一言しておく。同国では、人的な法の抵触の解決方法としては、旧時は被告の法を適用する傾向が見られた（H. Batiffol, Droit International Privé (4e éd. 1967) 300）が、これに対しては、手続的なイニシアティブに準拠法を依存させるものであるとの批判が為された。現在では、原則として準拠法所属国の人際法に依るとされている。D. Holleaux, J. Foyer et G. G. Pradelle, Droit International Privé (1987) 280; Y. Loussouarn et P. Bourel, Droit International Privé (1978) 137-138; ibid. (3e éd. 1988) 158-159．一部の体系書には、そのみでは十分な解決とは言えないとの指摘も見られる（Loussouarn et Bourel, supra, (3e éd. 1988) 158-159）が、当該部分の内容が同書の1978年版と比べて全く変化していない点に鑑みると、この点に関する近年の議論はあまり活発でないように推測される。

(16)　同項は以下のように規定する。「本国法適用の場合において、局地法または教派法が適用されるべきときは、これによる。」同項に触れるものとして、C. Kim, The Thai choice-of-law rules, 5 Int'l Lawyers (1971) 711 がある。

(17)　同項は以下のように規定する。「外国法秩序が複数の部分的法秩序から構成されているときは、この外国法秩序に存在している規則が送致する部分的法秩序が適用されるものとする。かような規則がないときは、最も強い関係が存在する部分的法秩序が基準とされる。」同項に触れるものとして、E. Palmer, The Austrian Codification of Conflicts Law, 28 Am. J. Comp. L. (1980) 223 がある。なお、草案での規定については、山内惟介「オーストリアにおける国際私法および国際手続法の改正草案について——「いわゆるシュヴィント草案」——」法学新報81巻4号（1974）153〜184頁を参照せよ。

(18)　同条は以下のように規定する。「ある者につき、その者がある外国の国籍を有するために外国法が適用されるべき場合、その国に多数の法体系が妥当しているとき適用されるべき法体系は、その国に妥当している諸規定によって定められる。かかる規定が存在しないときは、その者がもっとも密接な関連性を有する法体系が適用される。」

(19)　同項は以下のように規定する。「準拠法を指摘することなく、複数の部分法秩序を有する国の法に送致されるときは、その国の法が、いずれの部分法秩序が適用されるべきかを決定する。かような規則が欠けているときは、事実関係が最も密接に結びつけられている部分法秩序が適用されるものとする。」

(20)　同条は以下のように規定する。「①不統一法国法が適用されるべきであり、かつ、本法の規則がその国の特定の法域に送致しないときは、準拠法体系はその国において施行されている

かけて一部のヨーロッパ諸国で行われた立法、及び②それらを受けて行われた立法、例えばわが国の扶養義務の準拠法に関する法律7条や法例31条などがある。[21]

なお、以上の他に、準拠法所属国の規則＋事案に従い多数である体系又は住所地の体系という二段階方式を採る立法例として、アラブ首長国連邦民事取引法典（1986年施行）[22]25条がある。

（2）ドイツ

ドイツでは、1961年に採択された2件のハーグ条約[23][24]を批准することによって、国際私法における人的不統一法の処理につき明文の規定を設けた。その後1986年には1973年の扶養義務の準拠法に関するハーグ条約を批准すると同時に民法施行法を改正して、人的不統一法の場合を含む法の分立の処理に関して一般的な規定を設けた（4条3項）。そこでは、不統一法国が指定された場合、当該準拠法所属国に統一的な国内抵触規則が存在する場合にはそれにより、かかる規則が存在しない場合には事実関係が最も密接な関係を有する法が適用されるものと規定されている。

これらの規定の解釈に関する学説及び判例を見ると、1986年改正前における民法施行法の解釈としては、準拠法として指定された法が人的に分立している場合、その法域における人際法が統一されているときは当該人際法に従い、[25]かかる統一的な人際法が存在しないときはその者の所属する人的グルー

規則によって決定される。／②不統一法国の準拠法体系が前項に定められた条件のもとに決定されることができないときは、係争の法律関係が最も密接な関係を示す法域の法が適用される。」同条に触れるものとして、K. Sajko, Zum neuen jugoslawischen Internationalen Privat- und Prozeßrecht, 24 Jahrbuch für Ostrecht (1983) 83-84 がある。

(21) これらの規定については後に触れることとする。
(22) 同条は以下のように規定する。「準拠法が幾つかの法体系が存在する法であるときは、適用すべき体系はその国家の法によって決定される。そのような趣旨の規定がないときは、適用すべき体系は、事案に従い、多数である体系又は住所地の体系とする。」
(23) 遺言処分の方式の準拠法に関する条約、並びに、未成年者の保護の領域での官庁の管轄権及び準拠法に関する条約。
(24) 前者は1965年、後者は1971年に公布。
(25) この趣旨の判例で人際法の解釈に言及するものとして、以下のものがある。
 (1) OLG Hamm, 4. 11. 1975, FamRZ 1976, 29
   ドイツ国籍を有しプロテスタントの信者である原告（妻）は、イラン国籍を有するムスリムの被告（夫）とドイツ身分登録吏の面前で1957年に婚姻したが、1974年以後別居し

プ(民族・宗教など)によって準拠法を決定する、とされていた。その後、ハーグ条約の批准や民法施行法の改正(現行4条3項の成立)に際して「準拠法所属国の規則の国内牴触規則+密接関係法」の二段階連結を採用したことに

た。原告はEheG 43条による離婚を求め、その理由として被告の不貞行為を主張した(被告は反訴を提起)。

判旨の準拠法に関する判断の要旨は以下の通りである。「西ドイツとイランとの関係は、家族法事件については1929年2月17日のドイツ・イラン居留地協定により、その8条3項によればドイツ国内のイラン人はイラン法に従う。しかし同項は両当事者の国籍が異なる場合の準拠法につき規定していない以上、この点については離婚に適用されるドイツの一般的牴触規則によることになる。そこで民法施行法17条が適用され、イラン法上の離婚原因及びドイツ法上の離婚原因がともに存在する場合にのみ離婚が許される。ここでイラン国内のどの法を適用するかはイラン人際法によるが、イランの人際法は夫の法の適用を規定し、また一方がムスリムである家族法上の事件はイスラム法によるとされている。そこで本件被告がシーア派に属することから、シーア派ムスリムに適用される離婚法が適用される。」

本件は、イラン人際法の内容を認定し、それに基づいて準拠法を決定したものとして、現行法に置き換えれば民法施行法4条3項1文を適用すべき模範的な事例であると言えよう。

(2) イラン人際法の適用に関する文献として、以下の事件に対する鑑定書(Köln K 22/86 vom 12. 9. 1986, in: M. Ferid/G. Kegel/K. Zweigert, Gutachten zum internationalen und ausländischen Privatrecht (1985 und 1986) SS. (1989) 339ff.)がある。本件の事案は以下の通りである。1959年にテヘランで出生したムスリムの原告(妻)と、1958年にテヘランで出生した被告(夫)は、1983年にハンブルグの身分登録所で婚姻を締結したが、1984年以来別居している。1985年10月に原告は被告に離婚を要求し、同年12月及び翌1986年4月の書面で被告も離婚の意思を伝えた。同月、両者はハンブルグのイスラムセンターで相互離別(広義のタラークの一種)を宣言した。しかし同センターは宗教上の離別のみを証明するため、権限ある機関が国法により承認することが必要となる。

そこで裁判所は、イスラム離婚法が不明なため、両者のイスラム法に基づく要求は論理にかなっているか否かの点を照会した。

これに対する鑑定書の内容のうち準拠法部分の趣旨は以下の通りである。「西ドイツとイランとの関係は、家族法事件については1929年2月17日のドイツ・イラン居留地協定(1955年8月15日の告示により現在も有効)に従う。よって本件では共通本国法たるイラン法が適用されるが、イラン法は人的不統一法であるため、準拠法については同国人際法を適用し、当事者の所属する宗教共同体の法による。そこで当事者の所属宗教を考えると、原告はムスリムであり、また被告の宗教は訴訟記録上不明だが、1986年4月のタラーク離婚からムスリムであると考えられる。よって両当事者はムスリムである。従って、反対の表示がない限りイラン人の大部分が所属するシーア派に属するものと考えてよい。従って本件ではシーア派イスラム法を適用する。」

本件は、連結点の決定において一方当事者の所属宗教を推定したという付加的事情はあるものの、準拠法所属国たるイランの人際法を適用した意味では上の判例に準ずる事例であると言えよう。

(3) LG München I, 7. 10. 1976, FamRZ 1977, 332

第10章　国際家族法と人際法　*191*

よって、それらにおける「密接関係法」概念（改正後の民法施行法4条3項2文にいう「事実関係が最も密接に結びつけられている部分法秩序」）の解釈という問題が生ずるに至った。近年の文献にはこの点につき触れるものも見られる。しかし、それらが具体的な例として挙げるのは地域的不統一法を有する米国のそれであり[27]、人的不統一法の場合については議論の蓄積が乏しい状況にある[28]。

　　　オーストリア国籍を有するシーア派ムスリムの原告（妻）は、レバノン国籍を有するシーア派ムスリムの被告（夫）と1974年にベイルートのJafariya（イスラムの宗教裁判所）で婚姻した。両者の最後の共通常居所はミュンヘンである（現在も別居している）が、1976年以来夫婦関係はない。原告は、婚姻に反する関係を理由として離婚を求めた（被告は欠席（nicht vertreten））。
　　　判旨の準拠法に関する判断の要旨は以下の通りである。「民法施行法17条により夫の宗教上のパーソナル・ローの適用があるが、レバノンでは婚姻締結時に従った宗教によって所属宗教を決定するところ、本件の婚姻はイスラムの宗教裁判所で締結されたことからして、シーア派のイスラム法が適用される。」
　　　本件は、レバノン人際法を適用した典型的な事例であると言えよう。
（4）　AG Solingen, 2. 3. 1983, IPRax 1984, 102
　　　エジプト国籍を有するコプト正教徒の原告（妻）は、国籍及び宗派を同じくする被告（夫）と1967年1月17日、エジプトでコプト正教の儀式により婚姻したが、被告は1977年にイスラム法により原告を離別し、その後1978年にはカトリックに、1979年には再びイスラム教に改宗し、再び原告を離別した。原告は被告に対して扶養料の支払いを求めた。
　　　判旨の準拠法に関する判断の要旨は以下の通りである。「両者が同一国民であることから、扶養は共通本国法たるエジプト法によるが、エジプト人際法上、両当事者が異なる宗派に属する場合にはハナフィー派イスラム法が適用される。但し同法による限り扶養料の算出方法は明かでないので、算出はドイツの基準による。」
　　　本件は、エジプト人際法を適用した典型的な事例であると言えよう。

(26)　G. Kegel, Internationales Privatrecht, 5., neubearbeitete Aufl. (1985).
(27)　その場合、常居所又は住所が判断基準として呈示されている。例えば、民法施行法改正案に対する理由書（BTDrucks. 10/504 S. 40）ではこう述べられている。「本草案の表現は実務に対してある程度の活動の余地を認めるものである。『最も密接な結びつき』は、通例、人の常居所を通して媒介され、牴触規定はこれに依拠するのである。」（山内惟介訳「西ドイツ国際私法改正のための政府草案（3）」比較法雑誌18巻1号（1984）91頁）。この部分に言及する文献として、B. Dickson, The Reform of Private International Law in the Federal Republic of Germany, 34 Int'l Comp. L. Q. (1985) 241; G. Kegel, Internationales Privatrecht (6. neubearbeitete Aufl. 1987), at 260; C. T. Ebenroth und U. Eyles, Der Renvoi nach der Novellierung des deutschen Internationalen Privatrechts, 9 IPRax (1989) 6. また、K-H. Kunz, Internationales Privatrecht (2., neubearbeitete Aufl., 1988) 75 も常居所を基準として挙げている。他方、J. Basedow, Die Neuregelung des Internationalen Privat und Prozeßrechts, N. J. W. [1986] Heft 48, 2974. は同様の（米国の）場合の補助的基準としてドミサイルを挙げている。
(28)　人的不統一法の適用が問題となり、かつ統一的な人際法が存在しない場合の処理については、民法施行法4条3項2文に触れた文献においても殆ど論ずるものがないが、この点を扱っ

2 ハーグ条約での取扱い[29]
(1) 遺言の方式の準拠法に関する条約[30]

ハーグ国際私法条約の中で不統一法の取扱いについて初めて規定を設けたのは、第9会期で採択された同条約の1条2項であった[31]。同項の規定は、上述した諸国の国際私法に対して影響を与えたほか、後に挙げる幾つかのハー

た文献として以下の鑑定書(Köln K 51/87 vom 27.1.1988, in: M. Feric/G. Kegel/K. Zweigert, Gutachten zum internationalen und ausländischen Privatrecht (1987 und 1988) (1990) S. 376-)がある。本件の事案は以下の通りである。ザイール国籍の事件本人は、1963年に同国で出生したが、1985年以来西ドイツに居住し、また1987年5月以後はドイツ人レナーテJ及びその2人の子の世帯で生活してきた。1987年10月19日の公正証書でレナーテJと事件本人は後見裁判所に対し養子縁組の言渡しを申し立てた。

そこで裁判所は、公正証書による事件本人の同意はザイール法上の要件を満たしているか否かの点を照会した。

これに対する鑑定書のうち準拠法部分の要旨は以下の通りである。「民法施行法23条1項により、養子その他の同意については養子の本国法(ザイール法)によるが、ザイール法は植民地時代の成文法(憲法の経過規定により現在も有効)と各部族の慣習法とに分立している。同国1983年憲法102条は「裁判所は法律及び慣習を、法と公序に一致する範囲内で適用する」と規定するが、成文法と慣習法の適用境界は不明である。1967年憲法の下では土着のザイール人は身分登録簿への登録により成文法を選択できたが、今では違憲(平等違反)のため廃止されている。従って、現在では明白な人際法はないが、この問題につき発見しうる文献によれば、ザイール人は登録なしに一方を選択できるとされている。本件では、事件本人による明確な法選択は認められないが、事件本人の慣習法社会との関係は、三つの事情(西ドイツへの移住、J一家の世帯での生活及びドイツ人を通じて養子縁組を求めたこと)によってかなりぐらついており、同人は黙示的に成文法を選択したものと認められる。以上から、本件では民法施行法4条3項2文の適用上、成文法の適用が導かれる。」

本鑑定書における準拠法の判断はザイール人際法の不明から出発している点で現在のところ貴重な例である。結局は文献(但しいかなる文献が参照されたのかが明示されていないのが残念である)に基づいて同国人際法の内容を推定し、その適用という形で当事者の法選択を認めることによって処理されているが、当事者の黙示意思を認定する過程で考慮した三つの事情は、民法施行法4条3項文の解釈にとってひとつのヒントになるものと思われる。

(29) ハーグ条約は、諸外国の国際私法に影響を与えた点で重要である。例えば、ドイツ国際私法への影響につき、山内・前掲注27・90頁参照。

(30) Convention sur les conflicts de lois en matière de forme des disposition testamentaires, Article premier. ハーグ会議の一般的経緯については、Conférence de la haye de droit international privé, Actes et documents de la neuviéme session, Tome III (forme de testaments) (1961)を参照。その他、第9会期については、H. Batiffol, La neuviéme session de la Conférence de la Haye de droit international privé, 50 Rev. crit. dr. i. p. (1961) 461-476 を参照。

(31) 同項は以下の通り規定する。「この条約の適用上、遺言者の本国法の法制が不統一のものである場合には、その法制において行なわれている規制によって準拠法を決定するものとし、そのような規則がないときは、その法制に属する法律のうち遺言者が最も密接な関係を有した法律を準拠法とする。」

グ条約の同種の規定にも影響を与えた点で特に重要である。そこで、以下この規定の成立過程を検討する。

同会期に提出されたオランダ国家委員会の草案及び特別委員会の1959年5月15日草案では不統一法の指定に関する規定は見当たらなかったが、特別委員会の審議に際してイギリス代表は、同国のある判例において生じたのと同種の問題の解決をはかるため、不統一法の指定に関する一箇条を設けることを提案した。これに対して特別委員会は、かかる規定を置くことは本条約の範囲を逸脱し、またこの問題の全体的な解決にもならないとの理由で、このイギリス提案に反対した。しかしその後の議論を通じて、この規定は条約の理念たる遺言保護に反しない、この規定を置くことは好ましい、あるいは有用である、などの意見が提出され、結局同項は、「本条約の目的のため」という限定を付した形で採用され、この問題について初めて権威的な解決を与

---

(32) Conférence de la haye, supra note 30.
(33) Ibid. 16.
(34) In re O'Keefe (Deceased): Poingdestre v. Sherman ([1940] 1 Ch. 124).
　　本件に係わる事実の経緯はかなり複雑であるが、準拠法決定に関係する部分を中心に要約すると以下の通りである。被相続人Aの父は1835年に南アイルランドで出生し、インド渡航の後1858年頃同国でアイルランド系の女性と結婚し、婚姻継続中にA及びXが出生した。その後Aは様々な事情によりフランス、インド、フランス、イングランド、インド、イングランドと移住したが、1885年に父が単身戻ったインドで死亡した後は、スペイン、モロッコ及びチャネル諸島に滞在した後、ナポリに移って47年間生活し、1937年にそこで死亡した（未婚・遺言なし・遺産は動産のみ）。その後Aの遺産の相続をめぐって提起されたのが本件である（ただ、具体的にいかなる問題であるかは判例集からは不明である）。
　　本件の準拠法を決定するに当たり、まずAのドミサイルが問われたが、判旨はその本源ドミサイルはアイルランドにあり、選択ドミサイルはイタリアにあると認定した。その上で判旨は、無遺言相続の準拠法は被相続人の死亡時のドミサイル法であるが、本件の被相続人の死亡時のドミサイルであるイタリアの国際私法規定（1965年民法8条）によれば、相続の準拠法は被相続人の本国法であるとして反致を認め、次に英国内のいずれの国内法が適用されるかを検討した。そして、本件では被相続人の死亡時のドミサイルは英国外にあるが、その本源ドミサイルがアイルランドにあることからすると、本件において被相続人が英国内で属していたと認められる唯一の部分はアイルランドであるとして、本件の準拠法はエール法であると判断した。
(35) Conférence de la haye, supra note 30, at 65; R. H. Graveson, The ninth Hague Conference of Private International Law, 10 Int'l Comp. L. Q. (1961) 23; M. Ferid, Die 9. Haager Konferenz, 27 RabelsZ (1962) 421.
(36) Conférence de la haye, supra note 30, at 20, 67, 148; 川上太郎「遺言の方式の準拠法に関するハーグ条約（1960年）の形成過程（2）」民商法雑誌49巻6号（1964）35頁。
(37) Conférence de la haye, supra note 30, at 117; 川上・同上。

えることとなった。⁽³⁹⁾

同項の解釈において最も問題なのは、準拠法所属国に依るべき国内牴触規則がない場合の処理である。同項採択後に作成されたバティフォルの注釈報告書は「この場合には裁判官の自由な事実評価によることとなるが、より明確化できるか否かは経験によることとなろう」⁽⁴⁰⁾としているが、それ以上の言及はない。

自由裁量によることとなれば、不統一法の処理一般について考えても、客観的かつ明確な基準を抽出することは当面無理であろう。ただ、人的な不統一法の場合には、問題は一層困難となる。そもそもこの規定は、解釈上の可能性についてはともかく、起草段階では主として地域的な法の不統一を念頭に置いたものであるという印象が強い。この規定を提案する動機となった英国の判例が地域的不統一法国（英国）についての事例であることや、先に紹介したバティフォルの注釈報告書が上に紹介した部分の直後で次のように述べていることも、そのような推測を生ぜしめる根拠たりうるように思われる。⁽⁴¹⁾

「遺言者と所与の法律との間の現実的つながりは、この法律の行われている領域における滞留が繰り返しなされること、その地にとどまっている家族との関係の維持、その領域における財産又は利益の保持ということでありえよう。」

もしそうなら、一方で地域的不統一法の指定については、従来から用いられてきた住所や居所などの国際私法上の概念を補助的に用いることによって対処することもできよう。しかし、人的不統一法の処理については、それに

---

(38) この制限は、10月19日の会議においてシュヴィントが、この種の規定を設けること自体には賛成しながら、これが遺言の方式に関する条約に挿入するにはあまりに一般的過ぎるのではないか、との疑問を呈示したのに対して、バティフォルが提案したものである。Confèrence de la haye, supra note 30, at 116, 117.

(39) 川上太郎「遺言の方式の準拠法に関するハーグ条約（1960年）の形成過程（１）」民商法雑誌49巻５号（1964）639頁。

(40) Confèrence de la haye, supra note 30, 148.

(41) なお、バティフォルの報告とは別に、本源住所（domicile of origin）の考え方に代えてプロパー・ローの発想を採用したと見る評価として、Graveson, supra note 35, at 23. このほか、同様の印象を受ける文献として、Ferid, supra note 35, at 444; W. L. M. Reese, The ninth session of the Hague Conference in Private International Law, 55 Am. J. Comp. L. (1961) 452.

対応できる概念が国際私法の側に十分用意されているとは言い難い状況にある。国際私法の立場からの一層の人際法研究が必要となる所以であると言えようか。

ともかく、この条約の起草時点では最善であったと言われる[42]このような規定の穴を今後どう埋めていくかが、この規定自体によって問われていると言えるように思われる。

（２） 未成年者の保護に関する官憲の管轄権及び準拠法に関する条約[43]

この外、同じ第９会期ではこの条約が採択されたが、その草案の審議においても、同じくイギリス代表から遺言の方式の準拠法に関する条約１条２項と同趣旨の規定を設けることが提案され、これに対してオランダ代表から他の事項をも一括して規定する旨の修正案[44]が出されたが、若干の議論[45]の後に修[46]正つきで採用されている[47](14条)。[48][49]

（３） 養子縁組に関する裁判の管轄権、準拠法及び裁判の承認に関する条約[50]

第10会期に採択されたこの条約でも、遺言の方式の準拠法に関する条約で

---

(42) Reese, ibid.

(43) Convention concernant la compètence des autoritès et la loi applicable en matière de protection des mineurs, Article 14. ハーグ会議の経緯については、Conférence de la haye de droit international privè, Actes et documents de la neuvième session, Tome IV（protection des mineurs）(1961) 参照。

(44) Conférence de la haye, supra note 43, at 174.

(45) 未成年者が属する国の国内法のみならず、未成年者が属する国の当局をも定義する規定とする趣旨のもの。

(46) Conférence de la haya, supra note 43, at 174.

(47) ユーゴスラビア代表は、このような規定は国際私法の範囲外であり、また規定自体不十分であるとの理由でイギリスの提案に反対したが、この提案を撤回すると不統一法の問題を解決できなくなるとのイタリア代表の意見に妥協し、結局「この条約の目的の範囲内」という限定を付することで同意した。Conférence de la haya, supra note 43, at 175.

(48) 同条は以下の通り規定する。「この条約の適用については、未成年者の属する国の国内法が不統一の法制に存するときは、「未成年者が属する国の国内法」及び「未成年者が属する国の官憲」とは、その法制において現に行なわれている規則によって決定される法律及び官憲をいい、そのような規則が存しない場合には、未成年者が右の法制を構成する立法のうちの一つとの間に有する最も密接な結び付きによって決定される法律及び官憲をいう。」

(49) Conférence de la haye, supra note 43, at 215.

(50) Convention concernant la compètence des autoritès, la loi applicable et la reconnaissance des décisions en matière d'adoption, Article 11. ハーグ会議の経緯については、Conférence de

採用されたのと同趣旨の規定が提案され、それほどの議論もないまま採用されている(11条)。⁽⁵¹⁾⁽⁵²⁾

(4) 扶養義務の準拠法に関する条約⁽⁵³⁾

第12会期に採択されたこの条約ではアメリカから同様の趣旨の規定が提案されたが⁽⁵⁴⁾、そこでのアメリカの意図のひとつは、自国のような統一的準国際私法規定がない場合の処理を定めることにあった。結局同会期は、(3)や1970年の離婚別居承認条約に倣って不統一法の指定に関する規定を設けた(16条)⁽⁵⁵⁾。この規定については、初めて人的な不統一法と地域的なそれとを表現上区別した点が注目される。⁽⁵⁶⁾

同会期では、不統一法の処理に関して、これまでの条約の審議に比べてかなり長い議論が交わされている⁽⁵⁷⁾。しかし、人的な不統一法の処理における「最も密接な関連性」の解釈や、共通本国法の認定との関係で人的不統一法をいかに扱うか、という点についての基準は結局示されなかった。⁽⁵⁸⁾

---

la haye de droit international privè, Actes et documents de la dixième session, Tome II (adoption) (1965). その他、第10会期については、R. H. Graveson, The tenth session of the Hague Conference of Private International Law, 14 Int'l Comp. L. Q. (1965) 528-578 参照。

(51) Conférence de la haye, supra note 50, at 385.

(52) 同条は以下の通り規定する。「養親または児童が国籍を有する国において2以上の法制が行なわれているときは、その者の本国法およびその者が国籍を有する国の機関とは、この条約の適用に当たっては、その国で現に行なわれている規則により定まる法律および機関をいうものとし、そのような規則がないときは、利害関係人が最も密接な関係を有する法制における法律または機関をいうものとする。」

(53) Convention sur la loi applicable aux obligations alimentaires, Article 16. ハーグ会議の経緯については、Conférence de la haye de droit international privè, Actes et documents de la douzième session, Tome IV (obligations alimentaires) (1975). その他、第12会期については、高桑昭「ハーグ国際私法会議第12会期の報告」法曹時報25巻1号24~44頁。同「成人に対する扶養義務の準拠法に関する条約について」法曹時報25巻8号 (1973) 1335~1348頁、H. Batiffol, La douzième session de la Conférence de la Haye de droit international privè, 62 Rev. crit. dr. i. p. (1973) 243-273. 参照。

(54) Conférence de la haye, supra note 53, at 334.

(55) Ibid.

(56) 同条は以下の通り規定する。「扶養権利者若しくは扶養義務者の常居所地の法律又は共通本国法を適用するに当たって、扶養義務について適用される法制を地域的に又は人的に異にする国の法律を考慮しなければならない場合には、当該国において行なわれている規則によって指定される法制を適用するものとし、このような規則がないときは、当事者が最も密接な関係を有する法制を適用する。」

(57) Conférence de la haye, supra note 53, at 334-336, 361-363.

（5） 死亡による財産の相続の準拠法に関する条約[59]

この条約の起草に際しては、特別委員会草案の段階から不統一法の指定に関する規定が設けられていたが[60]、さしたる議論もないまま結局20条として成立した[61][62]。ここでも二段階の連結が採用されているが、ウォータースの注釈報告書の中には、「最も密接な関連性」の判定基準についての説明は見当たらない[63]。

（6） その他

なお、上記の外にも、「離婚及び別居の承認に関する条約」（1970年）16条[64]、「扶養義務に関する判決の承認及び執行に関する条約」（1973年）27条[65]、「夫婦財産制の準拠法に関する条約」（1976年）19条[66]及び「婚姻の挙行及び婚姻の有

---

(58) 澤木敬郎「共通本国法の概念について」立教法学33号（1989）41〜44頁参照。

(59) Convention sur la loi applicable aux successions à cause de mort, Article 20. ハーグ会議の経緯については、Confèrence de la haye de droit international privè, Actes et documents de la seizième session, Tome II（successions‐loi applicable）（1990）.

(60) 特別委員会案10条。Confèrence de la haye, supra note 59, at 220, 221.

(61) 同条は以下の通り規定する。「この条約の下で適用すべき法律を確定するに際して、ある国が相続につき異なるカテゴリーに属する者に対して適用される2つ以上の法制を有するときは、そのような国の法とは、その国において行なわれている規則によって指定される法制をいうものとする。そのような規則がないときは、死者が最も密接な関係を有する法制をいうものとする。」

(62) Confèrence de la haye, supra note 59, at 518, 519.

(63) Ibid. 600.

(64) Convention sur la reconnaissance des divorces et des séparations de corps, Article 16. ハーグ会議の経緯については、Confèrence de la haye de droit international privè, Actes et documents de la onzième session, Tome II（divorce）（1970）. なお、同会期については、R. H. Graveson, K. M. N. Newman, A. E. Anton and D. M. Edwards, The eleventh session of the Hague conference of private international law, 18 Int'l Comp. L. Q.（1969）640-641.

同条は以下の通り規定する。「この条約の適用について、それが締約国であると否とを問わず、離婚又は別居に関し、属地的又は属人的に適用される二又はそれ以上の法制を有する判決国又は承認国以外の国の法律によるべきときは、その国の法により指定された法制による。」

(65) Convention concernant la reconnaissance et l'exécusion des décisions relatives aux obligations alimentaires, Article 27. ハーグ会議の経緯については、Confèrence de la haye de droit international privè, Actes et documents de la douzième session, Tome IV（obligations alimentaires）（1975）.

同条は以下の通り規定する。「締約国が、扶養義務に関して2以上の人的法律体系を有する場合には、その国の法律とは、その国の法律によって特定の種類の人に適用されるべきものとして指定される法律体系をいうものとする。」

(66) Convention sur la loi applicable aux régimes matrimoniaux, Article 19.

同条は以下の通り規定する。「この条約の適用に当たり、夫婦財産制につき、異なる種類の

効性の承認に関する条約」(1978年) 20条にも不統一法の指定に関する規定があるが、それらの多くは準拠法所属国の国内牴触規定によるとするのみで、今までに紹介した例に見られるような一般条項は含まれていない。

3 まとめ

以上、各国国際私法及びハーグ諸条約における人的不統一法の取扱いを概観してきたが、それらをまとめてみると、そこにはおおよそ次のような共通点を発見することができるように思われる。

(1) 適用法規決定規範としての性格

参照した規定の多くは、一定の法律関係に適用されるべき法規の決定をその目的としており、当事者の属する法の決定という規定方式を採用していない。従って、共通本国法の決定との関係で人的不統一法が問題となる場合でも、まず最初に各当事者の属人法を絞り込む趣旨の規定として解釈するのに有利な文言には必ずしもなっていないように思われる。

(2) 人的・地域的不統一法を扱う規定

多くの規定は、人的不統一法の場合と地域的不統一法の場合を分けずに、それらを合わせて規定している。

(3) 間接指定から2段階指定への動き

イスラム諸国の国際私法及びヨーロッパ諸国の国際私法のうち1960年代から1970年代前半にかけての立法例には、間接指定のみによる規定が多い。これに対して、1970年代後半以降のヨーロッパ諸国の国際私法には、間接指定＋直接指定の二段階指定を採用した規定が少なからず見受けられる。そこで

人に適用される二以上の法制を有する国にあっては、その国の法律とは、その国において行なわれている規則によって決定される法制をいうものとする。／前項の規則がないときは、第4条第1項の場合には、夫婦の共通の本国の法律を準拠法とし、第7条第2項第2号の場合には、夫婦の常居所の法律を依然として準拠法とする。夫婦に共通の本国がないときは、第4条第3項を適用する。」

(67) Convention sur la célébration et la reconnaissance de la validité des mariages, Article 20. ハーグ会議の経緯については、Conférence de la haye de droit international privè, Actes et documents de la treizième session, Tome III (marriage) (1978).

同条は以下の通り規定する。「ある国が婚姻に関して異なる種類の人に適用される二以上の法制を有する場合は、その国の法律とは、その国において行なわれている規則によって指定される法制をいうものとする。」

は、統一的な人際法が存在しない場合には一般法理（密接関連性の原則）によると規定するものが多く、より具体的かつ客観的な基準を設定している例は稀である。

4 わが国での取扱い

ここでは、これまでに行った各国国際私法及びハーグ条約の規定の分析を念頭に置きつつ、法例をはじめとするわが成文国際私法上の人的不統一法指定に関する規定の解釈について概観する。

（1） 法例（1989年改正前）関係

1989年改正前の法例（1898年法律10号）においては、地域的不統一法国の指定についてのみ明文規定（旧27条3項）が置かれ、人的不統一法国の指定に関する明文規定は置かれなかったが、この点につき判例及び戸籍先例は一致し

---

(68) 同項は以下の通り規定する。「地方ニ依リ法律ヲ異ニスル国ノ人民ニ付テハ其者ノ属スル地方ノ法律ニ依ル」

(69) 人的不統一法の指定が問題とされた判例としては、以下のものがある。
（1） 神戸家裁1962年12月21日審判（渉外身分関係先例判例総覧・先例判例編②676の3頁【510ノ5】
　　インド人の遺言につき遺言執行者の解任と選任を求めた事案。判旨は、先例（旧）26条、25条により準拠法を1925年インド相続法とした上で、申立人提出の証明書から同人がパーシー教徒であると認定し、インド相続法上の同教徒に関する規定を適用した。
（2） 東京家裁1974年12月27日審判（家裁月報27巻10号（1975）71頁）
　　中国系マレーシア人夫と日本人妻との間に出生した子（父がマレーシア国籍取得のための登録を懈怠したため無国籍）について、日本国への帰化申請のため母を後見人に選任することを求めた事案。判旨は、後見人選任の必要性を判断する前提としての親権者による親権行使の困難性の点は父の本国法であるマレーシア法により、またマレーシア法上中国系マレーシア人には中国慣習法が適用されるとした上で、本件適用されるべき中国慣習法の内容は不明であるとしつつ、その内容を（明示はしていないが恐らく条理によって）推認した。
（3） 東京家裁1975年3月13日審判（家裁月報28巻4号（1976）121頁）
　　インド人夫婦の離婚（申立人は妻）の事案。判旨は本件の準拠法を法例（旧）16条によりインド法とした上で、両当事者が1954年特別婚姻法に基づいて婚姻していることから、法例27条3項を準用して同法を適用した（日本法を留保した点については省略する。以下離婚事件について同じ）。
（4） 東京家裁1983年4月25日審判（判例時報1123号（1984）105頁）
　　日本人（妻＝申立人）とマレーシア人（夫＝相手方）との離婚の事案。判旨は、相手方は「強いて信仰する宗教と問われれば仏教徒といえる者」であると認定した上で、法例（旧）27条3項に従い、イスラム教徒以外の者に適用される西マレーシア民事離婚法を適用した。

て、当事者の本国における人際法によって準拠法を決定すべきである、としてきた。また、その際に旧27条3項を類推適用する旨を明示するのは少数であった。[71] 学説上も、当該問題に関する準拠法所属国内の人際法に従って準拠

（5）横浜地裁1983年11月30日判決（判例時報1117号（1984）154頁）
中国系無国籍者から日本人に対して認知を求めた事案。判旨は、子についての認知要件の準拠法は法例（旧）27条2項により住所地法たるインドネシア法であるとした上で、中国系人に適用される旨が明示されている同法12章3節（非嫡出子の認知に関する規定）の適用を考慮している（結果的には公序則違反で適用を排除）。

（6）浦和地裁1983年12月21日判決（家裁月報37巻2号（1985）156頁）
日本人（妻＝原告）とムスリムたるパキスタン人（被告＝夫）との離婚の事案。判旨は、法例（旧）16条により本件の準拠法をパキスタン法とした上で、同国の1869年離婚法（1975年改正後）を夫婦の一方がキリスト教徒である場合に適用されるものとして適用した。

（7）東京地裁1987年5月29日判決（判例タイムズ655号（1988）23頁）
日本人（妻＝原告）とムスリムたるパキスタン人（被告＝夫）との離婚の事案。判旨は、法例（旧）16条により本件の準拠法をパキスタン法とした上で、同国の1939年ムスリム婚姻解消法2条8項1号を適用した。

（8）名古屋地裁岡崎支部1987年12月23日判決（判例時報1282号（1988）143頁）
日本人（妻＝原告）とムスリムたるパキスタン人（被告＝夫）との離婚の事案。判旨は、法例（旧）16条により本件の準拠法をパキスタン法とした上で、同国1939年離婚法の適用の可否につき検討し、同法適用の前提である「原告がイスラム法に基づいて離婚したこと」の要件が本件で具備されているか否かは不明としつつ、仮にそうでなかったとしても、1961年ムスリム家族法令の諸規定の精神に鑑みると1939年法の規定を類推適用するのが相当として、1939年法を適用した。

なお、人的不統一法国で制定された統一法を適用した審判例として、（9）京都家裁1974年6月3日審判（家裁月報27巻4号（1975）91頁・シンガポール離婚条例を適用）、(10) 神戸家裁1978年2月21日審判（家裁月報31巻12号（1979）97頁・「英国法」（烹場評釈によれば英国のAdoption Act）を適用）及び（11）東京家裁1987年5月15日審判（家裁月報40巻10号（1988）40頁・マレーシア国養子縁組法を適用）があるが、いずれも人際法の点には触れていない。また、申立人の本国法をインド共和国特別婚姻法であるとして調停離婚を成立させた例がある。((12) 仙台家裁1976年2月26日・家裁月報29巻1号（1977）109頁）が、人際法については何ら述べられていない。

(70) 人的不統一法の指定が問題となった戸籍先例としては、（1）民事局第二課長依命回答・1982年10月8日・民2・6181（民事月報37巻12号（1982）147頁。任意認知に伴う親権者決定及び後見終了の有無につきインド法の適用が問題となったが、一般論として1956年ヒンドゥ教徒未成年者及び後見法の規定の適用があり得る旨を示しつつ、本件親子にも同法が適用されるか否かは不明であるとの理由で後見終了事項の記載は不相当とした）、（2）民事局長心得回答・1958年5月2日・民事甲918号（民事月報13巻6号（1958）100頁。婚姻要件につきインドネシア法の適用が問題となった。当事者の宣誓書により受理を認めたが、同国法としていかなる法令を考慮したかは不明）、（3）民事局長回答・1967年12月22日・民事甲369号（民事月報23巻2号（1968）136頁。婚姻要件につきパキスタンのイスラム法の適用が問題となったが、当事者の申述書により受理を認めた）、（4）民事局第二課長回答・1976年1月6日・民2・

法を確定する（間接指定）という点で、多数の学説が一致していた[72]。その際、旧27条3項を類推適用すべしとする説[73]もあったが少数であった[74]。

（2）　遺言の方式の準拠法関係

わが国が批准した「遺言の方式の準拠法に関する条約」（1964年条約9号）[75]

262号（民事月報31巻3号（1976）225頁。スリランカ国婚姻登録条令を適用して協議離婚を受理すべきでないとした。藤田解説は、同国には①婚姻登録条令、②カンディアン婚姻離婚法及び③回教徒婚姻離婚法があり、その適用は当事者の宗教等によって異なるが、調査の結果当事者はキリスト教徒であり、①が適用されることが判明した、とする）、（5）民事局第二課長回答・1981年5月18日・民2・3160号（民事月報37巻2号（1982）103頁。マレーシアのイスラム法による婚姻に基づく報告的婚姻届の受理を相当とした）、（6）民事局第二課長回答・1983年2月25日・民2・1285号（民事月報38巻8号（1983）109頁。東京回教寺院発行の婚姻証明書及びシンガポール回教徒婚姻登録所発行の証明書を添付した婚姻届の受理を創設的届出として認めた）、（7）民事局長回答・1988年1月6日・民2・77号（民事月報43巻3号（1988）163頁。婚姻要件につきイスラム法を法典化したイラン民法を適用した上で、その結果が公序良俗に反するとして受理を認めた）がある。

　なお、人的不統一法国で制定された統一法を適用した戸籍先例としては、（8）民事局長回答・1974年1月28日・民2・636号（民事月報29巻3号（1974）83頁。養子縁組要件につきマレーシア養子縁組条令を適用して、その受理を相当でないとした）、（9）東京法務局長あて民事局第二課長回答・1979年12月5日・民2・6033号（民事月報35巻7号（1980）117頁。子の嫡出性につきインド証拠法を適用して、当該出生子は日本国籍を有せず、従って出生届による新戸籍編製は錯誤であるため消除すべし、とした）、（10）民事局長回答・1881年5月13日・民2・3097号（民事月報37巻3号（1982）129頁。親権につきインドネシア法によるとしたが、いずれの法を念頭に置いたかは不明）がある。

(71)　前掲注69の判例（4）。ちなみに、前掲注70・先例（1）の解説（島野穹子）も、同条同項の趣旨を類推して準拠法を決定すべきであるとする。

(72)　例えば、国際法学会編『国際私法講座第1巻』（有斐閣・1953）176頁（江川英文）（筆者は改正前の27条3項につき直接指定説を採った上で、人的不統一法の処理については「普通の国際私法上の指定に関する問題とは異なる。」とした。）、澤木敬郎『国際私法入門』（有斐閣・1978）15頁、池原季雄『国際私法（総論）』（有斐閣・1973）172頁、三浦正人『国際私法講義要目』（今西英矩・1978）50頁、木棚照一・松岡博・渡辺惺『国際私法概論』（有斐閣・1985）56頁など。

(73)　岡本善八「人際法」昭和51年度重要判例解説（1977）269頁。ちなみに久保岩太郎『国際私法』（有信堂・1954）97頁は、27条3項につき間接指定説を採った上で、人的不統一法についても「右の場合（地方により法律を異にする場合）と同様に」本国の法により決定される法を適用すべし、としたが、これが人的不統一法の指定について同項の類推を認めたものか否かは文言上明確でない。

(74)　逆に、27条3項の類推適用を明示的に否定するものとして、山田鐐一『国際私法』（筑摩書房・1982）75頁、澤木敬郎『新版国際私法入門』（有斐閣・1984）51頁、鳥居淳子・ジュリスト647号（1977）150頁、同・法学教室37号（1983）139頁、同「不統一法国法の指定——宗教法」『演習国際私法』（有斐閣・1987）30頁がある。

(75)　本条約をはじめ、ハーグ条約自体については上記該当箇所を参照。

は、本国の法制が不統一である場合について、第一にその法制で行われる規則により、第二に密接関連性の法理により、各々準拠法を決定する旨を明文で規定した（1条2項）。この規定は文言上、人的不統一法の指定に対する適用を否定していなかった。しかし、同条約の批准に伴って制定された「遺言の方式の準拠法に関する法律」（同年法律100号）では、地方により法律を異にする場合についてのみ同条約と同様の規定が設けられた（6条）。国内法化の段階で人的不統一法への適用を排除した理由としては、第一に人的不統一法については当該準拠法所属国の国内牴触規定によるのが当然であり、またそのような規則がないということはまず考えられないこと、第二に、仮に人的不統一法の指定につき規定が必要だとすれば、それは行為地の適用についても同様の規定が必要だが、国内法化によってそのような場合にまでこの規定を拡大するのは妥当でないこと、第三に国際私法は地域的な法の牴触を扱うものであり、人的な法の牴触は対象外であること、そして第四に条約1条2項自体が地域的な法の不統一を念頭に置いたものと考えられることが挙げられている。

（3）　扶養義務の準拠法関係

わが国が批准した「子に対する扶養義務の準拠法に関する条約」（1977年条

---

(76)　同条は以下の通り規定する。「遺言者が地方により法律を異にする国の国籍を有した場合には、第2条第2号の規定の適用については、その国の規則に従い遺言者が属した地方の法律を、そのような規則がないときは遺言者が最も密接な関係を有した地方の法律を、遺言者が国籍を有した国の法律とする。」

(77)　村岡二郎「遺言の方式の準拠法に関する法律の解説」法曹時報16巻7号（1964）999頁・1002頁、J. Muraoka, Japan's Participation in the Hague Convention Relating to the Form of Testamentary Dispositions, 8 Jap. Ann. Int'l L. (1964) 65. なお、このような同法の規定を支持する見解として、江川英文・村岡二郎・平賀健太・池原季雄「座談会渉外遺言の方式」ジュリスト296号（1964）25頁がある。しかし、本文で示した4つの根拠のうち第一点については、比較人際法上そのような憶測が必ずしも通用しないことはイスラエルなどの例を見れば明らかである。また第二点については、本国法が適用される場合に限る旨を明示すれば問題はない（ハーグ条約に先例がある（注47参照）ことは前述の通りである）。他方、第三点のような見解は、独自の国際私法観に基づくものに過ぎない。さらに第四点も、明示的に人的不統一法の場合を排除するほどの根拠と言えるか否か疑問がある。よって筆者としては、国内法化の際に人的不統一法への適用を排除したのは立法の過誤と考えたい。ちなみに法例34条2項は、31条を遺言の方式に準用する旨を規定する。これは実質的に遺言の方式の準拠法に関する法律6条を補うものと言えるが、これは無用な迂路であり、むしろ6条自体を改正するのが筋というべきではなかろうか。

約8号）には、不統一法国法の指定に関する規定は置かれなかった。他方、同じくわが国が批准した「扶養義務の準拠法に関する条約」（1986年条約3号）では、地域的又は人的な不統一法国の指定につき上述の「遺言の方式の準拠法に関する条約」と同様の規定が設けられ（16条）、またそれに伴って制定された「扶養義務の準拠法に関する法律」（同年法律84号）でもこれを受けて同様の規定が設けられた（7条）。同条は、わが国の成文国際私法上初めて人的な不統一法の指定についても適用される旨を明文で規定した点で高く評価されている。

(4) 法例（1989年改正後）関係[81]

1989年の法例改正では、旧27条3項にかわる28条3項が地域的な不統一法の指定につき規定したのとは別に、上述の「扶養義務の準拠法に関する法律」7条に倣って、人的に法律を異にする場合の本国法、常居所地法及び密接関連法の決定につき同条と同様の規定を設けた（31条）。同条に関係する裁判例や戸籍先例もある程度出てきつつある。

(78) 同条は以下の通り規定する。「当事者が、地域的に、若しくは人的に法律を異にする国に常居所を有し、又はその国の国籍を有する場合には、第2条第1項及び第3条第1項の規定の適用については、その国の規則に従い指定される法律を、そのような規則がないときは当事者に最も密接な関係がある法律を、当事者の常居所地法又は本国法とする。」
(79) 原優「扶養義務の準拠法に関する法律」法律のひろば39巻11号（1986）37頁、澤木敬郎「扶養義務の準拠法に関する法律の制定」法学教室72号（1986）133頁。
(80) 炒場準一「扶養義務の準拠法に関する法律の制定と今後の課題」ジュリスト865号（1986）83頁、澤木・同上。
(81) 法例改正により新設された31条は、以下に特に掲げる文献のほか、石黒一憲「法例改正の意義と問題点」法律時報61巻13号（1989）32頁、外国人登録編集部「法例の改正について」外国人登録371号（1989）17頁、住田裕子「「法例の一部を改正する法律」の概要」金融法務事情1227号（1989）23頁、南敏文「法例の一部改正について」ジュリスト943号（1989）38頁、同「法例の一部改正」法律のひろば42巻10号（1989）4頁、及び山田鐐一・早田芳郎「法例改正について」法学教室112号（1990）42頁で紹介されている。
(82) 同条は以下の通り規定する。「当事者ガ人的ニ法律ヲ異ニスル国ノ国籍ヲ有スル場合ニ於テハ其国ノ規則ニ従ヒ指定セラルル法律若シ其規則ナキトキハ当事者ニ最モ密接ナル関係アル法律ヲ当事者ノ本国法トス
　前項ノ規定ハ当事者ガ常居所ヲ有スル地ガ人的ニ法律ヲ異ニスル場合ニ於ケル当事者ノ常居所地及ビ夫婦ニ最モ密接ナル関係アル地ガ人的ニ法律ヲ異ニスル場合ニ於ケル夫婦ニ最モ密接ナル関係アル地ノ法律ニ之ヲ準用ス」
(83) 住田裕子「国際家族法の改正」時の法令1375号（1990）37頁。
(84) 法例31条を適用した裁判例（明示されてはいないが、同条を適用したと思われるものを含む）として、東京地裁1990年12月7日判決（判例時報1424号（1992）84頁）や、神戸家裁1994

同条の解釈については、特に本国法の同一性の有無を決定する場面での問題が指摘されている。そこでは、地域的不統一法国で所属する州を異にする者の場合と同様に、一般的には宗教・人種等を異にする者の間に同一本国法は存在しないとされる。但し、インドの特別婚姻法のような統一法が存在する場合には、同一本国法の存在を肯定する見解が見られる。

5 検討及び私見

ここで、第2節において呈示した三つの疑問に対する筆者なりの答えとして、わが法例31条及び扶養義務の準拠法に関する法律7条の解釈をめぐって問題となる、(1)「其ノ国ノ規則」とは何か、(2)密接関連法をどのように認定するか、の二点について検討を加えることとする。

まずはその前提として、法例31条の解釈に関する基本的な指針を確認しておきたい。そもそもわが法例においては、問題となっている法律関係と最も密接な関係を有する法を適用する、との原則（密接関連性の原則）に従って準拠法の決定を行うことが建前とされている。しかしそのことは、あらゆる場合に法廷地国の国際私法の立場から密接関連性の有無を考えるということではなく、不統一法国についてはまず当該国の国内牴触規則による（そのような規則がない場合に初めてわが国際私法の立場から決定する）ものとされている（28条3項、31条）。これは、不統一国については準拠法の確定を当該国の法体制に委ねた方が密接関連性原則に合致する、との判断によるものであろう。従ってこの「不統一法国での取扱いの尊重」という考え方は、密接関連性の原

年7月27日審判（家裁月報47巻5号（1995）60頁）などがある。
(85) 法例31条を考慮したと思われる最近の戸籍先例としては、1994年10月5日民2・6426民事局第二課長回答（民事月報50巻2号（1995）129頁）、1995年3月30日民2・2639民事局第二課長回答（民事月報50巻6号（1995）141頁）、1995年9月14日民2・3747民事局第二課長回答（民事月報50巻10号（1995）155頁がある。
(86) 澤木敬郎／南　敏文編著『新しい国際私法』(1990) 33頁、住田・前掲注83・37～38頁、西賢『属人法の展開』(1989) 193頁、南　敏文「婚姻及び親子に関する法例の改正要綱試案の説明」民事月報43巻4号（1988）7頁、同「婚姻及び親子に関する法例の改正要綱試案について」戸籍532号（1988）1頁、同「改正法例の解説（4）」法曹時報43巻7号（1991）1533頁。
(87) 南　敏文「法例の一部改正について」民事月報44巻8号（1989）64頁、澤木／南・同上、南　敏文「改正法例の解説（5）完」法曹時報43巻9号（1991）1896頁など。
(88) 澤木敬郎『国際私法入門』（第3版・有斐閣・1990）50頁、51頁。

則とも結びついた、国際私法で人際法を扱う場合の最も重要な理念である、ということになろう。

以下では、この点を踏まえた上で、先に掲げたふたつの点につき各々検討していくこととする。

（1）「其ノ国ノ規則」とは何か——本国法等の同一性と人際法的処理

まず、本国法や常居所地法などの同一性が問われる場面において人際法的処理をいかに行うべきか、という点につき考察する。これは、法例が家族法の分野で複数当事者の同一本国法等を適用する規定（14条など）を新設したこととの関係で特に問題となる。

文言上、法例31条は、本国法の同一性を判断するよりも前の段階で各当事者の本国法等を決定する（絞り込む）規定であると説明されている。そしてこれは、同条の成立経過を踏まえる限り、扶養義務の準拠法に関するハーグ条約を国内法化した扶養義務の準拠法に関する法律の規定（7条）に倣ったものと思われる。しかし、人的不統一法国での取扱いとして、各当事者のパーソナル・ローのうち何れかが常に準拠法となるとは限らない以上、法例31条の「其ノ国ノ規則」を上のように解釈すると、結果的には、先に述べた「不統一法国での取扱いの尊重」という理念に反することになる恐れがある。例えば次のような例が考えられる。ともにインド国籍のキリスト教徒A（女性）とイスラム教徒B（男性）がイスラム法の方式で婚姻した後、それを1954年特別婚姻法に従って登録した場合、特別婚姻法自体はいかなる民族・部族・宗教等に根ざす法体系の一部でもなく、また今の設例ではABはイスラム法による婚姻を締結している以上、法例31条を各当事者の本国法を個別に確定する規定と解する限り、A及びBの「本国法」はキリスト教法ないしイスラム法とならざるを得ないように思われる。しかしそれでは、この場合に特別婚姻法の適用を認めるインド国内での処理とわが国での処理が食い

---

(89) 岡本善八「人的不統一法国に属する者の本国法」渉外判例百選（第3版・1995）16頁。なお、改正要綱試案についてではあるが、南敏文「法例の改正」法律のひろば41巻12号（1988）40頁も参照。

(90) 同条につき、大内俊身「扶養義務の準拠法に関する法律の解説」民事月報41巻9号67頁。

(91) その例としては、本文で述べるものの外に、キリスト教徒とユダヤ教徒の間での身分関係にイスラム法が適用されるエジプトなどが挙げられよう。

違うことになってしまうのである。

実は、(地域的なそれではあるが) 不統一法の指定と共通本国法との関係については、扶養義務の準拠法に関するハーグ条約の審議において、その5条が扶養権利者と扶養義務者との共通本国法の適用を規定したこともあって議論の対象となったのだが、結局何らの明確な答えは出されなかった、という経緯がある。さらに、人的不統一法に至っては、何ら議論の対象にすらされなかったのである。その上、それを国内法化した扶養義務の準拠法に関する法律7条も、複数当事者間の本国法の共通性ないし同一性が問題とされない状態の下で立法された規定 (遺言の方式の準拠法に関する法律6条及び1989年改正前の法例27条3項) に倣ったものに過ぎなかった。従って、それを踏襲した法例31条も、複数当事者に共通する連結点を採用する現在の法例の規定に十分適合するものではないと言うことができるのではなかろうか。

他方、両当事者の共通本国法などの適用が規定されている幾つかの国々の国際私法を含めて、先に紹介した多くの国の国際私法はその文言上、当事者の本国法などの決定という形はとっておらず、まず国単位で共通性を判定してから人際法による絞り込みを行う趣旨で規定を設けているものと解釈することができるように思われる。このように解釈すれば、不統一法国の国内牴触規則を十分に機能させることができ、上に述べた「不統一法国での取扱いの尊重」という考え方にも適合することになろう。

以上から考えて、1989年の改正で複数当事者の同一本国法の適用というスタイルを採用した以上、法例の解釈としても、文言自体からは若干それる向きはあるが、複数当事者に共通する連結点が問題となる場面では、「(其ノ国ノ) 規則」の文言の意味を「当該法律関係につき適用される法規を定めるその国の規則」と解釈しあるいは読み変えることが必要であるように思われる。

(92) この点でインドでは、宗教法と特別婚姻法の何れかを当事者が選択できる、とする不文の牴触規則が存在するわけであり (岡本・前掲注73・236頁)、当事者の宗教共同体等への帰属という客観的な基準のみによって準拠法が確定されてはいないのである。
(93) 澤木・前掲注58・41～44頁。
(94) 澤木・前掲注58・44頁。
(95) 石黒一憲『国際私法新版』(有斐閣・1990) 67頁。
(96) 例えばオーストリア1978年国際私法、ドイツ1986年国際私法、ポーランド1966年国際私法、ポルトガル1967年国際私法、ユーゴスラビア1983年国際私法など。

また、このような解釈は、一項の規定を「夫婦ニ最モ密接ナル関係アル地ノ法律」へ準用する２項の規定によっても支持されるように思われる。即ち、ここでは夫婦をひとつの単位として準拠法の指定が行われているため、各人につき絞り込みを行うという解釈は無理となり、まず夫婦についての密接関連地を確定してから人際法処理を行うこととなろう。とすれば、１項の場合にも同様に解釈する方が、少なくとも２項との関係では解釈上のバランスがとれるのではなかろうか。

（２） 密接関連法の認定

次に、不統一法国の側に適用すべき人際法がない場合の[98]、密接関連法の認定基準について考察する[99]。

このような場合には、わが国の国際私法の立場から当該事案と各パーソナル・ローとの密接関係性の判断を行うことになるわけだが[100]、その際の判断基準としては、現在のところごく一般的なものが提出されているにすぎず[101]、結

---

(97) 石黒・前掲注95・68頁、佐藤やよひ「人際法」受験新報1994年10月号27頁、本棚照一・松岡博編『基本法コンメンタール国際私法』（日本評論社・1994）158頁。

(98) 従来、人際法的処理は準拠実質法の解釈の問題に過ぎず、それゆえ人際法は国際私法とは次元を異にするとの評価が広く行われてきた。平成元年の法例改正により31条が新設されてからも、従来と同様の観点から、同条１項但書にいう「其規則」が存在しないことはあり得ず、従って同条１項但書は無意味である、との見解が主張されている。これに対する筆者の見解については、いずれ稿を改めて論じたいと思う。ただ、この場でも一言のみしておくとすれば、一国内に併存する複数の法秩序相互間での交通整理（適用範囲の確定）が十分に行われていない状況は、少なくとも論理的にはあり得るように思われるし、また現実にも（極めて少数ではあれ）存在するのではないか、と筆者は推測している。かかる推論に対する実証的な検討は、筆者にとって今後の課題である。

なお、人際法の不存在とは別に、人際法の内容の不明という問題があるが、両者の関係について筆者は未だ明確に整理しきれていない。不存在の場合の密接関係法の探究に比較人際法的観点を導入するとすれば、人際法の不存在と不明は、理論的な相違はともかく、実際上の取扱いとしてはあまり違いがないということになり得る。この両者の比較も、筆者にとって今後の課題である。

(99) 本文で以下に述べるような比較人際法的類推を行った場合に、その結果として得られた人際法規則を「密接関係法」と呼ぶことに若干の抵抗がなくもない。例えば、キリスト教徒とユダヤ教徒の婚姻はイスラム法による、との人際法規則が存在する場合、イスラム法が婚姻の両当事者に最も密接に関係する法であるとは言いにくい面がある。では、（比較人際法的検討以外の）別の方向性を考えるべきなのであろうか。もしそうだとして、いかなる方法論があるのか。筆者にとってはまだまだ課題山積である。

(100) 澤木／南、前掲注86・281～282頁。

(101) 例えば、以下のように説明されている。

局「人際法の趣旨」というレベルから先へは議論が進展していないように思われる。

確かに、ひと口に人際法と言っても各国で実に様々な様相を呈していることは事実である。従って、「人際法の趣旨」と言ってもその具体的基準を提出することは困難であり、結局は具体的な事案との関係で判断するしかないのかもしれない。そして、諸国やハーグ条約で不統一法の指定について一般法理を採用していることは、各国の司法機関などが個々のケースに応じて具体的妥当な処理を行うことができる、という意味では妥当な立法判断であるとも言えよう。

しかし、単にケース・バイ・ケースの裁量に依存するのみでは、人際法不在の場合の処理がバラバラになってしまい、跛行的法律関係を生ずる危険性が高まることになりかねない。そこで、いかなる法を密接関連法として認定するのが適切か、という点について、人的不統一法を抱える各国でのパーソナル・ローや人際法の存在パターンに応じて、必ずしも十分には知られていない人際法の内容をある程度類型的に予測することは可能であるように思われる。言ってみれば、比較人際法的方法による類型的予測ということになろうか。かなり大胆な試みかもしれないが、具体的に挙げると、筆者がこれまでに把握した各国での人際家族法の状況から類推する限り、家族法分野でのパーソナル・ロー及び人際法には、およそ以下のようなパターンが存在する。[102]

①イスラム諸国
・イスラム法の優位、一般法としてのイスラム法
（但し東南アジアでは優位性は後退、統一法とイスラム法の併存）
・イスラム法は各国において優勢な学派に従って解釈されるのが原則
（但し成文法で異なる規定を置いたときはそれによる）
・非イスラム法は同一宗派に属する者同士につき適用される

「人種、宗教などのうち、いかなる性質の不統一法国であるかを基本とし、当該国では人種間や宗教間の身分関係がどのように扱われているかを考慮し、人際法の趣旨に合致するよう決定すべきであろう」（澤木／南、前掲注86・31頁）

「人種、宗教、社会的階級など、当該国に行われている人際法の体系の特質に応じて、人種、宗教籍などを基準としてそれを決定することになろう。」（澤木・前掲注88・52頁）

[102] 以下の要約は、拙稿・前掲注3①・105頁以下で行った検討の結果をまとめたものである。

(但し法制度のイスラム化が進んだ一部の国では非イスラム法の適用は認められない)
・宗派の異なる非ムスリム間の身分関係にはイスラム法が適用される
②東南アジア諸国
・イスラム法と非イスラム法との併存が多く見られる
　(国によっては部分的統一法とイスラム法とが併存する)
・非イスラム国家の中にも例外的にイスラム法の適用を認める国がある
・人際法ルールは一般的には未整備
③アジア、アフリカの旧植民地諸国一般
・西欧法と現地法（部族慣習法又は宗教法）の併存
・具体的かつ定形的な人際法ルールが存在する場合もある
　(旧フランス領などには夫の法の適用などの規則がある)
・人際法につきコモン・ロー上の一般法理が広く採用されている
④ヨーロッパ・南アメリカのカトリック諸国
・一定の事項についてカトリック教会法が国法上の効力を持つ場合がある
・婚姻の方式（民事婚か宗教婚か）によって準拠法が異なる
⑤オーストラリア・ニュージーランド
・国家法適用の中で原住民慣習法を考慮（機能的承認）

　これらは、あくまで各々の地域における代表的な立法例の検討から導いた類型的な特徴の列挙であるに過ぎず、それらを特定国の人際法ルールとして直接援用できるものでないことは無論である。しかし、特定国の人際法の内容が不明である場合に、準拠法不明の場合の近似法説と同様の発想に立つこのような基準を援用することは、法令などの内容を確認することが特に困難な場合が少なくないアジア・アフリカ諸国の家族法が準拠法となった場合において、当該国人際法の内容を推認し、又は人際法が存在しないと判断した上で密接関係法の内容を認定する上で、それなりの役割を果たし得るものであると考える。

第4節　人際法の解釈・適用をめぐる若干の問題
　　　──判例・先例への応用

　今までの部分で検討したように、渉外家族法関係の訴訟において人的不統一法が準拠法とされた場合、特定のパーソナル・ローの適用を導くためには国際私法上の人的不統一法指定をめぐる問題をクリアする必要があるわけだが、それと共に、人際法の解釈・適用をめぐる固有の問題をも解決する必要が生じてくる。この後者の問題は、伝統的に各国の人際法に内在してきたルールを明らかにすることによって我々にも理解し得るものとなるが、そのためには各々のパーソナル・ローに対する理解を深める必要がある。しかしこの点でわが国は（人的な法の牴触に対する馴染みが薄く、かつ人的不統一法を抱える国々の法に関する情報の入手が容易でないという点で）条件に恵まれておらず、人際法の解釈・適用に関しては今後も困難を伴うであろうことが推測される。
　そこで本節では、今後の判例や先例に対する参考とすることを意図して、これまでに本稿で論じてきた内容を踏まえつつ、牴触法としての人際法の解釈・適用をめぐって最も問題となる連結点の確定をめぐる幾つかの点を検討する意味で、それらが問題となる従来のわが国やドイツの判例・先例などのうち若干のものを吟味し、筆者なりの見解を示すこととする。

1　所属共同体の認定

　まず、各々の当事者が属する部族・宗教などの共同体をいかに確定するか、という問題がある。これは、原則的には当該宗教がいかなる者を自らのメンバーとして認めるかという事実認定の問題であるが[103]、特に宗教的所属については、客観的な判断基準を立て、またそれを運用することは非常に困難となる。
　例えば、先に紹介したある戸籍先例[104]の事案を考えてみると、そこでは、届

---

(103)　ただ、例外的に、複数の宗教が一人の者をめぐって共に自らのメンバーであると主張するような場合には、パーソナル・ローの積極的牴触を解決するために、各々の宗教法の外側からの判断を行う必要が生ずることも考え得る。

出人が自己の属する宗派を証明する公的資料はないとした上で自分はヒンドゥ教徒であると供述したのを受けて、その通りの認定をしている。これは結果的には準拠法宣言を認めたのと同じことになる。もしもインド法上、当事者の意思により自由にヒンドゥ教徒になれる（改宗の自由）というのであれば、本件のような処理で十分とも言えよう。しかし少なくともヒンドゥ教の場合には、一概にそうは言い切れないようである[105]。とすると、本件でも届出人の供述は必ずしも頼りにできないことになる。もし、届出人が本当はヒンドゥ教徒でないとすると、この先例は準拠法の確定を誤っていることになるし、そのようなことを許容することは、法律回避をもたらすことにもなってしまう[106]。そこで本件では、単なる当事者の供述のみからその者の所属宗教を認定するのではなく、照会を受けた法務局の側で当事者の言語や習慣、宗教意識、社会的及び文化的背景等を可能な限り調査することにより、当事者がヒンドゥである点を確認し、その旨を回答において明示しておくことが懸命であるように思われる。

また、前節で紹介したドイツの1986年鑑定書では[107]、ムスリムであるイラン人夫婦の所属する宗派（スンニー派かシーア派か）を認定するに際して、反対の表示がない限りイラン人の大部分が所属するシーア派に属するものと認めてよいとしている。これは所属宗派の認定が困難であることに対する対応であ

---

(104) 注70の先例（1）。

(105) 例えば、インドのある判例（Ratansi D. Moraji v. Att.-Gen. of Madras, (1929) I. L. R. 52 Mad. 160.）では、次のように判示されている。
「ヨーロッパ人は、単にヒンドゥの信仰に対する理論的な忠誠を告白するだけでは、またヒンドゥ主義やその実践に対する熱心な賞賛者や擁護者であるというだけでは、ヒンドゥにはならない。しかし、もしその者がインドに長期間居住し、自己の宗教を明確な行為によって放棄し、キリスト教とともにそのクリスチャン名を捨ててヒンドゥ名を意図的に名乗り、ヒンドゥの宗教的儀式に従って民族と宗教においてヒンドゥである者と結婚し、自己の環境から自己を切り離してヒンドゥの生活様式をとった場合には、裁判所はその者がインド相続法上のヒンドゥになったという結論を正当に下すことができる。」Bartholomew, Private Interpersonal Law, 1 Int'l Comp. L. Q. (1952) 325-326, at 341. これは（インド人から見て）外国人に関する事例ではあるが、少なくとも、ヒンドゥ教徒として認められるためには当事者の信仰だけでは不十分であり、あらゆる面でヒンドゥ教徒としての生活様式を身につけることが必要である、ということが言えそうである。

(106) 澤木・前掲注5・74頁。

(107) Köln K 22/86 vom 12. 9. 1986.

るとも考えられるが、例えば信仰内容に関する当事者への質問や当事者の生活習慣などの調査を通じてその所属宗派を確認することは必ずしも不可能ではないように思われる。

　これに対して、既に紹介した別の先例では、その解説（藤田）によれば、調査（但しその方法等は明かでない）によりスリランカ人たる当事者の所属宗教（キリスト教）を認定した上で、同人に適用される準拠法（婚姻登録条例）を決定している。それなりに正当な手順で準拠法を確定した先例として評価することができよう。

　他方、先に触れた東京家裁1983年4月25日審判は、マレーシア人際法の解釈・適用において、相手方を「強いて信仰する宗教と問われれば仏教徒といえる者」であると認定した上で、当時イスラム教徒以外の者に適用されていた西マレーシア民事離婚法を適用した。しかし判旨も述べるように、同国人際法は離婚法の適用につき国民をムスリムとムスリム以外とに分けており、ムスリム以外の者についてその所属宗教を認定する必要はなかったのではあるまいか。これはシンガポールやインドネシアの家族法の適用についても言えることであり、人際法の解釈・適用との関係で当事者の所属する宗教をどの程度認定する必要があるのか、という点にも注意を払う必要があるように思われる。

2　当事者による法選択

　比較人際法上、宗教・民族・部族などといった当事者の所属と並んで連結点として重要なのが、当事者の意思である。

　この点に関係するわが国の判例としては、既に紹介した東京家裁1975年3月13日審判がある。本件では両当事者が1954年特別婚姻法に基づいて婚姻していることから同法を適用している。このように、当事者の所属する宗教などに関係なく適用され得る特別法が存在している場合には、連結点の判断においても、その特別法を選択する当事者の意思を（所属宗教などに代わる）代

---

(108)　注70の先例（4）。
(109)　注69の判例（4）。
(110)　注69の判例（3）。

替的な連結点として認定する、との理論構成が考えられる。但しその場合には、かかる統一法の適用が当事者の選択によって導かれ得ることを確認し、それを判決・審判等において明示することが適切と言えよう。

3 棄教・改宗の場合の処理

次に、棄教及び改宗の場合の人際法上の処理という問題がある。所属する宗教によって適用される法が決定されるということは、素直に考えれば、棄教や改宗をすれば当然パーソナル・ローは変更されるということになろう。例えば、イスラム教徒の男性と婚姻した女性がイスラム教から仏教へと改宗した場合、もし改宗がイスラム法の行われていない国で行われた場合には、相手方（女性）がイスラム教を受け入れない限り婚姻は改宗の事実のみを理由に（待婚期間に相当する3月経期間の経過によって）終了する、というイスラム法上のルールがその典型例である[111]。ただ、そうはならない場合も実際にはある。特に、同じ宗教の中の異なる宗派に改宗（改派）した場合の問題には、かなり微妙なものがある。

例えば、特定宗教で正当とされる宗派に属する者が、同じ宗教には含まれるが異端とされる宗派に移った場合、それが棄教や改宗に当たるか否か、という問題が生じ得る[112]。この場合、その異端宗派を法律上特定宗教の内部での改革と捉えるのか、それとも特定宗教からの逸脱と考えるのか、その判断が結論を左右することになるが、これを判断するためには、いかなる要素が各々の宗教にとって本質的であるかを法解釈の観点から確定する必要がある。そして、そこから逸れた場合には改宗ないし棄教を認定してよい、ということになろう。

---

(111) 但し、改宗がイスラム法の行われている国（Dar-ul-Islam）において為された場合には、相手方にイスラム教への改宗を3回勧めても相手方がそれに応じない場合にカーディが両者の婚姻を解消することができる、とのことである。

(112) Narantakath Avullah v. Parakkal Mammu, (1922) I. L. R. 45 Mad. 986. では、イスラム教徒であった女性が婚姻中に、イスラムでは異端とされるアフマディーヤ派に改宗（？）した後に他の男性と婚姻した場合につき、重婚罪の成立が認められた。その理由は、法律上イスラム教徒とは、クルアーンの権威を認め、「神のほかに神はなく、ムハンマドはその預言者である」というイスラムの綱領を受け入れた者を言うが、アフマディーヤ派もこの二つに当てはまる以上、棄教には該当しない、というものであった。

この点に関係するわが国の事例として、澤木論文で紹介された判例集未搭載の養子縁組許可申立事件がある。実親たるパキスタン人夫婦が、自分たちはイスラム法により婚姻したが現在は棄教している（従ってイスラム法上の養子縁組禁止は障害とならない）と主張している場合、果たして当該夫婦を非ムスリムと認定してよいか否かという点が問題になる。この場合には、1でも述べたように、法律回避の防止という観点に配慮しつつ、当事者の言動の中に表れているその者の信仰を客観的に読み取ることによって、その者がイスラム教の信仰を保持しているかいないかを認定するのが適切ではなかろうか。

4 混合的身分行為の処理

最後に触れたいのは、異なる共同体に属する者の間でなされる身分行為（いわば混合的身分行為）に適用される法の決定という問題である。この場合の処理としては、①人際法により何れかの当事者のパーソナル・ローを適用するという方法と、②何らかの特別法の適用により第三の法を適用するという方法、および、③統一法が制定されている場合にはそれを適用するという方法、の三つがある。このうち後の二つの場合には、適用基準が法定されていることが多く、また例えそれが不明確でも、第三の法の観点から判断を行えばよい。しかし人際法的処理による場合、特に何ら明文のルールが存在しない場合には、両当事者のパーソナル・ローが共にその適用を欲する場合もあり得る点で、困難な問題を孕んでいると言えよう。

例えば、異なる宗教に所属する夫婦の間で離婚の可否が問題となった場合、より緩やかな離婚原因を定める離婚法を自己のパーソナル・ローとする側が他方をその方法により離婚できるか、それとも相手方のパーソナル・ロー上の保護を回避することは許されないのか、という問題が生じ得る。特

---

(113) 澤木・前掲注5・74～75頁。
(114) このような主張は、イスラム法が養子縁組を禁止していることとの関係で、(元？)イスラム教徒が何とか日本で有効に養子縁組をしたいとの願いから出てくるものであろう（勿論、本当に棄教しているか否かは筆者にはうかがい知れないところである）。ただ、日本での縁組の有効な成立のみを考えるならば、棄教の必要はないのであって、イスラム教徒であり続けながら、法例33条の力を借りて有効に養子縁組を成立させるという方法もある。なお、拙稿「イスラム法と養子縁組」中央学院大学総合科学研究所紀要12巻1号 (1996) 参照。

に、何らかの宗教を国家の指導原理とする国々（典型的にはイスラム諸国）においては、これは単なる法選択の問題ではなく、同時にその国での公序良俗の問題でもある、ということになる。この問題に答えを出すためには、各々の国家がいずれの法体系をどの程度重視しているのか、という観点がひとつのキー・ポイントとなろう。

　この点については、わが国の判例においても問題とされている。既に紹介した浦和地裁1983年12月21日判決及び名古屋地裁岡崎支部1987年12月23日判決がそうである。[116][117]共にムスリムであるパキスタン人夫に対する日本人妻からの離婚請求の事例であるが、前者はパキスタンの1869年離婚法（1975年改正後）を夫婦の一方がキリスト教徒である場合に適用されるものとして適用し、他方後者は、同国の1939年離婚法の適用の可否を検討した上で、少なくとも1961年ムスリム家族法令の諸規定の精神に鑑みると1939年法の規定を類推適用するのが相当であるとしている。その何れに対しても、パキスタン人際法の解釈の誤りを指摘するに足りる資料を筆者は持っていないが、少なくともパキスタン（あるいはそれを含むインド亜大陸全般）におけるイスラム家族法とキリスト教徒家族法との適用関係について不明な点が多いことは確かであり、判例等の蓄積を待つとともにその調査を一段と進める必要があろう。

---

(115) Jatoi v. Jatoi, 1967 PLD SC 580. では、ムスリムの夫がキリスト教徒の妻を、イスラム法上のタラークの方法によって離婚できるか否かが争われた。多数意見は肯定的であったが、これに反対する少数意見の存在は見逃せまい。両者の差異は、明文のない状態をいかに解釈するか、という点にかかっており、実に微妙である。

(116) 注69の判例（6）。

(117) 注69の判例（8）。

事項索引

あ行

アダット・ロー……………*176*
アボリジニー………………*136*
アボリジニー慣習法承認問題
　………………………*142*
アラブ首長国連邦1986年
　（施行）民事取引法……*189*
アルジェリア1975年民法…*187*
イギリス1826年第2憲章…*126*
イギリス1965年婚姻訴訟法
　…………………………*15*
イギリス1984年婚姻・家族
　手続法……………………*40*
イギリス1986年家族法典…*14*
イギリス・エール・ムスリ
　ム組織連合（UMO）……*142*
イギリス・離婚及び法定別
　居の承認に関する法律…*14*
遺産留置権…………………*64*
委譲離婚……………………*21*
イヌイット……………*143, 155*
イラク1959年身分法……*123*
インド1772年第2規則……*171*
インド1850年カースト無能
　力排除法………………*173*
インド1861年高等裁判所法
　…………………………*173*
インド1866年改宗者婚姻解
　消法…………………*128, 174*
インド1869年離婚法
　………………………*128, 174*
インド1872年特別婚姻法…*141*
インド1936年パルシー婚
　姻・離婚法……………*128, 175*
インド1939年ムスリム婚姻
　解消法………………*128, 174*

インド1950年憲法44条
　………………………*127, 174*
インド1954年特別婚姻法
　………………………*141, 175*
インド1955年ヒンドゥ婚姻
　法……………………*128, 174*
インド国王（女王）裁判所
　…………………………*172*
インド最高裁判所…………*172*
インド市長裁判所……*170, 171*
インドネシア1835年王令…*177*
インドネシア1896年混婚
　規則…………………*177, 180*
インドネシア1974年新婚姻法
　………………………*125, 179*
ウォーレン・ヘースティング
　…………………………*171*
ウッド判事…………………*36*
英国法の回避………………*24*
英国離婚管轄権の回避……*24*
英国実質法の回避…………*24*
エジプト1948年民法……*187*
エジプト1979年法44号…*148*
エジプト1985年身分法の諸
　法令の一部の規定の改正
　に関する法令第100号…*148*
演繹的学問体系……………*69*
オーストラリア1986年法改
　革委員会答申
　……………………*137, 142, 150*
オーストラリア家族法典…*30*
オーストリア1978年国際私
　法に関する連邦法……*188*
オームロッド控訴院判事…*35*
オランダ東インド法律家協会
　…………………………*177*
オランダ領東インド1925年

憲法…………………………*178*

か行

海外離婚………………*18, 22*
カースト裁判所（パンチャ
　ヤート）………………*170*
カーディ……………………*118*
カルビン事件判決…………*169*
棄教・改宗…………………*213*
規制改革・民間開放推進3
　か年計画…………………*94*
帰納的学問体系……………*69*
機能的承認…………………*137*
キャンディ家族法…………*130*
旧ユーゴスラビア1982年一
　定関係の範囲における外
　国規定との法律接触の解
　決に関する法律………*188*
クアジ事件………*17, 23, 31, 35*
クウェイト1961年渉外的要
　素を有する法関係の規律
　のための法律…………*187*
クレシ事件……………*31, 34*
ケンダル事件………………*40*
国際間離婚…………………*18*
国際子ども権利センター…*77*
国際私法の現代化に関する
　要綱………………………*92*
──案……………………*92*
国際私法の現代化に関する
　要綱中間試案……………*92*
──補足説明……………*92*
国際私法（現代化関係）部会
　…………………………*92*
戸籍訂正……………………*52*
戸籍法113条………………*52*
コモン・ロー規則…………*14*

婚姻手続（一夫多妻婚）法 ……………………………… 25
混合的身分行為 ………… 214

さ行

サーモン卿 ………………… 35
サイモン卿 ………………… 25
サイモン首席判事 ………… 34
シャリーア裁判所 ………… 118
住所及び婚姻事件手続法 … 14
準拠法要件 ………………… 10
準国際私法 ………………… 183
渉外判例研究会 …………… 77
常居所 ……………………… 29
植民地その他の地域（離婚管轄権）法 …………………… 15
ジョージⅠ世の憲章 ……… 170
承認法規則 …………… 14, 15
所属共同体 ………………… 210
シリア1961年裁判所法 … 148
シンガポール1961年女性憲章 ……………………… 127, 141
人際法 ……………………… 183
──の4つの波 …………… 159
真実かつ実質的な連結 …… 15
人的不統一法 ………… 117, 183
──の指定 ………………… 186
ジンバブエ1969年アフリカ法及び部族裁判所法 …… 134
スウェーデン1904年婚姻及び後見に係わる一定の国際的法律関係に関する法律（1973年改正）……… 188
スーダン人民解放運動（SPLM）………… 140, 154
スーダン1983年大統領命令 …………………………… 140
すべての移住労働者とその家族の権利保護に関する条約 ……………………… 143
スペイン1889年民法（1974

年改正）…………………… 187
政教条約（コンコルダート）
 ………………………………… 135
創設的婚姻届 ……………… 107
其ノ国ノ規則 ……………… 205
その他の手続 ……………… 17
村落評議会 ………………… 6

た行

タイ1938年国際私法 …… 188
タラーク …………………… 5
──の改革 ………………… 5
トリプル・── …………… 6
地域的不統一法 …………… 183
チャウドハリー事件 … 31, 40
中国1950年婚姻法 ……… 151
中国1980年婚姻法 ……… 152
仲裁評議会 ………………… 6
チュニジア1956年身分法 … 124
妻への通知 ………………… 37
ディプロック卿 …………… 35
テサワラメー（固有慣習法）
 ………………………………… 130
ドイツ1986年改正民法施行法 ……………………………… 188
当事者による法選択 …… 212

な行

日本人条項 …………… 106, 108
ノースウエスト準州 …… 143

は行

跛行婚 ……………………… 7
ハーグ子に対する扶養義務の準拠法に関する条約 … 202
ハーグ婚姻の挙行及び婚姻の有効性の承認に関する条約 ……………………… 197
ハーグ死亡による財産の相続の準拠法に関する条約 … 197

ハーグ夫婦財産制の準拠法に関する条約 ………… 197
ハーグ扶養義務に関する判決の承認及び執行に関する条約 ……………………… 197
ハーグ扶養義務の準拠法に関する条約 ……… 196, 203
ハーグ未成年者の保護に関する官憲の管轄権及び準拠法に関する条約 ……… 195
ハーグ遺言の方式の準拠法に関する条約 ……… 192, 201
ハーグ養子縁組に関する裁判の管轄権、準拠法及び裁判の承認に関する条約
 ………………………………… 195
ハーグ離婚及び別居の承認に関する条約 …………… 197
パーク判事 ………………… 19
パーソナル・ロー ……… 184
パキスタン1961年ムスリム家族法令 ………………… 5
ハマースミス事件 ………… 14
──判決 …………………… 26
バール婚 …………………… 59
反致規定 …………………… 111
東インド会社 …………… 170
東インド会社司法裁判所 … 170
ビーナ婚 …………………… 59
ヒンドゥ法 ……………… 127
ファティマ事件 … 18, 20, 31
フィリピン・ムスリム・パーソナル・ロー法典 … 137
夫婦共同縁組 …………… 110
フェアヴェック事件 …… 39
ぶなのもり ……………… 77
扶養義務の準拠法に関する法律 ……………………… 203
フレーザー卿 ……………… 35
報告的婚姻届 …………… 107
法制度のイスラム化 …… 138

法廷地漁り……………………7
法典調査会法例議事速記録
　………………………………99
法の抵触………………………83
法の適用に関する通則法案
　………………………………93
法例研究会……………………81
法例の現代化…………………92
法例の見直しに関する諸問
　題（1）〜（4）……………81
ポーランド1965年国際私法
　………………………………187
ポルトガル1966年民法……187

ま行

マオリ族………………………150
マフル………………………5, 58
――の性質決定………………65
即時払い――…………………62
特定額――……………………61
延べ払い――………………62, 63
不特定額――………………61, 62
マヘア事件判決………………27
マレーシア1976年婚姻・離
　婚法…………………………127
マレーシア1976年法改革法
　………………………………141
密接関連法……………………207
民事訴訟法200条……………43
ミンハス事件………………18, 31

や行

約因……………………………59
遺言の方式の準拠法に関す
　る法律………………………202
ヨルダン1952年憲法………122
ヨルダン1976年民法………187

ら行

ラス事件………………………14
ラテラノ協定…………………135
離婚及び法定別居の承認に
　関するハーグ条約…………14
リビア1953年民法…………124
ローマ＝オランダ法………130
ローレンス判事（A. T.
　Lawrence J.）………………34

わ行

ワイタンギ条約………………151

著者略歴

大村 芳昭（おおむら よしあき）

1963年　東京都小金井市生まれ
1987年　東京大学法学部1類（私法コース）卒業
1993年　東京大学大学院法学政治学研究科博士課程単位取得退学
1997年　中央学院大学法学部専任講師
2005年　同教授（現職）
2012年　同法学部長（現職）

主な論文（本書に収録されたものを除く）
「戦前の『国際家族』と戸籍」中央学院大学社会システム研究所紀要3巻（2003）
「渉外戸籍制度の問題点」中央学院大学法学論叢第17巻第1・2号（2004）
「認知制度の変遷と国籍法」中央学院大学40周年記念『春夏秋冬』（2006）

国際家族法研究
2015年12月10日　初版第1刷発行

著　者　大　村　芳　昭
発行者　阿　部　成　一

〒162-0041　東京都新宿区早稲田鶴巻町514番地
発行所　株式会社　成　文　堂
電話 03(3203)9201(代)　Fax 03(3203)9206
http://www.seibundoh.co.jp

製版・印刷　シナノ印刷　　　　　　　　弘伸製本
©2015 Y. Ohmura　　　　　　　　Printed in Japan
☆乱丁・落丁本はおとりかえいたします☆
ISBN978-4-7923-3340-9　C3032

定価（本体5000円＋税）